HEYNE ‹

W0048667

Das Buch

Wie können seelische Wunden erkannt und geheilt werden? Was muss konkret getan werden, damit die Seele gesunden kann?

Dem Schamanen Jakob Oertli hat sich durch das aufmerksame Erleben und Beobachten seiner Umwelt eine Sichtweise der Seele eröffnet, in der die Verbundenheit im Vordergrund steht. So erschließen sich Möglichkeiten, nicht nur die eigene Seele zu heilen, sondern auch verantwortlich im Sinne des großen Ganzen zu handeln. Der Weg zur Heilung beginnt mit dem Kennenlernen der eigenen Seele und des Netzwerks aller Seelen. Alte seelische Verletzungen können durch bedachte Selbsterfahrung und konkrete Übungen Schritt für Schritt heilen. Ein Weg der Liebe, um vertrauensvoll in die Zukunft zu blicken.

Der Autor

Dr. Jakob Oertli, geboren 1962 in Los Angeles, Kalifornien, arbeitet als Umweltingenieur für die Schweizerischen Bundesbahnen und daneben als Kursleiter und Berater für Schamanismus. Seine Erkenntnisse des Schamanismus basieren auf persönlichen Erfahrungen, die er bei nordamerikanischen Indianern sammelte. Oertli lebt in Windisch im Kanton Aargau.

www.jakoboertli.populus.ch

Lieferbare Titel des Autors im Heyne Taschenbuch
Schamanisches Heilbuch
Schamanisches Praxisbuch

JAKOB OERTLI

Das schamanische Buch der Seele

Mit Urvertrauen den eigenen Weg gehen

WILHELM HEYNE VERLAG
MÜNCHEN

FÜR ROSEMARIE UND JAN

Verlagsgruppe Random House FSC® N001967
Das für dieses Buch verwendete
FSC®-zertifizierte Papier *Holmen Book Cream*
liefert Holmen Paper, Hallstavik, Schweden.

Taschenbucherstausgabe 03/2015

Copyright © 2013 by nymphenburger,
in der F. A. Herbig Verlagsbuchhandlung GmbH, München
www.herbig.net
© 2014 dieser Ausgabe by Wilhelm Heyne Verlag, München,
in der Verlagsgruppe Random House GmbH
Alle Rechte vorbehalten
Printed in Germany 2015
Umschlaggestaltung: Guter Punkt, München,
unter Verwendung von Motiven von
© Paul Erickson / istock / thinkstock
Herstellung: Helga Schörnig
Satz: Schaber Datentechnik, Wels
Druck und Bindung: GGP Media GmbH, Pößneck

ISBN 978-3-453-70271-4

www.heyne.de

INHALT

1. Kapitel

Die Seele heilen, Vertrauen gewinnen

In diesem Kapitel entdecken Sie

❖ wieso Vertrauen und die Seele zusammenhängen.
❖ die Grundzüge einer neuen Sicht der Seele.
❖ was Schamanismus ist.
❖ dass Schamanen den Weg des Herzens gehen.
❖ mit wem Sie es zu tun haben.
❖ was Sie dafür tun können.

Wir alle haben es schon erlebt: Wir sind in einer schwierigen Situation. Wir wissen nicht, wie es weitergeht. Werden wir es schaffen? Können wir die anstehenden Probleme lösen? Reichen unsere Kräfte? Wir haben Angst. Wir sind verzweifelt. Und – wir ahnen es – es werden weitere Schwierigkeiten kommen. Unsere Arbeitsplätze, unsere Altersvorsorge, unser Erspartes, unsere Umwelt – überhaupt alles Gewohnte wird immer unsicherer. So auch unsere Beziehungen, unsere Familienstrukturen, Wohnsituationen – alles wird instabiler. Kurz: Wir haben Sorgen.

Es fehlt uns an Vertrauen. Vertrauen darauf, dass wir auf einem Weg sind, der Sinn macht. Vertrauen darauf, dass wir die Hindernisse bewältigen können. Denn hätten wir Vertrauen, müssten wir uns keine Sorgen machen, wir könnten dann unsere Kräfte auf unser echtes Leben konzentrieren und uns in den Fluss unseres Seins begeben.

Wir müssen deshalb verstehen, wieso wir kein Vertrauen haben und wie wir es wiedergewinnen. Dies ist das Thema, welches hier behandelt wird. Oder präziser formuliert: Werden die Erkenntnisse aus diesem Buch angewendet, führen sie zu mehr Vertrauen. Wir werden sehen, dass Vertrauen ein Thema der Seele ist. Wissen wir also, was die Seele genau ist, wie sie funktioniert, aufgebaut ist, verwundet und wieder geheilt wird, wie sie mit anderen Seelen zusammenhängt und vor allem auch, was sie mit den Themen unseres Daseins zu tun hat, dann erlangen wir Schritt für Schritt mehr Vertrauen. Wir werden also in diesem Buch die Seele kennenlernen und so Vertrauen gewinnen.

Wir werden dabei Heilung auf einer sehr tiefen Ebene erfahren. Oft ahnen wir zwar, dass unsere Seele verletzt ist, aber wir wissen nicht, wie wir vorgehen müssen, um sie zu heilen. Wie erkennen wir die seelischen Wunden? Was müssen wir ganz konkret tun, damit die Seele gesund wird? Ich werde Schritt für Schritt aufzeigen, wie wir unserer Seele begegnen, die Wunden identifizieren und diese dann heilen. Dieser Weg hat wiederum einen Einfluss auf alles andere in unserem Leben, und nicht zuletzt führt er zu mehr Vertrauen.

Dabei werde ich eine Sicht der Seele vorstellen, die in vielen Teilen unüblich und ungewohnt ist. Für manche Leser mag dies genau der richtige Ansatz sein, für andere nicht. Beides ist in Ordnung: Jeder Mensch hat einen eigenen Weg, einen eigenen Zugang zur Seele, eine eigene Vorstellung der spirituellen Welten. Diese Offenheit für verschiedene Möglichkeiten, die Seele zu verstehen, ist mir ein großes Anliegen. Es ist auch ein Merkmal des Schamanismus, dessen Philosophie und Vorgehensweise meinen Zugang zur Seele stark beeinflusst.

Um diesen neuen Ansatz zu erfahren, müssen wir zuerst alles vergessen, was wir über die Seele wissen. Die Seele ist nicht das, was wir denken – zumindest ist sie nicht das, was ich zuerst dachte. Lange Zeit glaubte ich, eine Ahnung zu haben, was die Seele sein könnte. Je mehr ich mich mit ihr befasste, desto unklarer und widersprüchlicher wurde es. Ich merkte dann, dass ich alle Vorstellungen aufgeben und die Dinge von Grund auf neu zusammensetzen musste. Das Resultat ist dieses Buch.

Dass die Seele so schwer zu erkennen ist, dass so viele zum Teil widersprüchliche Beschreibungen bestehen, ist erstaunlich. Denn die Seele ist entscheidend in unserem Verständnis von Geborenwerden, Leben und Sterben. Man müsste meinen, die Menschheit hätte die Seele längst begriffen. Ich habe festgestellt, dass dem nicht so ist. Es fehlen Aspekte, die zum Gesamtbild gehören. Und diese müssen wir berücksichtigen, wenn wir vertrauensvoll unseren Weg gehen wollen. Und ich hoffe, dass ich hiermit meinen Beitrag leisten kann.

Wie kam ich dazu?

Im Val Calanca, im südlichen Graubünden, liegen oberhalb einer Felswand zwei schöne Schalensteine. Dies sind Steine mit kleinen Vertiefungen, welche von Menschenhand gemacht wurden und meist spirituelle Orte der vorkeltischen Kulturen weiter Teile Europas markieren. Tausende von Jahren später hatten Christen ein Kreuz in einen weiteren Stein gleich neben diesen beiden Schalensteinen gehauen.

Ich war auf einer dreitägigen Wanderung durch das Tal und kam gegen Abend an diesen Steinen vorbei. Ich wusste zuvor nicht, dass sie sich dort befanden, und ich sah sie nur durch Zufall, weil der Ort mich zu einer Pause einlud und ich auf einem der Steine rastete. So war ich angenehm überrascht, diese besonderen Steine zu entdecken, und sinnierte dabei über den interessanten Zufall, dass ich zusätzlich kurz zuvor durch ein Dorf mit dem Namen Castaneda gewandert war, der gleiche Name, den der bekannte Autor Carlos Castaneda trägt, welcher mich in meinen schamanischen Anfängen stark beeinflusst hatte.

Die Steine waren von hohem Farn umgeben, und während ich dort saß, landete eine Ameisenkönigin auf meinem Arm. Ein weiteres Zeichen, dachte ich. Was bedeutete das wohl? Ich spürte, wie etwas in der Luft lag. Ich wusste, dies war eine der Situationen, in denen man seine Umgebung mit besonderer Aufmerksamkeit beobachtet.

Nach der Pause wanderte ich weiter, und als ich das Gebiet mit dem Farn verlassen hatte und zu einer zerfallenen Häusergruppe kam, schaute ich auf meine Beine und sah voller Schrecken, wie Dutzende von Zecken an ihnen hochkrochen. Ich habe zwar immer wieder Zecken, aber so etwas hatte ich noch nie gesehen. Es wimmelte richtiggehend von ihnen, ein richtiger Strom dieser Tiere suchte nach geeigneten Stellen, um mich zu stechen.

Sofort versuchte ich, sie so gut wie möglich zu entfernen,

und zusätzlich wusch ich mich etwa eine Stunde später beim nächsten Bach vollständig. Doch hatte ich nicht jede Zecke erwischt, eine blieb hängen, die ich dann erst zu Hause entdeckte.

Dies beunruhigte mich, hatte ich doch weniger als ein Jahr zuvor eine Borreliose durch Zecken übertragen bekommen. Diese war zwar mittlerweile geheilt, aber die Erinnerung war noch frisch. Hinzu kam, dass diese Zeckenattacke bereits die zehnte dieses Jahres war – und es war erst Mai. Bei den anderen Fällen waren es zwar immer nur wenige Zecken, aber dennoch: Langsam geriet ich in Verzweiflung. Wieso wurde ich dieses Jahr derart von Zecken belagert?

Schamanen sehen in allen besonderen Begebenheiten eine Mitteilung. Sie lernen über viele Jahre, die Zeichen ihrer Umgebung genau zu beobachten und zu deuten. Oft werden dabei Prozesse im Außen sichtbar, welche in der Seele bereits lange gewirkt haben und dabei gereift sind. War dies hier auch der Fall? Um welche Mitteilungen handelte es sich? Ich wusste: Auch die Schalensteine, das Kreuz auf dem Stein daneben, das Dorf mit dem Namen Castaneda oder die Ameisenkönigen gehörten bestimmt dazu. Ich musste herausfinden, was in mir gereift war.

Aber ich spürte, dass zu dieser Geschichte nicht nur die Zecken und die Steine gehörten. Es waren auch die vielen Hunde, die mich dauernd anbellten, der Lärm der Kirchenglocken, Tierglocken und Privatflugzeuge, die ich plötzlich viel stärker wahrnahm als früher. Es waren berufliche Projekte, bei denen ich mich voll einsetzen wollte, mein Arbeitgeber aber gerade eine Phase hatte, in der er mit einer demotivierenden Maßnahme nach der anderen kam. Es war die Kupplung zu meinem Fahrradanhänger, welche gestohlen wurde – nicht das Rad, nicht der Anhänger, nur die Kupplung. Solche Situationen häuften sich, eine um die andere, bis ich mich dann, zu guter Letzt, gezwungen fühlte, mein amerikanisches Bürger-

recht aufzugeben, weil das Risiko bestand, dass ich normale Bankdienstleistungen nicht mehr in Anspruch nehmen können würde.

Was hatten diese Vorkommnisse gemeinsam? Wieso hatte ich diese Erlebnisse?

Im Nachhinein erkannte ich: Diese Ereignisse waren ein Lehrgang, welcher dazu diente, mir die Seele näherzubringen. Jedes Ereigniss zeigte auf seine Art einen neuen Aspekt auf: Ich musste zum Beispiel Carlos Castaneda und mein bisheriges Verständnis über gewisse Aspekte des Schamanismus hinter mir lassen. Weiter erkannte ich, dass wir im seelischen Bereich oft durch Organisationen wie die Kirche oder durch Nationen ähnlich kontrolliert werden, wie dies bei Ameisenvölkern gemacht wird. Ich erfuhr, dass seelische Parasiten existieren, so wie Zecken, die unsere Seele angreifen, indem sie zum Beispiel mit Lärm unsere Aufmerksamkeit auf sich lenken. Ich erkannte ferner, dass seelische Verbindungen – wie durch die Anhängerkupplung dargestellt – unbedingt zu beachten sind. Die Verzweiflung, die ich spürte, war zwar unangenehm, aber wichtig für die Heilung auf der Ebene der Seele.

Setzte ich alles zusammen, so ergab sich ein neues Bild der Seele. Der Lehrgang hatte natürlich nicht mit dem Val Calanca begonnen, sondern schon viele Jahre früher. In diesem Tal wurde mir jedoch bewusst, was hier vor sich ging und dass ich die Seele besser verstehen musste. Dabei war natürlich nicht nur das Verständnis wichtig, sondern auch die praktische Anwendung der Erkenntnisse. Ich musste üben, ich wurde getestet, ich musste meine Theorien zum Teil wieder verwerfen und neue entwickeln. Und daraus ist mein jetziges Seelenbild entstanden. Es ist eine neue Art, die Seele zu sehen und ganz praktisch mit ihr umzugehen.

Das bisher Bekannte über die Seele

Bereits in früheren Büchern, so zum Beispiel im *Schamanischen Heilbuch*[1] habe ich die Seele thematisiert. Die dort gemachten Aussagen gelten nach wie vor. Hier werde ich jedoch wesentlich tiefer gehen und die Seele viel umfassender beschreiben. Damit ich jedoch auf dem bisher Bekannten aufbauen kann, möchte ich hier kurz wiederholen, wie ich dort die Seele beschrieben und gegenüber der Aura und dem Körper abgegrenzt habe. Im Heilbuch teilte ich den Menschen – und alles andere – in drei Pole oder drei Ebenen ein:

1) **Das Materielle oder der Körper:** Diese Ebene ist identisch mit der materiellen Welt. Hier nehmen wir die Welt mit unseren Sinnesorganen (Augen, Nase etc.) wahr, wir sehen also Farben, spüren die Struktur eines Gegenstandes, empfinden Wärme oder Kälte und dergleichen. Es gelten die üblichen physikalischen Gesetzmäßigkeiten, so spüren wir die Erdanziehungskraft und die Zeit verläuft linear, das heißt, morgen ist noch nicht da und gestern ist schon vorbei. Die materielle Welt ist also unser normaler Alltag beziehungsweise unsere übliche Wahrnehmung.

2) **Die Aura:** Um jeden Menschen, aber auch um jedes Tier, jede Pflanze, jeden Stein, überhaupt um jeden Gegenstand herum befindet sich eine Aura. Diese ist ein Energiefeld oder eine Ausstrahlung, welche mit unseren normalen Sinnesorganen nicht direkt wahrnehmbar ist. Wir stellen sie jedoch zum Beispiel als die Ausstrahlung einer Person oder eines Ortes fest. Oder wir sagen, dass die »Chemie« stimmt oder dass jemand Charisma hat. Die Verbindung zwischen Körper und Aura

---

1 Jakob Oertli: *Schamanisches Heilbuch. Warum wir krank und wie wir gesund werden*, München 2008.

wird mit sogenannten (Aura-)Chakren hergestellt. In der Aura spüren wir auch Gefühle wie Wut, Angst oder Sehnsucht.

3) Die Seele: Sie belebt oder beschwingt das Körper-Aura-System. In der Seele spüren wir Empfindungen wie Vertrauen oder Verzweiflung. Hier befindet sich unser Bewusstsein, welches unsere Essenz darstellt, beziehungsweise das, was übrig bleibt, wenn wir Denken und Fühlen entfernen.

Jeder Pol beziehungsweise jede dieser Ebenen ist ein Teil der jeweils höheren. So ist der Körper ein Teil der Aura und diese ein Teil der Seele. Von diesen drei Ebenen ist die Seele demnach die umfassendste.
So weit kamen wir bisher. Doch da ist noch mehr.

Eine kleine Vorschau auf die neue Sichtweise der Seele

Anhand der neuen und ergänzten Sichtweise der Seele werden wir erkennen, dass Seelen Wellen sind, welche aus vielen Seelensträngen bestehen, die wiederum auch Bestandteil von anderen Seelen sind – alles eingebettet in umfassende Netzwerke. Um Seelen zu verstehen, müssen wir uns also sowohl mit den Seelen als solchen, also mit den Verknüpfungen im Netzwerk, wie auch mit den Verbindungen auseinandersetzen, welche ich Seelenstränge nennen werde. Wir werden die Idee einer persönlichen Seele als gesonderte Einheit verlassen und erfahren, dass wir komplex und vielseitig aufgebaut sind und dass es nicht so klar ist, wo eine Seele beginnt und wo sie aufhört. Es ist sogar alles so stark miteinander verbunden, dass wir gewissermaßen alles sind und alles ist in uns. Und dennoch gibt es ein »Ich«, das Entscheidungen fällen kann. Wir müssen also immer Verbundenheit und Einheit gleichzeitig betrachten.

Wir werden ferner sehen, dass eine Seele Bewusstsein ist, welches in der Zeit ausgedehnt ist. Das Bewusstsein ist wiederum das, was übrig bleibt, wenn alle mit dem Denken oder Fühlen verbundenen Eigenschaften entfernt werden. Dass die Seele in der Zeit ausgedehnt ist, wird uns zuerst verwirren, denn unser normaler zeitlicher Ablauf gilt auf dieser Ebene nicht mehr: Die Vergangenheit ist immer noch präsent, gleichzeitig ist die Zukunft bereits da. Auf der Ebene der Seele sind wir mit allen Zeiten verbunden.

Wir werden auch erfahren, dass alles beseelt ist, dass also alles ein Bewusstsein hat und alles an den Knoten und Verbindungen des Seelennetzwerkes beteiligt ist. Nicht nur Menschen, auch Tiere, Pflanzen, Steine, Mikroorganismen und die Erde als Ganzes sind beseelt, genauso unbelebte Gegenstände (ein Haus, ein Auto, ein Stuhl) und Ideen (ein Buch schreiben), Konzepte (Demokratie, eine Aktiengesellschaft) oder Pläne (ein Ferienplan, ein Verkehrsplan).

ÜBUNG: Seelische Verbundenheit mit allem

Nehmen Sie sich einen Moment Zeit und betrachten Sie alles, was Sie gerade wahrnehmen, egal ob dies Menschen, Pflanzen, Tiere oder Gegenstände sind. Erkennen Sie bewusst an, dass alles, was Sie beobachten, beseelt und mit Ihnen verbunden ist.

Was die Seele nicht ist

Keine persönliche Seele? Die Seele als Netzwerk? Alles neue Konzepte, an die wir uns gewöhnen müssen. Dies geht einfacher, wenn wir gleichzeitig uns lieb gewordene Konzepte verlassen. Deshalb hier zwei Eigenschaften, welche nach der neuen Vorstellung nicht zu einer Seele gehören:

- Die Seele ist keine Einheit, sondern sie besteht aus vielen Teilen und ändert sich ständig. Die Seele wandert deshalb auch nicht als Einheit nach dem Tod weiter, kommt weder in den Himmel, noch reinkarniert sie eins zu eins in ein anderes Leben, noch kommt es zu einer Auferstehung nach einer gewissen Zeit.
- Die Seele ist auch kein Sammelbegriff für alles, was in der materiellen Welt nicht sichtbar ist, wie beispielsweise Gefühle, Intuition und Ähnliches, sondern die Seele ist genau definiert als Bewusstsein, welches in der Zeit ausgedehnt ist.

Wieso bestehen unterschiedliche Vorstellungen von der Seele? Nach meiner Ansicht haben viele Seelenbegriffe mit Macht zu tun, das heißt, ein Machtträger kann seine Macht ausbauen, falls er eine bestimmte Seelendefinition propagiert. Ein Beispiel: Sagt die Kirche, dass Seelen nach dem Tod entweder in den Himmel oder in die Hölle kommen, dann wird die Belohnung für das Leiden und für die Ungerechtigkeit im diesseitigen Leben auf später verschoben. So können Menschen dazu gebracht werden, Ungerechtigkeit und Unterdrückung in der Gegenwart zu akzeptieren – eine ideale Situation für einen Machtträger. Sein Anliegen wird zusätzlich dadurch vereinfacht, dass unsere Vergänglichkeit uns Menschen zu schaffen macht und es tröstlich ist zu wissen, dass eine persönliche Seele weiterlebt. Im hier dargestellten Seelenbild kann ein Machtträger nicht mehr so vorgehen: Der Mensch erkennt, wie er seelisch mit der Kirche verbunden ist, weiß, welche Teile von ihm weiterleben und welche nicht, und lernt unabhängig von der Kirche, Vertrauen zu gewinnen.

Wieso Schamanismus?

Um die Seele zu verstehen, werden wir uns den Werkzeugen und der Weltanschauung des Schamanismus bedienen. Vorweg: Was ich hier Schamanismus nenne, muss nicht so heißen. Auch andere Philosophien, etwa Taoismus, Buddhismus oder Sufismus weisen Aspekte auf, welche diesem Vorgehen entsprechen. Ich nenne diesen Weg beziehungsweise dieses Vorgehen Schamanismus, weil ich selber über diesen Weg zur Seele gelangt bin. Umgekehrt wird unter Schamanismus mittlerweile sehr viel Unterschiedliches verstanden. Deshalb entspricht vieles, was als Schamanismus bezeichnet wird, nicht dem, was ich hier beschreibe.

Mein eigenes schamanisches Vorgehen resultierte aus dem Versuch, möglichst an die Basis dieser Philosophie zu gelangen. Ich fragte mich: »Was steckt hinter den Ritualen? Wieso handeln Schamanen auf diese oder die andere Weise?« Von dieser Basis ausgehend, versuchte ich danach, die schamanische Weltanschauung und Vorgehensweise für den modernen Menschen zugänglich und anwendbar zu machen. Zu dieser Basis gehören zwei Elemente:

1) **Schamanen gehen ihren Weg beziehungsweise entscheiden mit dem Herzen und bewegen sich so zur Liebe:** Schamanen erkennen an, dass es für jeden Menschen einen eigenen Weg zur Liebe gibt, einen Weg, den er findet, indem er alle Entscheidungen mit dem Herzen fällt. Wie dieser Weg gefunden und gegangen wird, spielt keine Rolle, es kommt lediglich darauf an, dass er tatsächlich gegangen wird. Es existieren also keine vorgeschriebenen Methoden. In diesem Sinne ist Schamanismus eine Weltanschauung und keine Religion.

2) **Schamanen können die alltägliche materielle Welt verlassen und in einer spirituellen Welt Hinweise über ihren Weg erfahren:** Schamanen erleben neben unserer alltäglichen materiellen Welt eine umfassendere Wahrnehmung. Es gibt mehr als das, was unmittelbar von unseren Sinnen wahrgenommen wird. Schamanen unterscheiden deshalb zwischen zwei Wahrnehmungen: Eine alltägliche beziehungsweise materielle und eine spirituelle Welt. Dank dieses Kontakts mit der spirituellen Welt erhalten sie zusätzliche und nützliche Blickwinkel für den eigenen Weg.

Diese beiden Elemente möchte ich in den nächsten Abschnitten etwas detaillierter beschreiben:

Der Weg zur Liebe

Schamanen folgen ihrem Herzen und gelangen so zu immer mehr Liebe. Die Formulierungen »Den eigenen Weg gehen«, »Der Weg des Herzens« und »Die Richtung der Liebe einschlagen« bedeuten alle das Gleiche und sollen dies darstellen. Die Liebe ist die natürliche Ausrichtung des Menschen, gewissermaßen der natürliche Gang der Dinge, und unsere Seele bewegt sich in diese Richtung, genauso wie eine Blume

18

ihrer ureigenen Natur nachgeht und so zum Blühen kommt oder wie ein Fluss der Erdanziehungskraft folgt und so zum Meer gelangt. Schamanen beobachten die Welt genau, suchen darin die Richtung zur Liebe und folgen ihr.

Für Schamanen ist die Liebe eine Urkraft im Universum. Manche Menschen mögen diese Kraft auch »das Göttliche« oder »die Absicht des Universums« nennen – das ist von mir aus durchaus in Ordnung und früher habe ich das auch getan – ich aber werde hier nicht von Gott, sondern von der Liebe sprechen. Denn es ist meines Erachtens nicht nötig, einen Gott, eine Absicht, einen übergeordneten Plan oder dergleichen ins Spiel zu bringen. Mir ist zwar klar, dass es auch schwierig ist, die Liebe als solche zu erfassen oder zu definieren, jedoch nenne ich sie nicht Gott, weil die Liebe eine Kraft ist, die einfach ist (wie etwa die Gravitationskraft) und die spürbar in eine ganz bestimmte Richtung zieht, gänzlich ohne Absicht und ohne Plan. Es gelingt aber nicht immer, der Liebe zu folgen, denn auf der seelischen Ebene sind wir oft verwundet oder von seelischen Parasiten befallen. Manchmal vergessen wir dabei sogar, dass der Weg des Herzens eine Möglichkeit ist. Wir werden im Verlauf dieses Buches erfahren, was uns daran hindert, diesen zu beschreiten, und wie wir mit diesen Schwierigkeiten umgehen.

Mit dem Herzen entscheiden

Wir gehen dann unseren Weg, den Weg der Liebe, wenn wir konsequent mit unserem Herzen entscheiden. Herzentscheide sind nicht Kopfentscheide (wir folgen nicht unserer Logik, wir wägen also nicht Vor- und Nachteile ab), es sind aber auch nicht Bauchentscheide (wir folgen nicht unseren Gefühlen, d.h. wir machen etwas nicht deshalb, weil wir Wut, Angst oder Sehnsucht haben). Stattdessen geht es um das Herz, um eine Empfindung im Brustbereich, dank der wir wissen, ob etwas der Liebe entspricht oder nicht. Die meisten Menschen spüren bei einem Ja des Herzens hier eine Offenheit oder eine Wärme, und bei einem Nein fühlt sich der Brustbereich geschlossen, schwer oder kalt an.

Selbstverständlich spüren wir auf dem Weg des Herzens auch Gefühle: Bei einem Ja des Herzens gehen wir einen neuen Schritt auf unserem Weg, gehen auf etwas Unbekanntes zu, was uns oft Angst macht, auch verlassen wir so das Bekannte, und das stimmt traurig. Ein neuer Schritt im Leben führt aber auch zu Freude, denn wir kommen dabei immer wieder an gute Orte und Situationen auf unserem Weg.

Aber nochmals, es sind nicht diese Gefühle, die mit dem Herzentscheid gemeint sind, sondern eben die Empfindungen im Herzen. Die Gefühle folgen, wenn wir den Herzentscheid umsetzen. Das Herz entscheidet also, und die Gefühle unterstützen die nachfolgende Bewegung.

Und natürlich ist der Kopf auch wichtig. Die Rolle der Vernunft ist es, die verschiedenen Möglichkeiten, mit einem Thema umzugehen, aufzuzeigen. Wir nehmen also mit dem Kopf wahr, was wir alles in einer bestimmten Situation tun könnten. Wenn wir diese Möglichkeiten kennen, wählen wir mit dem Herzen. Und wenn wir diese Schritte umsetzen, folgen die Gefühle. Auf unserem Weg sind also alle drei wichtig: Kopf, Bauch und Herz. Alle haben ihre eigene Funktion, aber nur das Herz entscheidet. Die Unterscheidung dieser Ebenen ist für unseren eigenen Weg sehr wichtig, und wir müssen achtgeben, dass wir sie nicht durcheinanderbringen.

ÜBUNG: Das eigene Herz spüren

Atmen Sie tief durch und stellen Sie sich dabei vor, Ihr Atem würde durch Ihre Brustgegend in Ihren Körper fließen. Achten Sie auf die Empfindungen mitten in Ihrer Brust. Richten Sie nun Ihre Aufmerksamkeit auf ein »Ja« des Herzens und beobachten Sie, welche Empfindung Sie in diesem Bereich spüren. Konzentrieren Sie sich als Nächstes auf ein »Nein« und beobachten Sie wieder Ihre Empfindungen. Bemerken Sie einen Unterschied? Wenn wir den Weg des Herzens gehen, folgen wir bei Entscheidungen jeweils der Empfindung »Ja«.

Und was ist, wenn wir unser Herz nicht spüren? Dann entscheiden wir mit dem Kopf oder mit dem Bauch. Auch dies wird zu neuen Schritten führen. Haben wir dabei die Absicht, unseren eigenen Weg zu finden, dann werden uns diese Schritte in Situationen bringen, welche es uns ermöglichen, das Herz zu öffnen. Diese Begebenheiten mögen schwierig, intensiv und voll von Gefühlen sein. Vielleicht geht es um Verlust, aber vielleicht auch um große Freude – das ist für jeden Menschen verschieden. Diese Intensität wird aber meist das Herz öffnen, und ab dann können wir auf ein Ja oder Nein des Herzens hören und unsere Entscheidungen auf diese Art fällen.

Merkmale von eigenen Wegen

In Ergänzung zum Herzentscheid ist es wichtig, uns immer wieder die folgenden Merkmale eigener Wege vor Augen zu führen:

- *Unser Weg beginnt immer genau dort, wo wir sind.* Der nächste Schritt auf unserem Weg beginnt bei unserem gegenwärtigen Standort beziehungsweise bei unseren jetzigen Lebensumständen. Entsprechend müssen wir vorerst genau das akzeptieren, was gerade ist. Wir nehmen deshalb unsere Lebensumstände an, also mit wem wir leben, wo wir arbeiten, welche Charaktereigenschaften wir haben, was wir essen, wie oft wir uns bewegen, einfach alles. Es bedarf folglich keiner vorherigen Tätigkeiten, Vorbereitungen, Erledigungen oder dergleichen. Von jedem Umstand aus können wir einen nächsten Schritt des Herzens unternehmen. Beispielsweise müssen wir mit unserem Weg nicht warten, bis die Kinder größer sind, bis wir pensioniert sind oder bis wir einige Kilos abgenommen haben. Der Weg beginnt jetzt, genau da, wo wir gerade sind.
- *Alle Wege sind unterschiedlich.* Für jeden Menschen sieht die Welt anders aus, jeder hat andere Themen und entsprechend andere Schritte, die es zu machen gilt. Wir müssen also einerseits akzeptieren, dass unser Vorgehen für andere unter Umständen nicht verständlich ist, und entsprechend müssen wir umgekehrt auch die Wege der anderen nicht unbedingt verstehen. Wir können also nicht an der äußeren Handlung eines Menschen ablesen, ob dieser mit dem Herzen entscheidet oder nicht, und genauso können andere Leute auch nicht beurteilen, ob wir dem Herzen folgen oder nicht. Beachten Sie dabei folgende Überlegung: Damit unsere Welt existieren kann, ist eine Vielfalt von Meinungen, Sichtweisen oder Arten, die Welt zu betrachten, nötig. Die-

se Unterschiede sind gut, denn sie bauen die nötigen Spannungen auf, damit wir uns weiterentwickeln können. Diese Spannungen sind gewissermaßen das Gelände, in dem wir uns bewegen. Deshalb ist es müßig, andere Menschen zu verurteilen, welche die Welt anders sehen oder das Leben anders angehen. Im Gegenteil, wir erkennen an, dass ihre Handlungen und Meinungen ihr Beitrag zum Ganzen sind. Wir begegnen deshalb der Vielfalt mit Wertschätzung, im Wissen, dass wir darin unseren Weg finden.

- *Der eigene Weg ist das Beste, was wir für andere tun können.* Auf den ersten Blick mag es so aussehen, als sei ein eigener Weg egoistisch, denn wir schauen nur auf uns selbst. Da der eigene Weg aber der Weg der Liebe ist, ist dieser automatisch auch für die anderen gut – sogar dann, wenn diese protestieren.

Der Kontakt mit der spirituellen Welt

Als Unterstützung für seinen Weg kann der Schamane die materielle Welt verlassen und in der spirituellen Welt umfassendere Blickwinkel erfahren. Die spirituelle Welt kann auf unterschiedliche Art und Weise kontaktiert werden. Eine Vielzahl von Möglichkeiten habe ich detailliert in meinen anderen Büchern beschrieben, zuletzt im *Schamanischen Heilbuch.* Die beiden häufigsten Methoden sind die schamanische Reise und das genaue Beobachten und symbolische Interpretieren der Umgebung. Diese beiden Methoden werde ich hier kurz zusammenfassen – wer an mehr Einzelheiten interessiert ist, den möchte ich auf die anderen Bücher verweisen. Die schamanische Reise benötigt dabei etwas Übung, hingegen kann die Beobachtung der Umgebung von allen jederzeit und ohne Vorkenntnisse angewendet werden. Aber zuerst zur schamanischen Reise:

Die schamanische Reise: Die schamanische Reise dient dazu, die Wahrnehmung so zu ändern, dass wir statt der materiellen die spirituelle Welt erfassen. Folgende Schritte haben sich bewährt:

1. *Vorbereitung:* In dieser Phase formulieren Sie Ihr Anliegen und vergewissern sich, dass Sie sich an einem sicheren, ungestörten Ort aufhalten.

2. *Entspannung:* Als zweiten Schritt entspannen Sie sich. Welche Methode Sie hierfür anwenden, spielt keine Rolle.

3. *Reise:* Die Grenze zwischen materieller und spiritueller Welt wird überschritten, indem Sie sich mit Ihrer Vorstellungskraft ein Tor oder einen Durchgang ausdenken. Dieses Tor stellt den Übergang zwischen den beiden Welten dar. Nachdem Sie das Tor durchschritten haben, treffen Sie einen spirituellen Helfer, der Sie dann auf eine traumähnliche Reise führt. Auf der ersten Reise gehen Sie mit der Erwartung durch das Tor, dass Sie auf der anderen Seite Ihren spirituellen Helfer treffen. Diese Gestalt ist oft ein Mensch oder ein Tier, seltener auch etwas anderes, wie etwa eine Lichtkugel oder eine Wolke. Auf weiteren Reisen stellen Sie Ihre Fragen dann diesem spirituellen Helfer.

4. *Rückkehr:* Wenn der spirituelle Helfer Sie entlässt oder wenn eine vorbestimmte Zeit abgelaufen ist (typischerweise zwanzig Minuten), gehen Sie, nachdem Sie sich bei Ihrem Helfer bedankt haben, durch das gleiche Tor zurück, durch welches Sie gekommen sind.

5. *Interpretation:* Oft sind viele Elemente der Reise nicht sofort klar und müssen interpretiert werden. Am besten verlässt man sich auf seine eigene Interpretation. Sollte dies nicht klappen, empfehle ich etwas zu warten, eine zweite Reise zu unternehmen, die Symbolik mit anderen zu diskutieren oder Hinweise in einem Symbol- oder Traumdeutungsbuch zu suchen.

6. *Umsetzung:* Die schamanische Reise ist nur ein Hilfsmittel und nie Selbstzweck. Deshalb müssen die Erkenntnisse im

Alltag umgesetzt werden. Dies ist oft der schwierigste Schritt von allen, aber vergessen Sie ihn nie, denn sonst sind alle Bemühungen vergebens!

ÜBUNG: Die schamanische Reise

Versuchen Sie eine schamanische Reise zu unternehmen. Bitte bedenken Sie, dass es bei der ersten Reise nur darum geht, einen spirituellen Helfer kennenzulernen. Ihre konkreten Fragen können Sie für spätere Reisen aufbewahren. Beachten Sie ferner, dass eine solche Reise nicht sofort gelingen muss. Wie alles andere, muss auch dies geübt werden.

Die Beobachtung der Umgebung: Da alles, was wir im Außen antreffen, irgendetwas mit unserem Inneren zu tun hat, können wir alles, was mit uns geschieht, und alles, was wir beobachten, als symbolische Wegweiser betrachten. In diesem Sinne gibt es keine Zufälle – alles, wirklich alles hat eine Bedeutung. Unsere Umgebung, die Situationen, in die wir geraten, alle Begebenheiten sind eine Sprache der spirituellen Welt. Schamanen sind darin geübt, diese wahrzunehmen und zu interpretieren. Gegenstände und Begebenheiten bewerten wir also nicht nur als das, was sie auf den ersten Blick darstellen, sondern wir suchen einen symbolischen Zusammenhang mit unserem Leben. So ist eine Zugverspätung, bei der wir einen Anschluss verpasst haben, nicht einfach nur ärgerlich, sondern sie hat vielleicht mit anderen Verbindungen in unserem Leben zu tun, die wir wegen Umständen, die wir nicht kontrollieren können, verpasst haben. Wenn unser Fahrrad einen platten Reifen hat, dann bedeutet dies nicht nur Aufwand für die Reparatur, sondern vielleicht ist bei uns »die Luft raus«, das heißt, vielleicht haben wir selbst ein Leck, durch das wir Energie verlieren.

Die Beobachtung der Umgebung kann auch ganz aktiv angegangen werden, indem Sie konkrete Fragen an die Umgebung stellen und genau beobachten, was Sie als Nächstes wahrnehmen. In diesem Sinne ist es sogar möglich, einen Dialog mit der Umgebung zu führen. Bei solch direkten Fragen an die Umgebung empfehle ich, die nächsten drei Dinge zu interpretieren, die Ihnen auffallen.

Hier ein Beispiel, bei dem ich zeigen möchte, wie unmittelbar dies gemacht werden kann: Ich sitze hier am PC, schreibe gerade genau diese Zeilen und frage: »Was muss ich beim Schreiben dieses Buches besonders beachten?« Die drei Dinge, die mir auffallen, sind: 1) Ein Zitrusbaum mit kleinen Orangen, welchen mir meine Partnerin geschenkt hat. 2) Die spiralförmige Energiesparlampe der Tischlampe. 3) Das Modem, welches meinen Computer mit dem Internet verbindet. Wie interpretiere ich diese Beobachtungen nun in Bezug auf meine Frage? Einige mögliche Ideen sind: Es geht um die Früchte von Verbindungen, die Seele hat etwas mit einer Spirale zu tun und die Verbindung zu einem größeren Netzwerk spielt eine Rolle. Sie werden im Verlauf des Buches erfahren, wo diese drei Elemente ins Spiel kommen werden. Versuchen Sie nun gleich selbst, eine Frage an die Umgebung zu stellen:

Wir konzentrieren uns in diesem Buch auf die schamanische Reise und auf die Beobachtung der Umgebung. Ich werde keine weiteren Praktiken wie zum Beispiel die Verwendung von Kräutern, Trommeln, Ritualen oder Feuerlaufen behandeln. Auch werde ich nicht auf konkrete Lebensweisen eingehen, wie zum Beispiel Askese, gesunde Ernährung, genügend Bewegung und Ähnliches, auch wenn dies bei Schamanen eine wichtige Rolle spielt. Insgesamt sind Schamanen aber Pragmatiker, und deshalb ist alles erlaubt, was funktioniert – vorausgesetzt, das Herz sagt Ja, sofern also die Methode der Liebe entstammt. Welche Methoden Sie verwenden, ist folglich Ihnen überlassen.

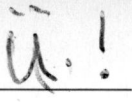

ÜBUNG: Beobachtung der Umgebung

Schließen Sie die Augen und formulieren Sie Ihre Frage oder Ihr Anliegen. Öffnen Sie anschließend die Augen und beobachten Sie die drei Geschehnisse oder Gegenstände, die Ihnen während den nächsten Sekunden auffallen. Bei der Interpretation der Symbolik achten Sie zuerst auf Ihre eigenen Ideen. Sollte dies nicht klappen, empfehle ich, etwas zu warten und an einem anderen Tag die Frage zu wiederholen. Auch können Sie die Symbolik – wie bei der schamanischen Reise – mit anderen diskutieren oder Hinweise in einem Symbol- oder Traumdeutungsbuch suchen.

Schamanen nehmen also die Welt umfassender wahr als die meisten Menschen. Ganz wichtig dabei ist: Der Schamane ist sich immer bewusst, was er tut. Er weiß, dass der Kontakt mit der spirituellen Welt symbolisch aufzufassen ist und nie real (es geht also, um das oben erwähnte Beispiel aufzugreifen, nicht darum, dass ich über Zitrusbäume oder Energiesparlampen als solche schreibe, sondern darum, was sie bezüglich der Seele symbolisieren). Der Schamane behält somit immer die Kontrolle über seine Beobachtung.

Bei der schamanischen Arbeit darf deshalb die Methode als solche nie überhandnehmen. Beginnt zum Beispiel die schamanische Reise, uns zu kontrollieren statt umgekehrt, so kann dies zu einer Psychose führen. Wir werden dann Gefangene unserer Methode und nehmen Stimmen oder andere Beobachtungen der spirituellen Welt nicht mehr symbolisch wahr, sondern wir glauben, sie seien eins zu eins zu interpretieren. Achten Sie auf diese Gefahr. Es ist mir ein sehr großes Anliegen, dass Sie sich nie von anderen Welten dirigieren lassen. Diese sind stets nur als Hilfsmittel gedacht, und immer sind Sie es selbst, die bestimmen, wo Ihr Weg entlangführt. Sagen Sie deshalb auch nie »Es hat geheißen, ich solle …«, wenn Sie das Resultat einer schamanischen Reise oder eines Herzentscheides meinen. Zeigen Sie, dass Sie die Verantwortung übernehmen, und formulieren Sie immer »Ich habe entschieden …« oder »Ich gehe …« und so weiter.

Was erwartet Sie?

Sie sind auf der Schwelle zu einer Abenteuerreise. Eine Reise, welche zwar in umfassende seelische Welten eingebettet ist, die Sie jedoch in ihrem ganz konkreten Alltag erleben werden. Sie werden dabei die Welt besser durchschauen und sehen, welche Mechanismen im Hintergrund wirken. Plötzlich wird klar, welche Information Propaganda ist und welche nicht, was wir von den Aussagen von Vorgesetzten, Firmenchefs und Politikern halten dürfen. Wir werden sehen, was sich zwischen Menschen abspielt, wieso der eine so reagiert und nicht anders, wieso es manchmal funkt zwischen Menschen und manchmal nicht, wieso gewisse Menschen auf der Ebene der Seele Parasiten sind, obwohl dies in unserem Alltag gar nicht ersichtlich ist, und was wir dagegen tun können, wenn wir sie erkennen. Dies alles wird zwar interessant sein, aber nicht immer angenehm. Viele Erkenntnisse werden sogar erschütternd sein, und es ist möglich, dass dabei Ihr Weltbild wie ein Kartenhaus zusammenbricht. Aber zwischen diesen Trümmern werden Sie Ihren Weg erkennen und ein Leben aufbauen können, welches zu Freiheit und Liebe führt.

Diese Reise zur Seele benötigt jedoch auch einiges von Ihnen: Als Erstes müssen Sie immer vollumfänglich für sich selbst die Verantwortung übernehmen. Überprüfen Sie alles, auch meine Vorschläge, und unternehmen Sie nur dann die nächsten Schritte, wenn für Sie alles stimmt. Delegieren Sie diese Verantwortung nie an andere. Sie sind der Meister Ihres Lebens, niemand sonst. Weiter benötigt dieses Vorgehen etwas Risikobereitschaft. Oft bedingt der Weg des Herzens, dass Sie sichere und stabile Situationen verlassen, um in unangenehmen Grenzsituationen neue Erkenntnisse zu erhalten. Es kann also heftig zugehen – in Ihrem Inneren wie auch in Ihrem Äußeren. Und mitunter werden Sie in Situationen geraten, die Verzweiflung auslösen. Dazu sage ich jetzt schon: Das muss so sein. Denn zugelassene Verzweiflung hilft, die Seele zu heilen.

Mir ist es auch ein Anliegen, dass Sie wissen, was Sie *nicht* erwartet: Ich werde keine Methoden erklären, wie Sie bestimmte Ziele erreichen können, zum Beispiel, wie Sie mehr Freude, eine gute Gesundheit, mehr Geld und so weiter erlangen. Solche Dinge mögen die Folge eines eigenen Weges sein, aber vielleicht auch nicht. Es geht nicht um Ziele, nicht um Erfolg, sondern es geht nur darum, dass Sie den Weg des Herzens finden, dabei verstehen, was sich abspielt, und so zu sich selbst und zu mehr Vertrauen gelangen.

Es geht auch um die Erde

Wenn Sie Sie selbst werden, wenn Sie den Weg des Herzens gehen, dann beeinflusst dies gleichzeitig alles andere. Es geht in diesem Sinne auch um Ihre Mitmenschen, um die Tiere, Pflanzen, Steine, ja um die Erde als Ganzes. Wir werden sehen, wie alles direkt miteinander verbunden ist, das heißt jeder Schritt, den Sie persönlich Richtung Liebe machen, bringt alle anderen ebenfalls einen Schritt näher zur Liebe.

Unsere Probleme auf Erden harren einer Lösung: Nahrung und Energie werden knapp, das Klima ändert sich, die Bevölkerung wächst, unsere Systeme des Zusammenlebens und unsere Wirtschaft funktionieren nicht mehr. Wir ahnen, dass die technischen Fortschritte bald nicht mehr genügen, um die

Erde und ihre Systeme in Balance zu halten. Auf der materiellen Ebene ist keine Lösung in Sicht, die nicht mit Leid, Krieg, vielen Toten oder mindestens mit natürlichen oder technischen Katastrophen zu tun hat. Jede materielle Lösung hat offenbar immer negative Konsequenzen.

Wir müssen deshalb auch hier die Themen und Probleme auf der umfassenderen Ebene der Seele und der Liebe angehen. Ich bin überzeugt, würden wir die Erde und unsere Probleme mit ihr auf der Ebene der Seele betrachten, auf einer möglichst umfassenden Ebene also, dann fänden wir nachhaltige Lösungen. Unsere Arbeit mit der Seele und unser Weg des Herzens werden einen Beitrag hierzu leisten.

Wie gehen wir vor?

Als Erstes geht es darum, die Seele als solche zu verstehen. Dieser Begriff muss klar definiert werden, damit Sie und ich vom Gleichen sprechen. Im nächsten Kapitel wird es deshalb hauptsächlich darum gehen, den Raum zu definieren, in dem sich das Seelische abspielt. In den darauffolgenden zwei Kapiteln werden wir zuerst die Seele als solche genauer kennenlernen und danach die Verbindungen, die ich Seelenstränge nenne. Mit dieser Basis werden wir die beiden Elemente zu einem Netzwerk zusammenfügen und dabei sehen, wie Seelen aufeinander einwirken. In anderen Worten: Wir werden uns mit der Ökologie der Seelen befassen. Nachdem wir die Mechanismen im System kennen, werde ich zeigen, wie sich gesunde von kranken Netzwerken unterscheiden und praktische Tipps geben, wie wir unseren Weg zu einem gesunden Netzwerk unterstützen. Danach folgt der Schritt in den Alltag, und wir werden lernen, unsere Erkenntnisse der Seele bei alltäglichen Themen und insbesondere in Beziehungen und Gesundheit praktisch anzuwenden. Mit diesen Erkenntnissen können

wir dann den Schritt zur Erde wagen und alles aus einer über-
geordneten Perspektive anschauen. Da die Heilung auf der
Ebene der Seele zu mehr Vertrauen führt, werden wir in jedem
Kapitel analysieren, was wir diesbezüglich erkannt haben.
Ebenfalls wird das Thema Geborenwerden und Sterben in jedem Kapitel genauer angesehen, weil diese seelischen Grenz-
bereiche viel zu unserem seelischen Verständnis beitragen.
Ich möchte spiralförmig vorgehen. Kapitel um Kapitel werden wir mehr ins Detail gehen, das heißt, ich werde gewisse
Elemente immer wieder aufgreifen, um jedoch mit ihnen jeweils einen Schritt weiter in die Tiefe zu gelangen. Stellen Sie
sich also keinen linearen Weg vor, bei dem immer ein Kapitel
aus dem nächsten hervorgeht, sondern eine Spirale, bei der wir
Ähnliches immer wieder antreffen, aber stets von einem anderen Blickwinkel aus.

Mit wem haben Sie es zu tun?

Bücher sind immer persönliche Angelegenheiten. Es ist –
dies meine Beobachtung – nicht möglich, ein rein sachli-
ches Buch zu schreiben, immer schwingen die Persönlichkeit
und die Ansichten des Autors mit. Dies gilt auch für dieses
Buch, welches meine persönliche Sicht der Seelen darstellt. Es
beinhaltet meine Erfahrung bis zu diesem Zeitpunkt in meinem Leben, beeinflusst von den Menschen, die ich getroffen
habe, den Orten, an denen ich war, und den Herausforderungen, denen ich begegnet bin. Es ist deshalb wohl richtig, wenn
Sie ein paar Elemente meines Lebens kennen, damit Sie wissen, aus welcher Sicht das Buch geschrieben wurde.
Ich wurde als Sohn Schweizer Eltern in Los Angeles, Kalifornien, geboren. Meine Kindheit verbrachte ich größtenteils in
den USA, aber auch zeitweise in Deutschland und ein wenig
in Italien. Als ich dreizehn war, kehrten meine Eltern in die

Schweiz zurück. Hier studierte ich später Landwirtschaft und ging anschließend erneut in die USA, um dort in Insektenkunde zu promovieren. Danach kehrte ich in die Schweiz zurück. Momentan arbeite ich in einer Teilzeitstelle für die Schweizerischen Bundesbahnen im Bereich Lärmschutz, hauptsächlich in internationalen Projekten.

Ich reise in viele Länder, arbeitete auch in einigen, aber es zog mich immer wieder in den Südwesten der USA. Dort begegnete ich dem Schamanismus, welchen ich auf meiner Suche nach Kraftorten und indianischen Felszeichnungen stetig für mich weiterentwickelte. Es wurde mein Anliegen, meine Erkenntnisse für moderne Menschen verwendbar zu machen. In Beziehungen, im Beruf oder im Alltag versuchte ich, den Schamanismus anzuwenden, und lernte, Entscheidungen mit dem Herzen zu fällen. So wurde der Alltag immer mehr zu meinem Lehrmeister.

Meine Kenntnisse über Schamanismus haben also Ihre Wurzeln bei nordamerikanischen Indianern. Doch musste ich – bevor ich mit diesem Buch beginnen konnte – mein amerikanisches Bürgerrecht aufgeben. Der Steuerkonflikt zwischen der Schweiz und den USA, das Risiko, als Doppelbürger keine normalen Bankkonten mehr zu bekommen, sowie stetig komplexere amerikanische Steuerformalitäten zwangen mich zu diesem Schritt (US-Amerikaner müssen auch dann Steuern in den USA zahlen, wenn sie im Ausland leben). Ich ging noch auf eine vorerst letzte Reise und besuchte Orte, die mir wichtig waren. Ich spürte auf dieser Reise, dass ich jetzt alleine war. Ich habe zwar Wurzeln dort, sowohl bezüglich meines Lebenslaufs wie auch in Bezug auf den Schamanismus, aber was jetzt darauf wächst, ist mein Eigenes. Und das gilt auch für dieses Buch: Es hat zwar eine indianische Basis, aber der größte Teil von dem, was ich beschreibe, ist meine eigene Entwicklung, welche aus diesen Wurzeln gewachsen ist.

Auch die vielen Diskussionen und Reisen mit meiner Partnerin und die unzähligen Bergtouren mit meinem Wanderkollegen sowie mein Wohnort Windisch mit seiner langen Geschichte (Kelten, Römer, Habsburger) und den vielen Kraftorten in der Umgebung haben mich stark beeinflusst auf meinem Weg, die Seele zu verstehen.

Manchmal spürte ich mein Leben als Dilemma. Einerseits arbeite ich in einer Ingenieursumgebung, habe eine wissenschaftliche Ausbildung und wende auch die entsprechenden Methoden an. Andererseits spürte ich, dass es Dinge gibt, die nicht unmittelbar messbar sind, und erlebte die indianische Spiritualität eins zu eins. Ich fragte mich immer wieder, ob hier ein Gegensatz besteht. Allmählich merkte ich jedoch: Nein, Spiritualität ist durchaus kompatibel mit der Wissenschaft.

Beginnen wir

Sie haben nun einen ersten Eindruck, worum es geht. Wir stehen am Anfang eines Weges, auf dem wir uns in Welten begeben werden, die anfänglich sogar den Eindruck vermitteln, dass wir an Vertrauen verlieren. Doch ist es meistens so, dass man durch etwas hindurch muss, um zu etwas Neuem zu gelangen. Wagen wir es also!

2. KAPITEL

Was ist eine Seele?

IN DIESEM KAPITEL ENTDECKEN SIE

- *dass Seelen Wellen des Bewusstseins sind.*
- *dass das Bewusstsein aus unzähligen Teilen aufgebaut ist.*
- *dass Bewusstsein das ist, was übrig bleibt, wenn wir Körper, Denken und Fühlen entfernen.*
- *dass Seelen in Netzwerken zusammenhängen.*
- *wie Seelen aus unzähligen Seelensträngen aufgebaut sind, welche die Verbindungen zwischen den Seelen bilden.*
- *wo die Seele sich befindet.*
- *wieso die Welt der Seelen und die Wissenschaft keine Gegensätze sind.*

Schon längere Zeit hatte ich mich gefragt, was die Seele genau ist, und merkte dabei, wie ich immer häufiger dem Thema »Wellen« begegnete. Es zog mich immer mehr zu Wellen, und der Drang, sie genauer zu beobachten und von ihnen zu lernen, wurde größer. Schamanen folgen solchen Impulsen – die Westküste Irlands schien mir ein idealer Ort hierfür, und ich reiste dorthin. Stunden, Tage verbrachte ich damit, die Küsten entlangzuwandern und den Wellen zuzuschauen. Ich sah, wie eine um die andere kam, wie sie sich überschlugen, wie sie an den Klippen zurückgeworfen wurden, wie jede Welle aus vielen kleinen Wellen bestand und wie auch diese kleinen Wellen aus noch kleineren Wellen aufgebaut waren. Ich spürte dabei stets den Wind, welcher alle Wellen vorwärtstrieb; interessanterweise blieben aber schwimmende Gegenstände an Ort und Stelle und wurden von einer Welle nach der anderen erfasst. Nicht nur trieb der Wind das Wasser an, manchmal wurde auch der Meeresschaum auf dem Wasser zu eigenen Wellen geformt. Und sogar auf dem Land beobachtete ich Wellen: Die Bäche schlängelten sich wellenförmig durch die Täler, die Hügel schienen wie große, eingefrorene Wellen, und die Wege und Straßen krümmten sich durch die Landschaft. Ich hatte mich also mit Seelen beschäftigt, wurde zu Wellen geführt und wusste, dass ich das, was ich bei den Wellen beobachtete, wiederum auf Seelen würde übertragen können. Ein schöner Kreislauf! Hier das Ergebnis:

Seelen sind Wellen des Bewusstseins

Seelen sind Wellen. Wellen entstehen dann, wenn etwas periodisch bewegt wird und die Energie oder die Information der Schwingung sich ausbreitet. Bringen wir zum Beispiel die Saite einer Gitarre in Schwingung, dann überträgt sich die Schwingung auf die Luft, breitet sich dort wellenartig aus, gelangt zu unserem Ohr, das Trommelfell nimmt die Schwingung auf, leitet sie an Nervenzellen weiter und wir hören einen Klang.

So wie es in der materiellen Welt Luft gibt, in der sich eine Schwingung ausbreiten kann, besteht im Bereich der Seelen eine undifferenzierte »Seelensubstanz«, gewissermaßen eine Seelenmasse. Wird diese angeregt, so entstehen darin Seelenelemente, welche ein konkretes Bewusstsein haben. Bewusstsein – so gesehen – ist eine Schwingung beziehungsweise eine Information in dieser Seelenmasse.

Bewusstsein besteht aus vielen Einzelbestandteilen

Nach meiner Beobachtung besteht Bewusstsein aus unzähligen Einzelteilen – ich nenne sie Bewusstseinselemente –, die eine bestimmte Qualität oder Eigenart aufweisen und welche in ihrer Summe unser Bewusstsein ergeben. Diese Bewusstseinselemente lassen sich meist in kurzen Sätzen beschreiben. Weil Bewusstsein das ist, was übrig bleibt, wenn wir Körper, Fühlen und Denken entfernen, sollten diese Sätze keine Gefühle oder Interpretationen beinhalten. Beispiele solcher Bewusstseinselemente sind »Menschen sind intelligent«, »Blumen sind schön«, »Geld macht nicht glücklich«, »Ich bin ein guter Mensch«, »Bitterstoffe sind wichtig«, »Ich töte nicht« und so weiter. Auch Glaubenssätze wie z.B. »Ich bin unerwünscht« oder was gewisse Autoren als »Meme« bezeichnen (Bewusstseinsinhalte, die durch Kommunikation weitergegeben und damit vervielfältigt werden[2]), sind Bewusstseinselemente. Nicht alle lassen sich in Sätzen formulieren, manchmal sind auch Melodien, Traditionen, Rituale oder Fertigkeiten solche Bewusstseinselemente. Unser Bewusstsein oder unser seelisches »Ich« ist also die Summe von Millionen solcher Inhalte.

Zum gleichen Thema können durchaus ganz unterschiedliche oder gegensätzliche Bewusstseinselemente existieren, beispielsweise »Ausländer sind gut«, »Ausländer sind schlecht«, »Ausländer bereichern unsere Gesellschaft«, »Ausländer sind Menschen wie jeder andere«, »Die Wirtschaft braucht Ausländer«, »Ausländer nehmen uns Arbeitsplätze weg«, »Ausländer sind kriminell«, »Ausländer sind interessant« und so weiter. Auf der Ebene der Seele sind Bewusstseinselemente wertfrei. Die Beurteilung, ob ein solches Bewusstseinselement im Sinne der Liebe ist oder nicht, ist dann eine andere, weitergehende Stufe, eine, die wir selbstverständlich im Verlauf dieses Buches noch ausführlich behandeln werden.

Einzelne Bewusstseinselemente können zudem stärker oder schwächer sein und schneller oder langsamer schwingen, ganz analog zu Wellen, die verschieden große Amplituden und unterschiedliche Frequenzen haben können. Ein Bewusstseinselement wie »Kapitalismus ist gut« wird beispielsweise bei einem Bankdirektor viel stärker und schneller schwingen als bei einem Arbeiter. Ein weiteres Beispiel: Wo ich wohne, macht sich ein Bewusstseinselement »Kirchenglocken sollen läuten« viel häufiger bemerkbar als »Erleuchtung erlangt man in der Stille.«

Alles in allem ist unsere Seele also vergleichbar mit einem Orchester, welches aus vielen Musikern und Instrumenten besteht, die zusammen ein Stück spielen. Die von einem einzelnen

---

2 Richard Dawkins: *Das egoistische Gen*, Heidelberg 2006.

Musiker gespielte Melodie stellt ein solches Bewusstseinselement dar, die Summe aller Melodien – das Musikstück also –
stellt in diesem Vergleich unser Bewusstsein beziehungsweise
unsere Seele als Ganzes dar.

Halten wir kurz inne und lassen Sie mich an dieser Stelle zwei
Übungen vorschlagen:

ÜBUNG 1: Wie unterscheidet sich diese Definition
einer Seele von Ihren bisherigen Vorstellungen?

Sehr wahrscheinlich haben Sie etwas anderes unter der Definition einer Seele erwartet. Versuchen Sie, Ihr bisheriges Seelenbild zu beschreiben, und suchen Sie nach den Unterschieden
zu dem hier dargestellten Modell.

ÜBUNG 2: Bewusstseinselemente erkennen

Schreiben Sie einige Bewusstseinselemente analog zu den obigen Beispielen auf, kurze Sätze also, welche keine Gefühle, Be-
gründungen oder Interpretationen beinhalten. Alle Bewusstseinselemente, welche wir formulieren können, gehören auch
zu unserer Seele. Bewahren Sie die Liste auf, wir werden später
im Kapitel nochmals mit ihr arbeiten.

Seelen sind Netzwerke

Erinnern wir uns an die Vielfalt der Wellen im Meer. Hier
einige weitere Beobachtungen: Die Teilwellen jeder Welle können sich durchaus in unterschiedliche Richtungen bewegen, um dann Bestandteil von weiteren Wellen zu werden.
Gewisse kleine Teilwellen sind vergleichsweise langsamer und

werden von einer größeren Welle erfasst. Aber auch die Stärke der Wellen ändert sich wellenartig, und nach einigen hohen Wellen folgen jeweils einige kleinere. Zusätzlich stellen Ebbe und Flut übergeordnete Wellen dar, welche alle anderen Wellen zwei Mal am Tag erfassen. Dabei besteht jede Welle – ob groß oder klein – immer aus demselben Meerwasser. Das Wellenbild im Meer ist also ein riesiges, komplexes Gebilde, welches sich ständig ändert, obwohl es aus der gleichen Substanz besteht.

Bei der Seele ist es genauso. Die Abermillionen von Bewusstseinselementen sind zu verschiedenen Zeiten unterschiedlich stark und werden meist von unterschiedlichen Menschen geteilt. Ständig kommen gewisse Elemente hinzu und andere gehen verloren. So ist etwa in jungen Jahren das Bewusstseinselement »Alle Menschen sind gleich« stark ausgeprägt, während »Kapitalismus ist das beste Wirtschaftssystem« häufig in der Mitte des Lebens und »Gesundheit ist das höchste Gut« meist erst im Alter am wichtigsten werden. Bewusstseinselemente wie »Kapitalismus ist das beste Wirtschaftssystem« oder »Es gibt nur einen Gott, und Mohammed ist sein Prophet« werden von vielen Menschen geteilt, hingegen »Sandlaufkäfer sind die schönsten Käfer« nur von wenigen.

Dort wo die Bewusstseinselemente zusammenkommen, entsteht eine *Seele*. Der Physiker würde dies ein Wellenpaket nennen. Im Bild vom Meer entspricht die Seele der konkreten Welle, welche wir zu einem bestimmten Zeitpunkt sehen. Die einzelnen Bewusstseinselemente werden auf *Seelensträngen* von Seele zu Seele bewegt. Diese Seelenstränge entsprechen den Teilwellen im Meer, während die Bewusstseinselemente die Form der Welle darstellen. Die Grundenergie für die Bewegung der Seelenstränge ist Liebe, welche im Vergleich zum Meer den Wind darstellt. Dies ist der Grund, wieso ich im letzten Kapitel die Liebe als die natürliche Ausrichtung des Menschen beschrieben habe, denn im Kern haben wir alle die gleiche Antriebsenergie. Diese seelische Energie stammt aber nicht immer direkt von der Liebe, sondern wird oft auch räuberisch von anderen Seelen gewonnen – doch dazu später mehr.

Die Welt der Seelen ist also ein Netzwerk, bestehend aus Millionen von Seelensträngen, welche die Bewusstseinselemente tragen, und den Seelen, in welchen diese jeweils zusammenkommen. Das Netzwerk ist sehr dynamisch und ständigen Änderungen unterworfen. Eine Seele verliert laufend Stränge und gewinnt andere hinzu, zudem sind die Seelenstränge selbst unterschiedlich stark und gewisse erfassen unsere Seele mehr als andere.

Durch dieses Geflecht von Seelensträngen sind wir stets mit allem verbunden. Entsprechend beeinflussen unsere Entscheidungen und Handlungen immer auch das Ganze. Entscheiden wir im Sinne der Liebe, bewegt sich als Folge alles etwas Richtung Liebe, wenn nicht, dann verringert sich die Gesamtliebe. Wir tragen deshalb die Verantwortung nicht nur für uns selbst, sondern genauso für alles andere auch.

Ein Seelennetzwerk ist zudem in der Zeit ausgedehnt. Das heißt, die Seelenstränge können sich gleichzeitig in verschiedenen Zeiten befinden. Um bei einem früheren Beispiel zu bleiben, finden wir das Bewusstseinselement »Kapitalismus ist gut« auch in früheren und wahrscheinlich auch in zukünftigen Zeiten. Unsere Entscheidungen und Handlungen beeinflussen also andere Zeiten – Vergangenheit und Zukunft. Unsere Verantwortung ist deshalb sogar größer, als man auf den ersten Blick erwarten würde.

Diese Zusammenhänge sind vereinfacht im folgenden Diagramm eines Seelennetzwerkes zusammengefasst.

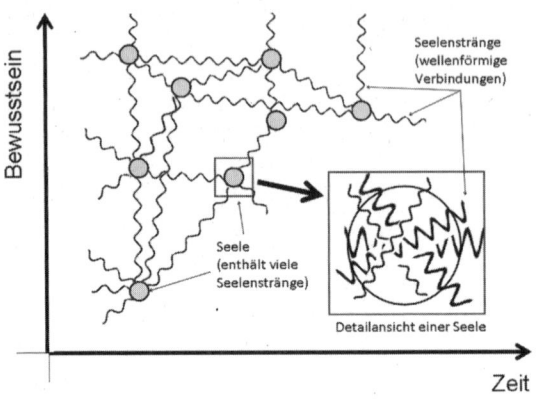

Schematische und stark vereinfachte Darstellung von Seelen und Seelensträngen, dargestellt in einem Koordinatensystem mit den Achsen Zeit und Bewusstsein, welche zusammen den seelischen Bereich darstellen. Darin sind Seelen Anhäufungen von Seelensträngen, welche ihrerseits wellenförmig die Seelen miteinander verbinden.

Um Ihre Vorstellung des Seelennetzwerks etwas zu konkretisieren, schlage ich vor, dass Sie in der nachstehenden Übung einem Seelenstrang folgen und beobachten, zu welchen anderen Seelen Sie dabei gelangen:

Als ich dem Seelenstrang mit dem Bewusstseinselement »Demokratie ist das beste Staatssystem« folgte, kam ich zuerst zu meiner Grundschule in Kalifornien, dann zu amerikanischen Zeitungen, danach zur Hauptstadt Washington D.C. und in der Folge zu weiteren amerikanischen Institutionen. Dieser konkrete Seelenstrang wird (bei mir!) also vor allem von amerikanischen Institutionen getragen – obwohl ich in der Schweiz wohne, einem Land, welches ebenfalls stolz auf seine Demokratie ist. Will ich mich mit diesem Teil meiner Seele beschäftigen, so muss ich mich deshalb mit der amerikanischen und nicht mit der Schweizer Demokratie auseinandersetzen.

ÜBUNG: Einem Seelenstrang folgen

Wählen Sie ein Bewusstseinselement aus Ihrer Liste der vorhergehenden Übung. Konzentrieren Sie sich auf dieses und beobachten Sie, was Ihnen anschließend in den Sinn kommt. Danach konzentrieren Sie sich erneut auf Ihr Bewusstseinselement und schauen, was als Nächstes erscheint. Das, was Ihnen in den Sinn kommt, sind meist jeweils weitere Seelen, welche dieses Bewusstseinselement tragen. Falls Sie das schamanische Reisen beherrschen, bitten Sie Ihren Helfer darum, Sie auf eine Reise entlang des gewählten Seelenstranges mitzunehmen.

Unsere Aufmerksamkeit bestimmt die Zusammensetzung der Seele

Wie wir gesehen haben, ist die Seele aus Millionen von Seelensträngen aufgebaut. Alles, was uns auffällt, gehört zu unserer Seele. Nur das, was wir nicht beachten, gehört nicht dazu. Je mehr Aufmerksamkeit wir dabei einem bestimmten Bewusstseinselement schenken, desto stärker wird dieses ein Teil unserer Seele.

Das ist eine radikale Vorstellung, ich weiß. Ich schaue also aus dem Fenster und sehe Häuser, Bäume, Autos, Wolken – und weiß, dies alles ist deshalb, weil ich es wahrnehme, Bestandteil meiner Seele. Ich lese Zeitung und erfahre von Kriegen, Konflikten, Krisen – und auch diese gehören zu meiner Seele. Selbstverständlich gibt es Dinge, die ich nicht beachte, und diese sind dann nicht Teil meiner Seele – nur weiß ich natürlich nicht, was sie sind, denn kaum erkenne ich sie, so werden sie Teil meiner Seele.

Bei den meisten Menschen ist es aber keine freie Entscheidung, wohin wir unsere Aufmerksamkeit lenken wollen und wohin nicht, sondern unserer Seele werden die meisten Seelenstränge aufgezwungen. Wir übernehmen diese von unserer Umgebung, unserer Erziehung, unseren Eltern, der Gesellschaft, der Werbung und Ähnlichem. Sie alle tun ihr Bestes, unsere Aufmerksamkeit auf ihre Seelenstränge zu lenken, damit wir diese ebenfalls übernehmen. Von den Eltern erhält man zum Beispiel den Seelenstrang »Man kaut mit geschlossenem Mund«, von der Schule »Die Schweiz ist neutral« oder von der Gesellschaft »Bei Frauen sind lange Haare schön, bei Männern nicht.«

Es gibt ferner Dinge, auf die sich unsere Aufmerksamkeit leichter lenken lässt als auf andere. Dies hat wiederum mit dem Wellencharakter der Seelenstränge zu tun. Bewusstseinselemente, welche in Resonanz mit bestehenden Seelensträngen sind, werden leichter wahrgenommen als andere. Ist in unserer Seele der Seelenstrang »Kapitalismus ist das beste Wirtschaftssystem« schon sehr stark vertreten, so hat der Strang »Shareholder-Value ist eine gute Sache« wohl eine größere Chance als »Reiche kommen nicht in den Himmel.«

Mit dem Herzen entscheiden, welche Stränge zu unserer Seele gehören

Wollen wir unseren Weg des Herzens gehen, bedingt dies, dass wir mit dem Herzen entscheiden, worauf wir unsere Aufmerksamkeit lenken und worauf nicht. Mein Herz sagt zum Beispiel Ja zu Seelensträngen oder Bewusstseinselementen wie »Blumen sind schön«, »Ich respektiere andere Lebewesen«, »Ich töte nicht«. Und es sagt Nein zu »Südeuropäer sind faul«, »Profitmaximierung ist gut« oder »Ohne Jagd kein Wild«. Für jeden Menschen wird die konkrete Zusammensetzung anders sein, jeder trifft eine andere Auswahl. Jeder spielt eine andere Melodie des Herzens.

Die Herausforderung ist nun, erstens zu erkennen, welchen Bewusstseinselementen wir unsere Aufmerksamkeit schenken wollen und welchen nicht, und zweitens, dies dann auch so umzusetzen. Mit unserer Aufmerksamkeit entscheiden wir also, wie unsere Seele aufgebaut ist, beziehungsweise was uns definiert oder bestimmt. Wir müssen dabei beachten, dass Dinge, die wir bekämpfen, ebenfalls sehr viel Aufmerksamkeit von uns erhalten, sodass diese immer auch ein wichtiger Teil unserer Seele werden. Die Techniken in diesem Buch werden helfen, unsere Aufmerksamkeit auf diejenigen Dinge zu richten, welche mit unserem Weg zur Liebe zu tun haben.

Im nächsten Kapitel werden wir uns intensiv mit diesem Thema auseinandersetzen, aber bis wir soweit sind, hier eine erste Übung, mit der Sie erkennen, welche Bewusstseinselemente zu Ihrem Weg gehören und welche nicht:

ÜBUNG: Die Reaktion des Herzens auf verschiedene Bewusstseinselemente spüren

Nehmen Sie nochmals die Liste der Bewusstseinselemente zur Hand. Gehen Sie jeden Punkt durch und spüren Sie, wie Ihr Herz darauf reagiert. Vergleichen Sie hierzu die Übung im ersten Kapitel. Empfinden Sie jeweils eher ein Ja oder ein Nein?

Wir teilen Seelenstränge mit allem

Alles ist beseelt. Können wir unsere Aufmerksamkeit auf etwas richten, so muss dieses Ding eine Seele mit Seelensträngen haben. So sind nicht nur Menschen, Tiere und Pflanzen, sondern auch herkömmlich unbelebte Objekte wie Steine, Wasser, Berge oder von Menschen hergestellte Gegenstände wie Häuser, Stühle, Autos und dergleichen beseelt. Seelen müssen zudem keine materiellen Bestandteile haben: Auch Ideen, Projekte, Kampagnen, Pläne, Visionen, Budgets oder Bankkonten sind beseelt. Weiter sind Bestandteile von etwas beseelt, sodass nicht nur wir als Mensch eine Seele haben, sondern auch unser Kopf, unsere Hände, unsere Beine, unsere Lunge und so weiter. Auch zusammengefügte Dinge oder Gruppen haben Seelen, wie etwa eine Familie, eine Gemeinde, ein Land oder ein Planet.

Unsere Seele besteht deshalb auch aus Seelensträngen, welche von materiellen Objekten oder Bestandteilen getragen werden. Nicht wenige Menschen teilen Seelenstränge mit ihren Gütern (Häuser, Autos, Möbel, Computer, Telefone) oder mit ihren Ländern, Arbeitgebern und Vereinen. Je mehr gemeinsame Seelenstränge sie haben, desto mehr identifizieren sie sich mit diesen Dingen.

Da es oft schwierig ist, sich vorzustellen, dass materielle Güter beseelt sind, geschweige denn, dass wir mit ihnen Seelenstränge teilen, schlage ich vor, dass Sie übungshalber nach solchen gemeinsamen Seelensträngen suchen:

Als Beispiel wählte ich den Holzstuhl, auf dem ich gerade saß, und fragte nach gemeinsamen Seelensträngen. Ich nahm Bewusstseinselemente wie »Ich bin ein Teil eines zerstörten Lebewesens«, »Zerschneiden verursacht Schmerzen« oder »Ich bin missbraucht worden« wahr. Andere Menschen haben aber ganz andere gemeinsame Seelenstränge mit dem gleichen Stuhl. Ich bat einen Kollegen, das Gleiche für diesen Stuhl zu fragen. Er nahm Bewusstseinselemente wie »Ich unterstütze andere« oder »Aus Zerstörung entsteht Neues« wahr.

ÜBUNG: Gemeinsame Seelenstränge mit Gegenständen entdecken

Benutzen Sie für diese Übung entweder eine schamanische Reise oder die Beobachtung der Umgebung. Wählen Sie einen beliebigen Gegenstand (können Sie ihn wahrnehmen, müssen gemeinsame Seelenstränge bestehen) und bitten Sie bei der schamanischen Reise Ihren spirituellen Helfer, er möge Ihnen einen gemeinsamen Seelenstrang zeigen. Bei der Beobachtung der Umwelt konzentrieren Sie sich zuerst auf den Gegenstand und interpretieren dann symbolisch, was Ihnen anschließend auffällt.

Wo ist die Seele?

Seelen lassen sich physikalisch in einem mehrdimensionalen Gebilde lokalisieren. Werden die drei Dimensionen des Raumes (oben/unten; links/rechts; vorne/hinten) mit der Zeit ergänzt, so entsteht die Aura. Die Gefühle der Aura können wir beispielsweise nur wahrnehmen, wenn Zeit verstreicht. Wird nun das Bewusstsein als zusätzliche Richtung hinzugefügt, so haben wir den Raum der Seele. Die Seele ist also nicht nur Bewusstsein, welches in der Zeit ausgedehnt ist, sondern sie beinhaltet ebenfalls die drei räumlichen Dimensionen. Sie ist somit umfassender als unser materieller Körper. In diesem Sinne haben nicht wir eine Seele, sondern diese hat uns. Gehen wir einen Schritt weiter und addieren Entscheidung als weitere Richtung, entsteht als Gesamtheit Liebe. Entscheiden wir im Sinne der Liebe, so wird dieser Raum größer, ansonsten kleiner. Auch die Liebe ist umfassender, das heißt auch hier hat die Liebe uns beziehungsweise unsere Seele und nicht wir sie. Die einzelnen Elemente dieses mehrdimensionalen Raumes sind in der nachfolgenden Tabelle zusammengefasst.

Dimension	Zusätzliche Richtung	Bezeichnung des ganzen Bereiches (inklusive aller vorhergehenden Richtungen)
0		Punkt
1	z. B. vorwärts, rückwärts	Gerade
2	z. B. links, rechts	Ebene
3	z. B. oben, unten	Raum
4	Zeit: Vergangenheit, Gegenwart, Zukunft	Aura
5	Bewusstsein	Seele
6	Entscheidung	Liebe

Stellen wir an dieser Stelle noch den Bezug zur schamanischen Reise und zum spirituellen Helfer her. Eingangs sagte ich, der Schamane unterscheide zwischen der materiellen und der spirituellen Welt. Nach dieser Systematik beinhaltet die materielle Welt die Dimensionen eins bis drei und die spirituelle Welt alle höheren Dimensionen zusammen. Unternehmen wir eine schamanische Reise, so blenden wir die materielle Welt aus und konzentrieren unsere Wahrnehmung auf eine dieser höheren Dimensionen. In der Regel sind wir dann im seelischen Bereich und treffen dort die Seele des spirituellen Helfers. Die Reise mit ihm ermöglicht dann eine Außensicht auf unsere eigene Seele.
Die Erkenntnis, dass es sich bei der Seele und der Liebe um höhere Dimensionen handelt, zeigt übrigens, dass es kaum möglich ist, diese beiden Begriffe direkt in Worten zu beschreiben. Ein Text hat nur drei Dimensionen statt der nötigen sechs. Wir sind deshalb immer gezwungen, mit Modellen, Umschreibungen und dergleichen zu arbeiten. Das hier dargestellte Seelenbild ist auch ein solches Modell. Und – dies sei hier aus-

drücklich gesagt – selbstverständlich lässt dies zu, dass es auch andere Modelle geben darf, genauso wie eine Gegend sowohl mit einer Wander- wie auch mit einer Straßenkarte abgebildet werden kann. Da sich verschiedene Seelenmodelle nicht ausschließen, verwenden Sie am besten immer diejenigen, welche für Sie funktionieren, und lassen die anderen beiseite.

Eine Analogie zu einem Eisenbahnsystem

Mit einer Analogie zu einem Eisenbahnsystem wird dieses Seelenbild etwas klarer. Versuchen wir deshalb, Körper, Aura, Seele wie auch Liebe mit der Bahn zu vergleichen.

- *Bahnhof und Gleise stellen die materielle Welt dar.* Jeder Bahnhof entspricht einem Körper, und die Gleise sind die physikalischen Verbindungen zwischen ihnen, zum Beispiel dann, wenn sich zwei Menschen berühren, sich sehen oder riechen.
- *Werden Züge beigefügt, führt dies symbolisch zur Aura.* Die Züge stellen die Bewegung in der Zeit dar, analog zu den Gefühlen, welche ebenfalls in der Zeit ausgedehnt sind.
- *Werden Passagiere addiert, dann stellt das Ganze symbolisch die Seele dar:* Die einzelne Passagiere stellen die Bewusstseinselemente dar und die Summe der Passagiere in einem Bahnhof die Seele. Sind diese Passagiere in den Zügen unterwegs, bilden ihre Reisen Seelenstränge. Eine Reise eines Passagiers (also der Seelenstrang) umfasst jeweils mehrere Bahnhöfe (Seelen), und im Verlauf der Zeit treffen die Reisen öfter auf gewisse Bahnhöfe als auf andere. Das Seelennetzwerk stellt die gesamte Bewegung und Aufenthaltsorte der Passagiere dar.
- *Wird das System mit einem Fahrplan ergänzt, dann entsteht symbolisch der Raum der Liebe:* Dank des Fahrplans haben

wir kein zufälliges System mehr, sondern ein geordnetes. Das gesamte Gebilde symbolisiert dann die Liebe. Der Fahrplan wird zwar von einem Bahnunternehmen bestimmt, ist aber eine Reaktion auf die Bewegungen der Kunden, wird also durch die Entscheidungen der Passagiere bestimmt, genauso wie der Raum der Liebe durch die Entscheidungen der Seelen entsteht.

ÜBUNG: Netzwerke kennenlernen

Das Seelische ist ein Netzwerk, welches in einem Gebilde mit vielen Dimensionen wirkt. Analysieren Sie deshalb verschiedene Netzwerke, um Ihr Gefühl dafür zu stärken, wie diese funktionieren. Beobachten Sie deshalb das Internet, verschiedene Verkehrsnetze, Ihre Beziehungen zu anderen Menschen, einen Wald, ein Land, Ihre Firma und dergleichen. Was sind die Knoten in diesen Netzwerken, welches sind die Verbindungen und welche unterschiedlichen Ebenen gibt es?

Kein Gegensatz zwischen Seelen und Wissenschaft

Die vorliegende Darstellung der Seele enthält keine Widersprüche zur Wissenschaft. Die Mathematik und die Physik ordnen die Welt ebenfalls in ein Gebilde mit vielen Dimensionen ein, in denen sich Informationen wellenartig bewegen. Außerdem ist die Vorgehensweise ähnlich, denn auch in der Wissenschaft ist es üblich, mit Modellen zu arbeiten, welche sich in der Praxis testen lassen. Das hier dargestellte Seelenbild ist ein solches Modell, und es ist dann praxistauglich, wenn es uns hilft, vertrauensvoller unseren Weg im Leben zu gehen.

Dies lässt sich testen, indem wir es anwenden und dann schauen, was dabei herauskommt. Schließlich benötigen wir für das vorliegende Seelenbild keine göttlichen Kräfte, sodass auch diesbezüglich keine Widersprüche bestehen.

So betrachtet sind Wissenschaft und Schamanismus keine Gegensätze. Diese Erkenntnis ist für mich persönlich sehr wichtig, betätige ich mich doch in beiden Bereichen. Aber nicht nur für mich ist dies von Bedeutung, denn wenn Spiritualität und Wissenschaft eine gemeinsame Sprache fänden, dann könnten sie viel voneinander lernen, indem etwa gänzlich neue Sichtweisen entwickelt und erprobt werden könnten. Es geht meines Erachtens zu viel Energie im gegenseitigen Ablehnen, Ignorieren und Bekämpfen verloren.

Geborenwerden und Sterben – seelisch gesehen

An Grenzen kann man viel erkennen. So auch bei der Geburt und beim Tod. Wie lassen sich die bisherigen Erkenntnisse auf den Anfang und das Ende unseres Lebens übertragen? Unser materieller Körper und unsere Aura sind Teil der Seele. Bei der Zeugung kommt die Seele der Eizelle mit derjenigen des Spermiums zusammen, und es entsteht eine neue Seele. Im Verlauf der Schwangerschaft gelangen dann dauernd neue Stränge hinzu, und die Seele wächst. Bei der Geburt selbst gehen in einem intensiven Prozess gewisse Seelenstränge zwar verloren, aber andere kommen dazu. Nach der Geburt setzt sich die Entwicklung fort, und nach wie vor werden der Seele weitere Seelenstränge hinzugefügt, während andere aufgegeben werden.

In diesem Sinne besteht kein definierter Zeitpunkt, an dem seelisch gesehen das Leben beginnt, denn bereits die Eizelle und das Spermium sind beseelt. Das Ganze ist vielmehr als kontinuierlicher Prozess zu verstehen, bei dem einzelne Ereignisse wie die Geburt zwar etwas intensiver sind als andere, aber insgesamt eine ständige Dynamik herrscht.

Wie wird am Anfang des Lebens bestimmt, welche Seelenstränge zusammenkommen und welche nicht? In dieser Phase entscheidet das Herz noch nicht, sondern diejenigen Seelenstränge werden aufgenommen, welche eine Affinität zu den bereits vorhandenen haben. Dies ist vergleichbar mit Wellen, welche besser zusammenpassen, wenn sie gleiche Frequenzen oder Vielfache davon haben und in der gleichen Richtung schwingen. Jeder neue Seelenstrang verändert zudem die Seele, womit sich auch die Affinität für weitere Seelenstränge ändert. Natürlich können sich in dieser Zeit auch problematische, verwundete oder parasitische Seelenstränge dazugesellen. Dies führt zu Wunden in der Seele, welche die Ursache vieler unserer späteren Probleme, Krankheiten oder unserem Mangel an Vertrauen sind. Wissen wir aber, wie unsere Seele aufgebaut ist, können wir solch unerwünschte Seelenstränge wieder entfernen und unsere Seelenwunden heilen. In späteren Kapiteln werden wir dies im Detail lernen.

Auf der anderen Seite des Lebens läuft der umgekehrte Prozess ab. Beim Sterben löst sich die Seele auf, die einzelnen Seelenstränge entfernen sich von ihr, bleiben aber meistens als solche bestehen, denn sie sind ja nach wie vor Bestandteil von anderen Seelen. Wir gewinnen und verlieren zwar während des ganzen Lebens Seelenstränge, beim Tod ist es jedoch mit unserer konkreten Seele vorbei.

Unser Leben war aber nicht ohne Einfluss: Wir haben diejenigen Seelenstränge verändert, welche Bestandteil unserer Seele waren. Gewissermaßen leben wir also in solchen Seelensträngen weiter und beeinflussen so diejenigen Seelen, welche diese Seelenstränge nach wie vor tragen. Da das Seelische über die Zeit verteilt ist, beeinflussen und verändern wir so sogar alle Zeiten: Vergangenheit, Gegenwart und Zukunft.

Genau unsere Seele besteht aber nicht mehr. Unsere spezielle, besondere Mischung von Seelensträngen wird es auch nie mehr geben. Es können zwar wieder ganz ähnliche Seelen entstehen – und dies in allen Zeiten –, aber genau unsere nicht. Unsere Seele lebt also nicht weiter, unser Einfluss aber schon. Dies gibt uns meines Erachtens eine große Verantwortung: Wir müssen alles daran setzen, uns in diesem Leben möglichst Richtung Liebe zu bewegen. Dies verändert als Folge das ganze System der Seelen nachhaltig und in allen Zeiten. Unsere besondere Seele hat dabei keine zweite Chance, denn genau uns gibt es nur jetzt. Machen wir doch das Beste daraus!

Erkenntnisse zum Thema Vertrauen

Bei der Seele geht es um Vertrauen, und kennen wir die seelischen Zusammenhänge, dann gewinnen wir an Vertrauen. Aber hilft es, wenn wir wissen, dass Seelen Wellen des Bewusstseins sind, bestehend aus vielfältigen Netzwerken? Gewinnen wir so Vertrauen? Wahrscheinlich noch nicht. In diesem Kapitel ging es eher darum, auf lieb gewordene Vorstellungen der Seele als Einheit zu verzichten, Ideen, die uns vielleicht bisher eine gewisse Geborgenheit und Sicherheit gaben. Sogar göttliche Kräfte ließ ich aus dem Spiel und erklärte sie für überflüssig für das Verständnis der Seele. Sicherheiten, die wir vielleicht noch hatten, haben wir jetzt nicht mehr. Der erste Schritt zu mehr Vertrauen ist also einer des Loslassens, welcher uns vorübergehend den Eindruck gibt, wir hätten an Vertrauen verloren. In den nächsten Kapiteln werden wir aber sehen, wie wir in diesem frei werdenden Raum zu echtem Vertrauen gelangen.

3. KAPITEL

Die Seele als konzentrierter Teil des Ichs

IN DIESEM KAPITEL ERFAHREN SIE

❖ *wie die Seele im Detail aufgebaut ist.*
❖ *wie die Seelenchakren als Pforten zur Seele wirken.*
❖ *welche Verwundungen in der Seele auftreten.*
❖ *wie Sie Seelenchakren heilen.*
❖ *wie Sie die Zusammensetzung Ihres Bewusstseins bestimmen.*

Gleichzeitig mit der zuvor erwähnten zeckenübertrage-nen Borreliose bekam ich einen heftigen Schmerz unterhalb der rechten Rippe, im Bereich von Leber und Galle. Die Borreliose konnte gut mit Antibiotika bekämpft werden, der Schmerz in diesem Bereich blieb allerdings und bedurfte der genaueren Abklärung. Infrage kamen Gallensteine, ein Leberproblem oder eine Erkrankung von Magen oder Darm. Nach sorgfältiger Überprüfung mit meinem Herzen ließ ich mit Ultraschall nach Gallensteinen suchen (es waren keine da), die Leberwerte bestimmen (es war alles in Ordnung) und eine Magen-Darm-Spiegelung durchführen (auch hier wurde nichts Problematisches gefunden).

Mitten in diesen Abklärungen unternahm ich eine Reise nach Portugal, auf der ich mich intensiv mit dem Thema und den Mitteilungen dieses Schmerzes auseinandersetzte. Dies führte zu einigen besonderen Erlebnissen. Hier drei Beispiele: Als ich bei einer Wallfahrtskapelle eine kleine Spende machen wollte, merkte ich, wie meine Münze aus unerklärlichen Gründen derart heiß geworden war, dass ich mir beinahe die Finger verbrannte, als ich sie berührte. Der Schmerz – so interpretierte ich ihn – hat etwas mit meinem Geben zu tun, also mit der Energie, welche von mir wegfließt. Später, auf einer Rundwanderung, auf der ich den Schmerz bewusst zuließ, funktionierte zu Beginn eines der vielen Windräder nicht. Als ich von der Wanderung zurückkehrte, drehte es sich jedoch wieder. Etwas, was sich bei mir drehen oder bewegen müsste, so dachte ich, funktionierte wahrscheinlich nicht mehr. Meine Reise führte mich – dies das dritte Beispiel – oft auch durch abgelegene Bergdörfer, in denen die Zeit buchstäblich stehen geblieben war: Frauen mit Kopftüchern, Männer mit Holzwerkzeugen, Eselswagen und alte Saumpfade. Es war eine Welt, die mindestens von außen noch in Ordnung schien und welche bei mir große Sehnsucht nach Geborgenheit aufkommen ließ, einen Wunsch, ebenfalls Teil dieser ursprünglichen Welt zu sein. Der Schmerz – so vermutete ich – hat etwas mit Verbundenheit zu tun und mit dem Vertrauen und der Geborgenheit, welche daraus entsteht.

Ein Schamane ist immer eng mit seiner Umgebung verbunden. Begebenheiten dieser Art zeigen oft innere Prozesse auf, die bereits lange gewirkt haben. Sie achten deshalb immer sehr genau auf alles, was im Außen geschieht. Dank dieser Erlebnisse merkte ich in diesem Fall, dass die Seele Ein- und Ausgänge haben muss. Ich nannte diese die *Seelenchakren*. Sie drehen sich wie Windräder, und die Stelle unterhalb der Rippen ist einer der Orte, an denen sie sich befinden. Die Seelenchakren sind wiederum wichtig, damit wir uns verbunden fühlen und so an Vertrauen gewinnen. Der Schmerz hatte mich also zu den Seelenchakren geführt, und kaum hatte ich sie entdeckt, begann er auch abzuklingen.

Aufbau der Seele

Erinnern wir uns kurz an das, was wir schon wissen: Die Seele ist die Summe unzähliger Seelenstränge, welche zu einem bestimmten Zeitpunkt zusammenkommen – so wie ein Wellenberg im Meer. Die Seelenstränge wiederum tragen Bewusstseinselemente von einer Seele zur nächsten. Wir lernten die Seele als etwas Dynamisches kennen, ständig kommen gewisse Seelenstränge hinzu und andere gehen verloren. Ferner sahen wir, dass es vor allem unsere Aufmerksamkeit ist, die definiert, welche Seelenstränge Bestandteil unserer Seele werden und welche nicht. So weit kamen wir bisher.

Um an Vertrauen zu gewinnen, müssen wir die Seele jedoch differenzierter kennenlernen. Dabei werde ich mich auf die folgenden beiden Qualitäten konzentrieren, welche die Zusammensetzung der Seele beeinflussen. Die Arbeit mit den Seelensträngen als solchen wird dann Thema des nächsten Kapitels.

- *Die Seelenchakren filtern Seelenstränge:* Seelen haben Grenzen. Seelenstränge oder Bewusstseinselemente gelangen nur dann in die Seele, wenn sie die Pforten an diesen Grenzen – die Seelenchakren – passieren können. Hier wird also eine Auswahl getroffen; manche Seelenstränge werden durchgelassen, andere nicht. Dies gilt sowohl für ankommende wie für abgehende Seelenstränge. Die Seelenchakren sind also gewissermaßen die Zollkontrolle an einer seelischen Grenze.

- *Unsere Aufmerksamkeit bestimmt die Zusammensetzung unserer Seele:* Wie erwähnt, können wir entscheiden, welchen Seelensträngen wir unsere Aufmerksamkeit schenken und welchen nicht – sofern diese überhaupt die Seelenchakren passieren konnten. Auf diese Weise bestimmen wir die Zusammensetzung unserer Seele. Es ist deshalb wichtig, dass wir uns etwas näher mit dieser Entscheidung auseinandersetzen.

Die Seele ist also mehr als die Summe der Seelenstränge. Ihre Identität wird zusätzlich durch die Filterwirkung der Seelenchakren und durch unsere Entscheidung, auf was wir unsere Aufmerksamkeit lenken, beeinflusst. Meistens sind wir uns dieser Prozesse jedoch nicht bewusst, wir merken weder, nach welchen Kriterien die Seelenchakren filtern, noch wie wir mit unserer Aufmerksamkeit die Auswahl der Seelenstränge vornehmen. Stattdessen sind beide oft anerzogene oder fremdbestimmte Automatismen geworden und wir haben die Kontrolle über unsere seelische Identität verloren. Unser Weg zu mehr

Vertrauen bedingt deshalb, dass wir erkennen, wie diese Abläufe bei uns vor sich gehen und wie wir darauf Einfluss nehmen können.

Seelenchakren als Pforten zur Seele

Gemäß meinen Beobachtungen treffen Seelenstränge an einigen definierten Orten konzentriert auf die Seele und verlassen sie auch wieder in diesen Bereichen. Diese Ein- und Ausgänge, also die Pforten oder Tore der Seele, nenne ich die *Seelenchakren*. Diesen Begriff habe ich in Analogie zu den entsprechenden Öffnungen in der Aura gewählt. Aura- und Seelenchakren sind aber nicht das Gleiche und dürfen nicht verwechselt werden. Aurachakren sind Öffnungen der Aura (wir haben gesehen, dass die Aura eine Stimmung ist, eine Ausstrahlung, hier befinden sich auch die Gefühle), während Seelenchakren Öffnungen der Seele sind (die Seele ist hingegen Bewusstsein, welches in der Zeit ausgedehnt ist).

In der Physik würden die Seelenchakren übrigens einem Kontaktfilter entsprechen, welcher entsteht, wenn zwei schwingende Gegenstände aufeinandertreffen, zum Beispiel ein Bogen und eine Saite oder ein Rad und eine Schiene (woher ich das Phänomen kenne). Der Kontaktfilter verändert die Schwingungseigenschaften der beiden Gegenstände.

Insgesamt bestehen sieben Hauptpositionen der Seelenchakren und daneben einige Nebenpositionen. Drei der Hauptpositionen befinden sich an den gleichen Stellen wie die Aurachakren, die übrigen sind an anderen Stellen. Die Hauptseelenchakren befinden sich in folgenden Bereichen des Körpers:

1. zwischen dem Ansatz der Beine
2. vorne und hinten im Bereich der Leber oder leicht unterhalb der untersten Rippe auf der rechten Seite des Körpers

3. vorne und hinten im Bereich der Niere beziehungsweise leicht unterhalb der untersten Rippe auf der linken Seite des Körpers
4. vorne zwischen Schulter und Brust und hinten im Bereich des Schulterblattes auf der rechten Seite des Körpers
5. vorne zwischen Schulter und Brust und hinten im Bereich des Schulterblattes auf der linken Seite des Körpers
6. vorne mitten auf der Brust und hinten etwas unterhalb des Bereichs zwischen den Schulterblättern
7. auf dem Scheitel des Kopfes

Diese Stellen sind auf der nachfolgenden Abbildung einge-zeichnet.

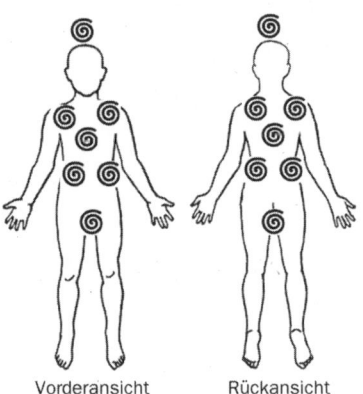

Vorderansicht   Rückansicht

Lage der Hauptseelenchakren

Merkmale von Seelenchakren

Seelenchakren sind also ein Bestandteil des hier dargestell-ten Seelenmodells. Sie helfen uns zu verstehen, wieso wir bestimmte Seelenstränge aufnehmen und andere nicht. Da es sich aber um ein Modell handelt (wie jede andere Seelendarstellung auch), ist es durchaus möglich, dass Sie dies anders beobachten und die Seelenchakren anders oder an anderen Stellen wahrnehmen. Dies ist vollkommen in Ordnung. Es ist müßig, zu lange darüber zu diskutieren, ob ein bestimmtes Modell der Wahrheit besser entspricht als ein anderes. Wichtig ist hingegen die Praxistauglichkeit, nämlich ob ein konkretes Modell uns hilft, die Dinge so zu verstehen, dass wir Schritte auf unserem Weg zur Liebe vornehmen können. Bitte berücksichtigen Sie dies bei der folgenden Liste der Merkmale von Seelenchakren:

- Seelenchakren drehen sich spiralförmig im Gegenuhrzeigersinn – also genau in der entgegengesetzten Richtung wie die Chakren der Aura.
- Jedes Seelenchakra besitzt eine Ausgangs- und eine Eingangspforte. Diese beiden Pforten sind zwei separate, aber meist ineinander verflochtene Spiralen.
- Bei den Ausgangspforten beginnt die Spirale in der Mitte, und es entstehen ständig neue Wellen, welche sich nach außen bewegen.
- Bei den Eingangspforten ist es umgekehrt: Die Spirale bewegt sich von außen nach innen.
- Im Gegensatz zu den Chakren der Aura erkenne ich bei Seelenchakren keine bestimmten Qualitäten, welche bei einzelnen Seelenchakren häufiger vorkommen als bei anderen. Seelenstränge können also bei allen Pforten ein- und ausgehen. Einzige Ausnahme ist das Herz-Seelenchakra, durch welches unsere seelische Verbindung zur Liebe fließt.

Seelenchakren filtern Seelenstränge

Die Filterwirkung eines Seelenchakras hängt von dessen Form und der Art der Drehung ab. Diese werden wiederum von unserer Vergangenheit, von der Gesellschaft oder von den Eltern geprägt. Der Filter wirkt einerseits als Schutz, damit gewisse problematische Bewusstseinselemente uns nicht erreichen, wie etwa »Schenke dein Geld dieser Sekte« oder »Drogen sind cool«. Auf der anderen Seite können auch gesunde Bewusstseinselemente von uns ferngehalten werden, so beispielsweise »Jeder Mensch ist frei« oder »Ich folge meinem Herzen«.

Die Seelenchakren filtern bei jedem Menschen anders, konkrete Bewusstseinselemente können also gewisse Seelen erreichen und andere nicht. So lassen die Seelenchakren bei einigen Menschen »Die Erde ist ein Lebewesen« durch, bei anderen nicht. Wenn die Seelenchakren ein solches Bewusstseinselement ausfiltern, dann nützen Erklärungen, logische Argumente und Ähnliches nichts – ein solcher Mensch kann unmöglich davon überzeugt werden, dass die Erde lebt. Dieses Bewusstseinselement ist dann außerhalb der Wahrnehmungsmöglichkeit dieses Menschen. Es könnte nur dann aufgenommen werden, wenn das Seelenchakra geändert würde.

Die Seelenchakren liefern also die Erklärung, wieso wir oft in der Gesellschaft, in der Politik oder in Beziehungen trotz guter Argumente, trotz von uns aus gesehen vollständig klaren Gründen andere nicht einsichtig machen können. Dies gilt natürlich umgekehrt auch – andere werden das Gleiche von uns sagen.

Hier einige Beispiele: Ein Politiker mit dem Bewusstseinselement »Wachstum löst die Wirtschaftskrise« wird kaum je zu einer Einigung mit einem anderen gelangen, welcher dieses Bewusstseinselement nicht besitzt, sondern im Gegenteil eines mit dem Inhalt »Wachstum zerstört die Erde.« Eine Frau mit dem Bewusstseinselement »Zärtlichkeiten zeigen mir, dass ein Mann mich liebt« wird kaum mit einem Mann übereinkommen, welcher dieses Element nicht hat und stattdessen »Der beste Liebesbeweis ist zuverlässiges Geldverdienen« aufweist, welches sie wiederum nicht besitzt. In beiden Fällen können die Beteiligten ewig diskutieren, es wird nie zu einem Einvernehmen kommen. Und schließlich noch ein Beispiel zur Verdeutlichung: Ein Chef, dessen Seelenchakren die Wahrnehmung für einen Teil der Arbeit seiner Mitarbeiter nicht durchlassen, wird Bemühungen in diesen Bereichen nie wertschätzen, auch wenn sie noch so gut sind.

Diese Filterwirkung geschieht bei allen Seelenchakren, also auch bei unserem Herz-Seelenchakra. Entsprechend spüren gewisse Menschen den Weg zur Liebe, andere weniger und manche gar nicht. Vielleicht ist unser Herz-Seelenchakra sogar so eingestellt, dass wir einen fehlerhaften Eindruck von der Liebe erhalten und deshalb von unserem echten Weg abgelenkt werden. Dies geschieht manchmal bei Menschen, die gerne helfen und ihre Unterstützung als Liebe interpretieren, obwohl diese vielleicht einen anderen Menschen von seinem Weg abbringt, beispielsweise indem dieser abhängig wird oder gewisse lebenswichtige Fertigkeiten nicht lernt.

Es ist also eine sehr wichtige Aufgabe, die Filter der Seelenchakren richtig einzustellen. Tun wir dies nicht, nehmen wir die Welt nur unvollständig und selektiv wahr. Im schlimmsten Fall lassen die Seelenchakren sogar nur das durch, was andere bestimmen. Ohne dass wir uns dessen bewusst sind, werden wir dann zu ferngesteuerten Robotern. Was es sonst noch alles auf dieser Welt an Ideen, Möglichkeiten oder Philosophien gibt, nehmen wir dann nicht mehr wahr.

Im Idealfall sind wir hingegen so stark über das Herz-Seelenchakra mit der Liebe verbunden, dass die Filterwirkung der Seelenchakren überflüssig wird. Diese sind dann vollkommen offen und lassen alles durch. Unser Herz wählt in dieser Situation aus, worauf wir unsere Aufmerksamkeit richten und worauf nicht. Das Herz hat dann die ganze Auswahl zur Verfügung: Nichts wird ausgelassen, und deshalb verpassen wir auch nichts, was mit unserem Weg zu tun hat.

Im ersten Fall sind wir eine Marionette, im zweiten ein lebendiger Mensch. Unsere Arbeit liegt nun darin, uns mehr und mehr zum Letzteren hin zu bewegen, denn dort finden wir auch Vertrauen. Der nächste Schritt auf diesem Weg ist also, dass wir die Wunden in unseren Seelenchakren erkennen und heilen.

Verwundungen in den Seelenchakren

Damit wir zum freien Menschen werden, müssen unsere Seelenchakren also offen sein und sich ungehindert drehen. Bei den meisten Menschen ist dies jedoch wegen alter Wunden nur eingeschränkt möglich. Diese Wunden lassen sich an der Qualität der Drehung erkennen. Ist ein Seelenchakra gesund, dreht es sich spiralförmig im Gegenuhrzeigersinn. In allen anderen Fällen besteht eine Verwundung, zum Beispiel dann, wenn die Drehung abgeschwächt ist oder das Seelenchakra sich chaotisch oder auch nicht spiralförmig in eine Richtung hin und her bewegt. Einige dieser Möglichkeiten sind in der folgenden Tabelle zusammengefasst.

Verwundungen in den Seelenchakren entstehen in der Regel dann, wenn uns bestimmte Bewusstseinselemente aufgezwungen werden, die mit uns nichts zu tun haben. Von unseren Eltern erhalten wir beispielsweise »Ich bin unerwünscht«, »Ich hätte ein Sohn sein sollen«, »Ich muss Haus und Hof übernehmen«, »Reformierte sind besser als Katholiken«, von der Gesellschaft »Männer zeigen keine Gefühle«, »Unser Land muss verteidigt werden« oder von unserem Arbeitgeber »Wir arbeiten in Teams«. Andere, vielleicht hilfreiche, Bewusstseinsele-

Beobachtete Schwingung des Seelenchakras		Mögliche Auswirkung
Spirale	 Eingang Ausgang	gesund
Bewegung in nur eine Richtung		»eindimensionales« Bewusstsein; Schwarz-Weiß-Denken; typisch für fundamentalistische Weltanschauungen
auf einen Punkt konzentriert		sehr zielorientiert und auf wenige Seelenstränge fokussiert; Vielfalt der Bewusstseinselemente wird nicht wahrgenommen
Wirrwarr		Bewusstsein durcheinander, kann sich an vielen Seelensträngen anhängen, aber nicht für lange; keine Konstanz im Bewusstsein
geschlossen		eingeschränktes Bewusstsein, wie stark die Einschränkung ist, hängt von der Anzahl geschlossener Chakren ab

Beispiele für Veränderungen und Wunden in den Seelenchakren

mente werden gleichzeitig ausgeschlossen. So verhindern unsere Eltern zum Beispiel »Folge deinem Herzen«, »Ich suche meine Berufung«, die Gesellschaft »Alle Menschen verdienen unseren Respekt« oder unser Arbeitgeber »Individuelle und kreative Ansätze sind erwünscht«.

Eltern, Gesellschaft oder Arbeitgeber lenken so lange unsere Aufmerksamkeit auf diese Bewusstseinselemente, bis sie unsere Seelenchakren durchqueren, auch wenn sie nicht wirklich passen. Die Bewusstseinselemente werden gewissermaßen mit Druck durch diesen Filter gepresst. Dies beschädigt den Filter, vergleichbar mit einem Sieb, durch welches wir Gegenstände drücken, obwohl sie größer sind als die Öffnungen.

Sind die Seelenchakren einmal beschädigt, so ist es ein Leichtes, weitere ähnliche Bewusstseinselemente hindurchzubringen. Dieser Prozess mag beispielsweise damit beginnen, dass »Ohne gute Schulausbildung kein Erfolg« durch unsere Seelenchakren gepresst wird, gefolgt von »Man muss viel lernen«. Sind die Seelenchakren einmal entsprechend verändert oder verwundet, dann haben es »Verschwende keine Zeit«, »Auch in den Ferien wird gelernt« oder »Lernen ist wichtiger als Freunde« viel einfacher.

Gleichzeitig kann der Filter so verändert werden, dass für uns nützliche, unseren Weg unterstützende Bewusstseinselemente ausgeschlossen werden. Dies wird oft erreicht, indem diesen Bewusstseinselementen ein negativer Zusatz angehängt wird, sodass diese den Filter nicht passieren können. So wird beispielsweise jedes Mal, wenn »Folge deinem Herzen« aufkommt, dieses Bewusstseinselement mit »Mit dem Herzen erreicht man nichts« oder »Auch der Nachbarssohn folgte seinem Herzen, und nun ist er arbeitslos« ergänzt. Ein solcherweise belasteter Seelenstrang wird dann mit der Zeit von den Seelenchakren blockiert, und »Folge deinem Herzen« erreicht uns nicht mehr.

Wichtig ist, dass wir uns an dieser Stelle daran erinnern, dass Bewusstseinselemente wertneutral, also weder gut noch schlecht sind. Verwundungen entstehen dann, wenn die Bewusstseinselemente nichts mit unserem Weg zu tun haben. Und weil dieser Weg für jeden Menschen anders ist, verursachen bei jedem Menschen andere Bewusstseinselemente Wunden.

Nicht nur die Eingänge, sondern auch die Ausgänge der Seelenchakren können verwundet sein. Solche Wunden entstehen dann, wenn wir gezwungen werden, einen bestimmten Seelenstrang weiterzugeben, welcher nichts mit uns zu tun hat. Setzen wir also nicht nur das Bewusstseinselement »Verschwende keine Zeit« um, sondern geben es auch noch aktiv weiter, dann schaffen wir eine Wunde im Ausgangsseelenchakra. Wir sagen beispielsweise einem Kind so lange, es soll pünktlich sein, bis es selber andere auf ihre Unpünktlichkeit hinweist, oder wir geben im Unterricht Seelenstränge weiter und verlangen von den Schülern, dass sie diese in Prüfungen wiedergeben. Wunden in den Seelenchakrenausgängen können auch dann entstehen, wenn Politiker ein anderes Land verteufeln und von den Soldaten verlangen, dass sie dort in den Krieg ziehen, oder wenn der Sektenführer von seinen Mitgliedern fordert, sie sollen missionieren und seine Ideen weitergeben. Solche Phänomene findet man ferner bei Arbeitnehmern, welche nach bestimmten Leitbildern vorgehen müssen, oder bei Parteimitgliedern, welche eine Position vertreten müssen, die sie nicht unterstützen.

Auch hier gilt natürlich: Ist einmal eine Wunde entstanden, können weitere verwandte Seelenstränge unsere Seele viel leichter verlassen. Hat ein Soldat einmal getötet, so sind weitere Kriegshandlungen in der Regel ein geringeres Problem. Oder hat der Missionar einmal andere überzeugen können, dann ist er einen Schritt näher an einem Schmähfilm oder einem religiös motivierten Attentat.

Die Seelenchakren heilen

Wir sind dann geheilt, wenn sich alle Seelenchakren auf eine natürliche Art und Weise drehen und das Herz-Seelenchakra mit der Liebe verbunden ist. Für die Heilung sind zwei Schritte nötig:

1) *Diagnose:* Im ersten Schritt bestimmen wir den Zustand unserer Seelenchakren. Nur wenn wir unsere Wunden erkennen, können wir sie auch heilen.

2) Heilung: Bei der Heilung müssen diejenigen Chakren, welche sich nicht gut drehen oder geschlossen sind, in einen gesunden Zustand gebracht werden. Dafür sind in der Regel zwei Dinge notwendig: A) Es braucht eine bewusste Entscheidung, dieses Chakra offen und drehend zu halten, genauso wie ein Pförtner entscheidet, ob eine Türe offen ist oder nicht. B) Auch wenn wir entschieden haben, dass ein Seelenchakra offen sein soll, fällt es leicht wieder in den ursprünglichen Zustand zurück, wenn es verwundet ist. Damit dies nicht geschieht, bedarf es deshalb meist zusätzlicher Heilungsarbeit. Diese ist jedoch von Mensch zu Mensch und von Wunde zu Wunde verschieden und muss für jede Situation neu bestimmt und durchgeführt werden. Es kann also sein, dass es darum geht, Gefühle zu erkennen und zuzulassen, es kann aber genauso gut sein, dass bestimmte Handlungen ausgeführt werden müssen.

Für beide Schritte sind die Methoden des Schamanen nützlich. Sowohl mit einer Beobachtung der Umgebung als auch mit einer schamanischen Reise können die Wunden in den Seelenchakren diagnostiziert und die spezifischen Heilungsschritte bestimmt werden. Wie dies geht, zeigen die nachfolgenden Beispiele:

Beobachtung der Umgebung: Ich saß auf meinem Balkon und interpretierte jeweils die ersten drei Dinge, die mir auffielen, nachdem ich innerlich eine Frage gestellt hatte. Meine erste: »Wie steht es um das Seelenchakra zwischen den Beinen?« Ich bemerke: 1) Die Sonne, welche genau in diesem Moment hinter einer Wolke hervorkommt. 2) Das Rauschen der Blätter einer Birke. 3) Einen vorbeifliegenden Schmetterling. Nach meiner Interpretation ist dieses Seelenchakra in Ordnung und bedarf zur Zeit keiner weiteren Heilung. Ich frage als Nächstes: »Wie steht es um das Seelenchakra auf dem Scheitel?« Ich bemerke: 1) Ein großes Linienflugzeug, welches erstaunlich tief und laut über mich hinwegfliegt. 2) Meine Waschmaschine, die beim Schleudern eigenartig und viel zu laut klingt, so laut sogar, dass ich sie bis auf den Balkon höre, und 3) ein kleines Insekt, welches vorbeisummt. Ich interpretiere: In diesem Chakra wird mit Bewegung sehr viel Lärm erzeugt und die Drehung funktioniert nicht mehr gut. Dies übertönt hier die feineren Wahrnehmungen. Laute, unerwünschte Dinge verdrängen offenbar das Zarte und Feine. Es besteht also Heilungsbedarf. Ich frage deshalb: »Wie kann ich dieses Seelenchakra heilen?« und bemerke 1) eine weiße Kumuluswolke, 2) weiße Socken auf meinem Wäscheständer und 3) das weiße Kreuz auf der Landesfahne im Garten eines Nachbarn. Ich interpretiere das Weiß als die Farbe des Herzens, welche in alle Chakren fließen soll. Als Aufgabe der Heilung erkenne ich, dass ich immer wieder bewusst die Energie des Herzens in dieses Chakra strömen lassen muss. Hierzu ist eine Verbindung zwischen Herz und Chakra notwendig. Diese entsteht, wenn ich meine Aufmerksamkeit auf beide gleichzeitig lenke. Nach vielen Wiederholungen wird die Verbindung länger bestehen bleiben und die Herzenergie von alleine fließen.

Schamanische Reise: Mit einer schamanischen Reise wollte ich wissen, welches meiner Seelenchakren gerade ein Problem hat und wie ich dieses heilen kann. Meine spirituelle Helferin zeigt auf das vordere und hintere Seelenchakra im Bereich der Leber. Ich frage sie, was dort das Problem sei und wie ich es heilen könne. Ich sehe, dass das Chakra blockiert ist, weil sich dort sehr viel Unrat angesammelt hat. Es handelt sich um Dinge, die ich in den letzten Tagen bemerkt hatte, zum Beispiel eine Gefriertruhe, die jemand vor unserem Block auf die Straße gestellt hatte, den Hausmeister mit seinem großen Rasenmäher oder die Feuerwerke der letzten Feier zum ersten August. Für die Heilung muss ich entscheiden, dass dieses Chakra sich drehen soll, und ich beobachte während der Reise, wie ich den Unrat entferne und in einem großen Feuer verbrenne. Ich frage weiter, wie ich in Zukunft vermeiden kann, dass sich weiterer Unrat dort ansammelt. Meine Helferin antwortet: »Du musst dir sehr bewusst sein, was du alles wahrnimmst, und alles, was nicht zu dir gehört, sofort entfernen.« Ich darf – in anderen Worten – Eindrücke und Beobachtungen nicht unbearbeitet lassen. Was ich wahrnehme, muss schnell angeschaut werden, das heißt, das Zulassen der Gefühle und das Suchen der Mitteilungen darf nicht hinausgezögert werden.

Nun sind Sie an der Reihe. Ich schlage Ihnen drei Übungen vor:

ÜBUNG 1: Mit der Beobachtung der Umwelt Probleme der Seelenchakren diagnostizieren und heilen

Wählen Sie ein Seelenchakra und fragen Sie analog zu den obigen Beispielen, wie der Zustand dieses Seelenchakras ist und wie Sie es heilen können. Beobachten Sie jeweils die ersten drei Dinge, die Ihnen auffallen, und interpretieren Sie diese.

ÜBUNG 2: Mit einer schamanischen Reise verwundete Seelenchakren erkennen und heilen

Fragen Sie Ihren spirituellen Helfer, welche Seelenchakren verwundet sind und wie Sie sie heilen können.

ÜBUNG 3: Entscheiden, die Seelenchakren zu öffnen und im Gegenuhrzeigersinn zu drehen

Grundsätzlich können die Seelenchakren mit einer Entscheidung geöffnet und zum Drehen gebracht werden. Verwundungen führen oft dazu, dass sie sich jedoch schnell wieder schließen. Trotzdem ist es mitunter sinnvoll, diese Entscheidung bewusst, Seelenchakra um Seelenchakra, durchzuführen. Gehen Sie hierzu jedes einzelne Chakra durch und entscheiden Sie, dieses zu öffnen. Wiederholen Sie die Übung immer wieder innerhalb von 10 bis 20 Minuten. So können Sie eine Zeit lang wahrnehmen, wie sich offene Seelenchakren anfühlen.

Fassen wir kurz zusammen: Die Heilung der Seelenchakren hat erstens mit einer Entscheidung zu tun, d.h. man muss entscheiden, dass das Seelenchakra offen ist und sich dreht. Damit das Seelenchakra sich aber nicht sofort wieder schließt oder zu drehen aufhört, ist meist eine zusätzliche Heilung notwendig. Wie diese konkret abläuft, ist von Mensch zu Mensch, von Seelenchakra zu Seelenchakra verschieden und muss beispielsweise mit der Beobachtung der Umgebung oder mit einer schamanischen Reise bestimmt werden.

Nur bestimmte Seelenstränge durchlassen: Den Filter beeinflussen

Es ist durchaus möglich, die Seelenchakren so zu programmieren, dass nur gewisse Seelenstränge hindurchkommen und andere nicht. Dies ist ganz ähnlich einer Grenzkontrolle, welche nur Menschen aus bestimmten Ländern durchlässt und andere nicht. Genauso wie eine Regierung entscheiden kann, wer hineindarf und wer nicht, können wir dies bei den Seelenchakren ebenfalls tun. Hierzu stoppen wir entweder spezifische Seelenstränge oder wir fügen einen allgemeinen zusätzlichen Filter hinzu:

Bestimmte Seelenstränge stoppen: Wir definieren, welche Seelenstränge wir nicht mehr wollen, und fällen die Entscheidung, diese nicht mehr hineinzulassen. Wollen wir beispielsweise etwas Abstand von unserem Ex-Partner, dann entscheiden wir, alle Seelenstränge, welche mit ihm zu tun haben, nicht mehr zuzulassen. Hierzu gehen wir Seelenchakra für Seelenchakra durch und fällen für jedes einzeln und bewusst diese Entscheidung. Damit die Wirkung anhält, muss diese Entscheidung meist immer wieder erneuert werden.

Das Seelenchakra verändern: Wir ergänzen unser Seelenchakra mit einem zusätzlichem Filter, zum Beispiel indem wir uns in weißes Licht hüllen oder eine Abwehrhaltung wie »Mıch greift keiner an« einnehmen. Auch dies sind Entscheidungen, die wir fällen müssen. Konkret richten wir dabei unsere Aufmerksamkeit auf die gewünschte Veränderung, etwa indem wir uns vorstellen, jedes Seelenchakra besäße einen Mechanismus, welcher Angreifer erkennt und abwehrt. Damit solche Veränderungen Bestand haben, müssen sie immer wieder erneuert und bestärkt werden.

Mit den gleichen Methoden können wir selbstverständlich auch unsere Ausgangsseelenchakren verändern, wir können also entscheiden, dass keine von unseren Seelensträngen mehr unseren Ex-Partner erreichen oder dass uns nur noch Seelenstränge verlassen, welche das weiße Licht passieren können.

Wichtig: Solche Veränderungen der Seelenchakren sind zwar möglich und mit etwas Übung sogar verblüffend einfach, aber wirklich nur in Ausnahmefällen empfehlenswert. Wieso? Die Wirkung ist oft pauschal und undifferenziert und es fehlt deshalb die Entscheidung mit dem Herzen für oder gegen einzelne Bewusstseinselemente. Es mag zwar Teil unseres Weges sein, dass wir einige Bewusstseinselemente unseres Ex-Partners nicht zulassen, aber sehr wahrscheinlich nicht alle. Es mag auch sein, dass wir vor allerlei Negativem geschützt werden, wenn wir uns in weißes Licht hüllen, nur verhindert dies meist auch wichtige Entwicklungsschritte, weil bedeutende Bewusstseinselemente ausgeschlossen werden. Ich schlage deshalb vor, diese Möglichkeit höchstens dann in Betracht zu ziehen, wenn Sie vorübergehend etwas Abstand benötigen oder vor einer gefährlichen Situation stehen, und nur, wenn es nicht anders geht. Ist die Notwendigkeit vorbei, machen Sie die Veränderungen unbedingt rückgängig. Im Normalfall sollten die Seelenchakren offen und durchlässig sein, denn nur so steht uns das ganze Spektrum an Bewusstseinselementen zur Verfügung.

Wieso erwähne ich diese Möglichkeiten, wenn ich gleich danach empfehle, sie nur in Ausnahmefällen anzuwenden? Der Grund: Es gibt sie, sie werden angewendet, und deshalb werden Sie ihnen auch begegnen. Wenn Sie nun auf diese Methoden stoßen, wissen Sie, wie man verantwortungsvoll mit ihnen umgeht, ohne den eigenen Weg zu sabotieren.

Unser Bewusstsein zusammensetzen

Durch die Seelenchakren gelangen also die Seelenstränge in das Innere unserer Seele. Je nachdem, wie viel Aufmerksamkeit wir dann einem konkreten Bewusstseinselement schenken, verstärken wir dieses in der Seele, schwächen es ab, oder es verschwindet sogar gänzlich. Haben wir eines verstärkt, so verlässt es uns auch wieder in verstärkter Form, das Gleiche gilt natürlich auch bei einer Abschwächung – selbstverständlich nur dann, wenn das Ausgangsseelenchakra dies auch zulässt.

Mit unserer Entscheidung, auf was wir unsere Aufmerksamkeit lenken, beeinflussen wir demnach nicht nur unsere Seele, sondern alles Seelische überhaupt. Das, worauf wir unsere Aufmerksamkeit richten, wird überall verstärkt, was wir hingegen ignorieren, wird überall abgeschwächt. Zwei Beispiele hierzu: Gelangt »Ich töte nicht« zu uns und richten wir unsere Aufmerksamkeit darauf, so wird dieses Element überall gestärkt. Ignorieren wir superreiche Menschen, Stars und VIPs, so werden Bewusstseinselemente, welche mit dieser Welt zu tun haben, insgesamt abgeschwächt. Natürlich ist unser Beitrag in beiden Fällen klein, aber er ist da!

Auf unserem eigenen Weg zur Liebe muss die Entscheidung, worauf wir unsere Aufmerksamkeit lenken, von unserem Herzen gefällt werden. In gewissen Dingen können wir dies relativ einfach machen: In der Zeitung lesen wir nur die Artikel, zu denen unser Herz Ja sagt, wir reisen nur dorthin, wo unser Herz zustimmt, oder wir besuchen nur diejenigen Menschen, zu denen das Herz Ja sagt. Schwieriger ist es beispielsweise mit akustischen Reizen, denn es ist kaum möglich, einer Lärmquelle nicht zu lauschen, es sei denn mit einem Gehörschutz. Wir können aber hier durchaus mit dem Herzen entscheiden, worauf wir unsere Aufmerksamkeit stattdessen richten wollen, und so gerät meistens die Lärmquelle in den Hintergrund. Entscheide ich zum Beispiel, meine Aufmerksamkeit auf meinen Atem zu richten, dann höre ich die Sportflugzeuge oder die Kirchenglocken in meiner Umgebung weniger.

Die Meditation ist eine bewährte Möglichkeit, die Aufmerksamkeit bewusst zu lenken. Beim Meditieren beachte ich beispielsweise meinen Atem oder einen Gegenstand und nehme alles andere im Außen nicht mehr wahr. Deshalb ist die Meditation ein so wichtiges Element östlicher Wege, denn sie erlaubt den Menschen, ihre Seelen auf eine ganz bestimmte Weise zusammenzusetzen. Beim Weg zur Liebe kommt nun ein weiteres Element dazu: Das Herz entscheidet! Das Herz bestimmt also, ob wir meditieren, und falls ja, auf was wir uns konzentrieren.

Neben der Meditation gibt es sehr viele weitere Methoden, die ebenfalls auf der Lenkung der Aufmerksamkeit beruhen und so die Zusammensetzung der Seele beeinflussen. Affirmationen sind ein bekanntes Beispiel. Das ständige Wiederholen eines Satzes, der immer auch ein Seelenstrang ist, erhöht unsere Aufmerksamkeit für ihn, sodass wir diese Bewusstseinselemente verstärken. »Ich bin gut genug«, »Ich stehe für mich ein«, »Ich darf ich selbst sein« sind Beispiele für solche Affirmationen. Gebete, Ziele setzen, mentales Training und neurolinguistisches Programmieren sind weitere Beispiele für gelenkte Aufmerksamkeit. Bei den meisten dieser Methoden fehlt jedoch die Entscheidung mit dem Herzen – hier unterscheiden sie sich ganz wesentlich vom Schamanismus. Dies heißt aber nicht, dass für gewisse Menschen diese Methoden zu bestimmten Zeitpunkten in ihrem Leben nicht richtig wären.

Zu Beginn ist es meist nötig, für jedes einzelne Bewusstseinselement separat zu entscheiden, ob wir ihm Aufmerksamkeit schenken wollen oder nicht. Je offener unser Herz-Seelenchakra ist, desto selbstständiger funktioniert dies. Ist das Herz vollkommen offen, müssen wir nicht mehr auf diese Entscheidung achten – sie geht automatisch vor sich. Ein wichtiges Element unserer Arbeit ist also die Heilung im Herz-Seelenchakra nach den oben beschriebenen Methoden.

Zusammengefasst: Wir entscheiden, welchen Bewusstseinselementen wir unsere Aufmerksamkeit schenken wollen und welchen nicht. Gehen wir den Weg der Liebe, so fällen wir diese Entscheidung mit dem Herzen. Dies geht entweder allgemein, indem unser Herz-Seelenchakra offen ist und deshalb unsere Aufmerksamkeit automatisch im Sinne der Liebe gelenkt wird, oder indem wir für spezifische Bewusstseinselemente mit dem Herzen entscheiden, wie viel Aufmerksamkeit wir ihnen schenken möchten.

Hierzu schlage ich zwei Übungen vor:

ÜBUNG 1: Unsere Aufmerksamkeit im Sinne des Herzens lenken

Suchen Sie sich einen ruhigen Ort und konzentrieren Sie sich auf Ihr Herz-Seelenchakra. Entscheiden Sie, dass dieses Chakra offen ist und sich im Gegenuhrzeigersinn dreht. Lassen Sie dann diese Energie beziehungsweise dieses Bewusstsein in Ihre übrigen Seelenchakren strömen. Bleiben Sie in diesem Zustand und nehmen Sie Ihre Umgebung wahr. Wie fühlt sich alles an? Wiederholen Sie diese Übung und nehmen Sie jedes Mal mehr von Ihrem Umfeld wahr.

ÜBUNG 2: Unsere Aufmerksamkeit mit dem Herzen auf konkrete Bewusstseinselemente richten

Notieren Sie einige Bewusstseinselemente, welche Ihnen jetzt gerade in den Sinn kommen. Alle, die Sie bemerken können, sind Teil Ihrer Seele. Für diese Übung spielt es keine Rolle, welche Bewusstseinselemente dies sind. Sie notieren also zum Beispiel »Ich bin pflichtbewusst«, »Öffentliche Verkehrsmittel sind gut«, »Anderen Menschen kann man vertrauen«, »Andere haben es auf mich abgesehen« und so weiter. Gehen Sie nun diese Liste durch und entscheiden Sie mit dem Herzen, welchen Sie Ihre Aufmerksamkeit schenken wollen und welchen nicht. Streichen Sie alle durch, denen Sie keine Aufmerksamkeit schenken möchten, und konzentrieren Sie sich eine Zeit lang auf die verbleibenden.

Die Seele bei anderen Wesen

Jedes Tier, jede Pflanze, jeder Stein, jede Idee, jedes Projekt, jeder Gegenstand – alles hat eine charakteristische Seele. Oft glauben wir Menschen, dass wir die umfangreichsten und am meisten entwickelten Seelen haben. Manchmal erkennen wir zwar an, dass die nahe verwandten Säugetiere Seelen aufweisen, aber bei Insekten oder Steinen bezweifeln dies viele Menschen. Dieser Eindruck stammt aber daher, dass unsere Seelenchakren meistens die Seelenstränge dieser Wesen nicht in unsere Seele lassen. Varianten von »Menschen sind die höchsten Wesen« verhindern, dass wir das Bewusstsein anderer Wesen wahrnehmen. Es ist aber ein Trugschluss anzunehmen, dass etwas nicht existiert, nur weil wir es nicht wahrnehmen können.

Je mehr wir unsere Seelenchakren geheilt haben, desto mehr werden wir deshalb auch Seelenstränge empfangen, welche von Wesen stammen, die uns wenig verwandt sind. Dies führt meist zu neuen Einsichten und Änderungen unserer eigenen Perspektive. Plötzlich werden wir diese Wesen – Tiere, Steine, Landschaften, Gegenstände – auf eine gänzlich neue Art spüren. Das verändert vieles in uns: Wir können zum Beispiel

ÜBUNG: Seelenstränge anderer Wesen zulassen

Entscheiden Sie, wie oben beschrieben, dass Ihre Seelenchakren offen sind und sich im Gegenuhrzeigersinn drehen. Richten Sie dann Ihre Aufmerksamkeit auf Pflanzen, Tiere, Gegenstände, Projekte und dergleichen und lassen Sie die Bewusstseinselemente zu, welche Sie beide tragen.

nicht mehr gleich mit unserem Essen, unserer Landschaft oder der Erde als Ganzes umgehen. Die Heilung der Seelenchakren wird deshalb wohl viel mehr zur Rettung der Erde beitragen als alle Nachhaltigkeitsbemühungen, Klimaschutzprogramme oder Investitionen in erneuerbare Energien. Denn spüren und respektieren wir alle anderen Wesen, dann stellt sich automatisch der richtige Umgang mit ihnen ein.

Die Seele beim Geborenwerden und Sterben

Die Ausbildung der Seelenchakren beginnt bei der Zeugung und ist erst circa nach dem zweiten bis dritten Lebensjahr abgeschlossen. In den ersten Jahren unseres Lebens wird also die Qualität der Seelenchakren am meisten geprägt. In dieser Zeit erhalten wir deshalb oft auch grundsätzliche Wunden, welche Bewusstseinselemente wie z.B. »Ich bin unerwünscht« oder »Man darf kein Vertrauen haben« verstärkt durchlassen. Die Heilung unserer Seelenchakren wird uns deshalb oft in diese Zeit zurückführen.

Wie im Kapitel 2 schon erwähnt, löst sich unsere Seele beim Sterben auf. Unser Bewusstsein bleibt jedoch in Form einzelner Seelenstränge erhalten. Unser Leben – auch wenn die Seele nicht als Einheit weiterbesteht – hat somit einen Einfluss, welcher nach unserem Tod weiterbesteht. Haben wir während unseres Lebens mit unserem Herzen entschieden, haben wir unsere Aufmerksamkeit auf diejenigen Dinge gerichtet, welche unseren Weg zur Liebe förderten, so hinterlassen wir ein Gesamtbewusstsein, das sich ebenfalls ein Stück mehr Richtung Liebe bewegt hat. Natürlich gilt das umgekehrt auch. Haben wir nicht mit dem Herzen entschieden, dann hat sich die Gesamtliebe vermindert. Unser seelischer Nachlass kann also ganz unterschiedlich sein, vielleicht gehört »Respektiere die Erde« oder »Folge deinem Herzen« dazu, aber vielleicht ist auch »Der Stärkere gewinnt«, »Die abendländische Kultur ist die beste« oder »Haus und Hof müssen weiterleben« stark vertreten.

Unser Einfluss richtet sich nicht nur auf die Zukunft. Weil das Seelische in alle Zeiten ausgedehnt ist, haben wir auch einen Einfluss auf die Vergangenheit. Dies ist zwar schwer vorzustellen, aber es wird dabei die ganze Geschichte ein wenig verschoben. Korrekterweise müsste man deshalb nicht von einem Einfluss nach unserem Tod sprechen, sondern von einem Einfluss außerhalb unseres Lebens.

Unsere Seele zu heilen lohnt sich auch aus einem anderen Grund: Wir spüren viel besser, wann der richtige Zeitpunkt gekommen ist, um zu sterben. Wir zögern den Tod weder hinaus, noch geben wir zu früh auf. Es gibt unzählige Bewusstseinselemente, welche mit dem Tod zusammenhängen, aber oft nichts mit dem natürlichen Sterben zu tun haben. Diese reichen von »Der Mensch ist wie eine Maschine, ab einem bestimmten Zeitpunkt nützen auch Reparaturen nichts mehr«, »Schmerz und Leiden sind schlecht« bis zu »Es ist wichtig, sehr alt zu werden«. Dürfen alle Bewusstseinselemente um den Tod herum zugelassen werden, also auch »In einem Leben geht es nicht um die Anzahl der Jahre, sondern darum, dass man sein Herz findet«, »Es ist möglich, sanft und würdevoll zu sterben« oder »Ich kann den Zeitpunkt meines Todes selber bestimmen«, dann kann unser Herz entscheiden, welche zu uns passen und auf welche wir unsere Aufmerksamkeit richten wollen. Dies führt dazu, dass wir in aller Regel spüren, wann der richtige Zeitpunkt gekommen ist, um zu sterben. Und wir sterben bewusst und voller Würde.

Die Seele und das Vertrauen

Wunden in der Seele – sowohl in den Seelenchakren als auch bei unserem Entscheiden, worauf wir unsere Aufmerksamkeit richten wollen – sind maßgeblich daran beteiligt, wenn wir kein Vertrauen haben. So gelangen viele Bewusstseinselemente zu uns, welche uns Sorgen, Angst vor der Zukunft und dergleichen einflößen. Die Liste ist endlos: »Kluger Rat: Notvorrat«, »Die Arbeitslosenquote steigt, und es kann jeden treffen«, »Es gibt mehr Gewalt«. Auf der anderen Seite werden nützliche Bewusstseinselemente herausgefiltert: »Ich darf vertrauen«, »Es gibt für mich einen Weg im Leben«. Unsere Heilungsarbeit an den Seelenchakren und die Entscheidung mit dem Herzen, auf was wir unsere Aufmerksamkeit richten, sind deshalb zwei der Schlüssel zu mehr Vertrauen. Unser Vertrauen wächst als Folge dieses Heilens, und die problematischen, Verzweiflung auslösenden Bewusstseinselemente können uns nichts mehr anhaben.

Als Nächstes betrachten wir nun die Seelenstränge etwas genauer.

4. KAPITEL

Die Seelenstränge als verbundene Teile des Ichs

IN DIESEM KAPITEL ENTDECKEN SIE

❖ *die Merkmale von Seelensträngen.*
❖ *wie Seelenstränge sich ausbreiten und miteinander verbinden.*
❖ *wie Sie Ihre eigenen Seelenstränge kennenlernen.*
❖ *wie Sie verwundete Seelenstränge heilen.*
❖ *wie wir durch die Heilung der Seelenstränge an Vertrauen gewinnen.*
❖ *wieso unsere Heilung einen Einfluss auf viele andere Lebewesen hat.*

Es begann richtig aufzufallen: Alles, was mit Verbindungen zu tun hatte, bereitete mir Probleme. Innerhalb von nur zwei Monaten funktionierten mein Telefon und Internet während einiger Tage nicht, ein Problem, welches ausgerechnet an meinem Geburtstag begann. Dann konnte ich ein Paket wegen verschiedener Missverständnisse und falscher Angaben des Zustellers mehrere Tage lang nicht entgegennehmen. Als Nächstes wurde die Kupplung meines Fahrradanhängers gestohlen – Anhänger und Fahrrad waren noch da, nur die Kupplung fehlte. Dann verpasste ich mehrere Male meine Zugsanschlüsse, und zudem funktionierte mein Computer am Arbeitsplatz nicht mehr – es stellte sich heraus, dass er lediglich nicht richtig eingesteckt war.

Solche Geschichten mögen normale Alltagsprobleme darstellen – jedermann hat sie. Ein Schamane erahnt aber bei Ereignissen dieser Art Mitteilungen und sucht nach dem roten Faden. Er weiß, dass solch besonderen Erlebnisse Teil eines Lehrganges sind, welcher zu neuen Erkenntnissen führt. Dabei wird im Außen oft das sichtbar, was im Inneren lange herangewachsen ist. Für mich war das Thema »Verbindungen« in jeder Geschichte enthalten.

Da ich mich gleichzeitig intensiv mit der Seele befasste, vermutete ich, dass es darum ging, den seelischen Verbindungen mehr Beachtung zu schenken. Dies führte mich zu den Seelensträngen, welchen wir uns in diesem Kapitel näher widmen. Weil Seele und Seelenstränge eng zusammenhängen, werden einige Mechanismen nochmals auftauchen – nur dieses Mal aus dem Blickwinkel des Seelenstranges.

Was sind Seelenstränge genau?

Fassen wir kurz zusammen, was wir bisher wissen: Die Seele besteht aus einer Summe von unzähligen Seelensträngen. Zusätzlich hat sie eine Oberfläche mit Seelenchakren, welche als Ein- und Ausgänge wirken. Diese lassen gewisse Seelenstränge durch und andere nicht. Nachdem die Seelenstränge die Seelenchakren passiert haben, entscheiden wir mit dem Herzen, welchen wir unsere Aufmerksamkeit schenken wollen und welchen nicht. Daraus wird die Identität unserer Seele aufgebaut.

Seelenstränge sind einzelne Bewusstseinselemente, welche sich wellenförmig in einer seelischen Grundmasse – Bewusstsein, welches in der Zeit ausgedehnt ist – bewegen. Das Bewusstseinselement ist dabei der Inhalt oder die Information als solche, der Seelenstrang wiederum ist dieser Inhalt in Bewegung. Hierzu vielleicht zwei Analogien: Das Bewusstseinselement ist vergleichbar mit einem Auto und der Seelenstrang stellt das fahrende Auto dar. Die Gesamtheit aller Seelenstränge entspricht dann dem Verkehr. Zweites Beispiel: Ein geschriebenes Computerprogramm ohne Computer ist ein Bewusstseinselement, ein laufendes Programm im Computer der Seelenstrang. Ich spreche deshalb von Bewusstseinselementen, wenn ich mich auf den Inhalt oder die Information beziehe, und von Seelensträngen, wenn es um die Bewegung oder um die Verbindungen geht.

Bewusstseinselemente lassen sich als kurze Sätze formulieren, welche aber keine Gefühle enthalten. Es sind Aussagen wie »Bewegung ist gesund«, »Man muss fürs Alter vorsorgen«, »Man muss viele Freunde haben«, »Der Mensch ist ein Herdentier« und so weiter. Zu beachten gilt, dass diese Bewusstseinselemente wertfrei sind – sie sind also nicht an sich gut oder schlecht.

Merkmale von Seelensträngen

Für unsere Arbeit mit Seelensträngen sind folgende Eigenschaften wichtig:

- *Seelenstränge breiten sich aus:* Wie alle Wellen breiten sich auch Seelenstränge aus und bringen die Information des Bewusstseinselements von einer Seele zur anderen. Bewusstseinselemente gelangen so überall hin – zu allen Orten und Zeiten – und von überall her zu uns. Ob wir diese wahrnehmen oder nicht, hängt wie wir gesehen haben davon ab, ob unsere Seelenchakren diese durchlassen. Theoretisch können wir Bewusstseinselemente sowohl vom Nachbardorf, aus Indien, sogar von einem anderen Planeten genauso wie aus anderen Zeiten empfangen, etwa von den Dinosauriern oder sogar aus der Zukunft. In der Regel filtern unsere Seelenchakren jedoch alle Bewusstseinselemente heraus, welche nicht mit unserer gegenwärtigen Welt zu tun haben, sodass wir andere Planeten oder andere Zeiten kaum wahrnehmen. Da die Seele in der Zeit ausgedehnt ist, ist die Geschwindigkeit der Ausbreitung äußerst schnell.

- *Seelenstränge werden verstärkt oder abgeschwächt:* Die Veränderung der Stärke eines Seelenstranges geschieht meistens in den Seelen. Wird die Aufmerksamkeit auf bestimmte Bewusstseinselemente gerichtet, so werden diese verstärkt, und umgekehrt werden Bewusstseinselemente abgeschwächt, wenn diese ignoriert werden. Zusätzlich können sich Seelenstränge gegenseitig beeinflussen und so auch außerhalb der Seele verstärkt, abgeschwächt oder sogar aufgelöst werden. Wie dies geht, werde ich im nächsten Abschnitt erläutern.

- *Seelenstränge können miteinander gekoppelt sein:* Mehrere Bewusstseinselemente können miteinander verbunden sein und gemeinsam von Seele zu Seele wandern. So werden etwa die zehn Gebote miteinander gekoppelt und zusammen weitergegeben, oder politische Parteien verbinden bestimmte Ideen mit ihrer Partei. Gekoppelte Seelenstränge müssen nicht thematisch zusammenpassen, sie können sich durchaus auch widersprechen.

- *Seelenstränge vermehren sich:* Ein Seelenstrang kann Bewusstseinselemente enthalten, welche die Seele dazu bringen, sie zu vermehren. Dies lässt sich mit einem Virus vergleichen, dessen Gene eine Zelle veranlassen, ihn zu vermehren. Dies geschieht dann, wenn ein Seelenstrang Bewusstseinselemente enthält wie »Ich zeige allen, dass ich diese Mannschaft unterstütze«. Dies veranlasst Menschen dazu, Fankleidung zu tragen, womit wiederum andere animiert werden, dies ebenfalls zu tun, und so vermehrt sich dieses Bewusstseinselement. Dies geschieht natürlich nicht nur im Sport, sondern auch dann, wenn wir Landesfahnen aufhängen, Kleider mit gut sichtbaren Logos, Uniformen, Berufskleidung oder religiöse Symbole tragen oder wenn wir beispielsweise Musikstücke hörbar nachpfeifen.

- *Seelenstränge verändern sich*: Durch die Interaktion mit anderen Seelensträngen, unsorgfältige Weitergabe oder spontanen »Mutationen« werden die Seelenstränge verändert. So kann etwa die Empfehlung »Ich bin vorsichtig gegenüber Fremden« zu »Ich lehne alles Fremde ab« mutieren.

ÜBUNG: Merkmale von Seelensträngen kennenlernen

Betrachten Sie Ihr Leben und suchen Sie nach Beispielen, bei denen Sie die oben beschriebenen Merkmale von Seelensträngen beobachten können.

Hier ein Beispiel: In der Eisenbahnlärmsanierung habe ich nun jahrelang das Bewusstseinselement »Sagt es weiter: Die Umrüstung der Güterwagen mit leisen Kunststoffsohlen hat von allen Lärmsanierungsmaßnahmen das beste Kosten-Nutzen-Verhältnis« mit Workshops, Broschüren und persönlichen Gesprächen verbreitet. Was anfänglich nur ein kleiner Kreis von Interessierten wusste, kam mit der Zeit auf die Agenda der EU-Kommission und nationaler Regierungen. Dieses Bewusstseinselement wurde mit der Aufmerksamkeit, welches es durch diese Aktionen erhielt, nicht nur verstärkt, sondern es bekam auch die Eigenschaft, andere anzuregen, es zu vermehren.

Wie Seelenstränge sich gegenseitig beeinflussen

Gewisse Seelenstränge beeinflussen sich gegenseitig, wenn sie aufeinandertreffen. Die Art der Beeinflussung lässt sich von der Wellenlehre ableiten und geschieht sowohl innerhalb als auch außerhalb der Seele.

• *Seelenstränge mit gleicher Frequenz und gleicher Wellenlänge verstärken sich:* Treffen zwei Seelenstränge mit dem gleichen Takt aufeinander und sind sie in der gleichen Phase (beide Wellen sind gleichzeitig »oben«), so entsteht ein neuer Strang mit der doppelten Stärke. Haben beispielsweise »Vorsorge ist wichtig« und »Investiere in diesen Fonds« den gleichen Takt und die gleiche Wellenlänge, so verstärken sie sich gegenseitig und die Wirkung wird gesteigert. Dies beobachten wir manchmal auch in zwischenmenschlichen Beziehungen. Haben hier viele Seelenstränge die gleiche Frequenz und Wellenlänge, entsteht eine sehr starke Verbindung und es wird von einer Seelenverwandtschaft gesprochen, einem Thema, welches wir im Kapitel 8 detailliert betrachten werden. Solch starke Seelenverbindungen entstehen nicht nur zwischen Menschen, sondern auch zwischen Menschen und Tieren, Landschaften, Musikstücken, Büchern und dergleichen.

- *Seelenstränge mit gleicher Frequenz und Wellenlänge können sich aber auch auslöschen:* In der Wellenlehre verstärken sich zwei Wellen mit der gleichen Frequenz und der gleichen Wellenlänge nur dann, wenn sie die gleiche Phase haben. Schwingt ein Seelenstrang entgegengesetzt (das heißt, eine Welle ist »oben«, während die andere »unten« ist), löschen sich die Wellen aus. Trifft »Vorsorge ist wichtig« verschoben auf »Investiere in diesen Fonds«, dann löschen sie sich gegenseitig aus, das heißt existieren nicht mehr und wir nehmen diesbezüglich nichts mehr wahr. Durch die Finanzkrise ist mancherorts genau eine solche Verschiebung entstanden – die Themen Vorsorge und Investitionen in Fonds erreichen deshalb viele Menschen nicht mehr. Bei seelenverwandten Beziehungen beobachten wir oft das Gleiche. Während eine Zeit lang durch die gleiche Schwingung die Beziehung verstärkt wurde, muss manchmal nur ganz wenig geschehen, und die Beziehung ist plötzlich ausgelöscht, ein abrupter Wechsel, welcher die Beteiligten meist überrascht.

- *Es entstehen ständig neue Wellenberge:* Wie im Meer, wo Wellen sich dauernd zu neuen Wellenbergen verbinden, geschieht dies auch bei Seelensträngen. Gelangen bestimmte Seelenstränge zusammen, kann dies zur Geburt eines Kindes führen, zu einem neuen Projekt, zu einer neuen Philosophie, zu einer Erfindung, also zu irgendetwas Beseeltem. Da das Seelische dem Materiellen übergeordnet ist (wir haben gesehen, dass das Seelische einige Dimensionen mehr umfasst als das Materielle), entsteht jeweils zuerst der Wellenberg und dann erst die materielle Manifestation. Seelen suchen sich in diesem Sinne nicht Menschen aus, sondern aus Seelen entstehen Menschen. Analog ist es bei allem anderen: Neue Philosophien, Projekte, Erfindungen und so weiter entstehen durch die Verbindung von Seelensträngen und werden als Folge materiell manifestiert. Dies setzt die »Großen« der Geschichte in ein neues Licht: Es ist weniger die Arbeit einzelner Menschen (Einstein, Edison, Galileo, Napoleon, …), welche Beiträge an die Menschheit geleistet haben, sondern diese Beiträge entstanden durch die Verbindung von Seelensträngen und fanden anschließend in diesen Menschen materielle Träger.

Um ein Gespür für diese Mechanismen zu bekommen, schlage ich folgende Übung vor:

ÜBUNG: Gegenseitige Beeinflussung von Seelensträngen kennenlernen

Fragen Sie entweder mit einer Beobachtung der Umgebung oder einer schamanischen Reise nach Beispielen aus Ihrem persönlichen Leben, bei denen Sie die gegenseitige Beeinflussung von Seelensträngen genauer kennenlernen können.

Hier ein persönliches Beispiel, bei dem ich im Zug saß und mit der Technik der Beobachtung der Umgebung nach einem Fall fragte, in dem sich bei mir Seelenstränge verstärken. Ich beobachtete eine Lärmschutzwand, eine telefonierende Frau und das laute Rascheln eines Mannes, welcher die Seiten einer Zeitung umblätterte. Ich interpretierte: Lärmschutz und verschiedene Lärmarten verstärken sich bei mir. Meine Beschäftigung mit Lärmschutz macht mich empfindlicher gegenüber anderen Lärmquellen und umgekehrt.

Seelenstränge unserer Seele kennenlernen

Unsere Seele beziehungsweise unser Bewusstsein besteht aus Abermillionen von Seelensträngen. Obwohl es natürlich unmöglich ist, sie alle zu erfassen, ist es wertvoll, wenn wir uns von Zeit zu Zeit über einige davon im Klaren sind. Alles, was wir wahrnehmen, ist aus Bewusstseinselementen aufgebaut, welche ein Teil unserer Seele sind – auch dann, wenn wir nichts mit ihnen zu tun haben wollen. Und je stärker wir etwas wahrnehmen, desto mehr ist es ein Teil von uns. Nehmen wir beispielsweise Drogensüchtige wahr, dann haben wir das Thema Drogensucht oder etwas Verwandtes auch irgendwo in uns. Auch wenn wir selber nicht drogenabhängig sind, so haben wir vielleicht eine andere Sucht wie etwa die nach Essen oder Arbeit oder haben möglicherweise Angst davor, die Kontrolle über uns zu verlieren.

Unsere Wahrnehmung und die Stärke unserer Aufmerksamkeit sind deshalb die Schlüssel zu unseren Seelensträngen. Wir finden diese, wenn es uns gelingt, die Bewusstseinselemente zu identifizieren, welche unserer jeweiligen Wahrnehmung zugrunde liegen. Dabei basiert jede noch so banale Wahrnehmung auf Bewusstseinselementen – anders geht es nicht. Hier zwei Beispiele, welche ich genau beim Schreiben dieser Zeilen an einem Bahnhof wahrnehme:

1) Ein älteres Paar sitzt neben seinem Tandem. Bewusstseinselemente, welche dieser Beobachtung zugrunde liegen, sind zum Beispiel: »Ein Fahrrad mit zwei Sitzen ist ein Tandem.« »Ein älterer Mann mit einer älteren Frau bilden ein Paar.« »Gegenstände in der Nähe von Menschen gehören diesen.«

2) Ein Mann schläft. Bewusstseinselemente sind hier zum Beispiel: »Menschen mit geschlossenen Augen schlafen.« »Männer erkennt man an bestimmten Körperformen.«

Bewusstseinselemente, welche unseren Beobachtungen zugrunde liegen, müssen übrigens nichts mit der Wahrheit zu tun haben. Vielleicht gehört das Tandem gar nicht dem Paar, vielleicht ist es kein Paar, vielleicht schläft der Mann nicht, sondern er meditiert, und so weiter. Wir müssen uns also stets im Klaren darüber sein, dass unsere Beobachtungen vor allem mit den Seelensträngen zu tun haben, welche wir aufnehmen, und nicht mit der realen Welt.

Nochmals: Es gibt keine Wahrnehmung, ohne dass Bewusstseinselemente ins Spiel kommen. Wir können die beiden soeben dargestellten Beobachtungen noch so allgemein formulieren – immer treffen wir auf unsere Seelenstränge. Hätte ich allgemeiner statt »Ein älteres Paar sitzt neben seinem Tandem« »Zwei Menschen sitzen neben einem Gegenstand« gesagt, dann hätte ich trotzdem noch Bewusstseinselemente wahrgenommen, nämlich solche, die mir helfen, Menschen oder Gegenstände zu definieren.

Wollen wir abschätzen, wie bedeutsam einzelne Seelenstränge für uns sind, beobachten wir am besten, wie häufig wir etwas wahrnehmen, das mit diesen Seelensträngen zu tun hat. Beobachte ich zum Beispiel im Zug sehr häufig störend telefonierende Passagiere, dann sind Bewusstseinselement wie etwa »Menschen, die telefonieren, stören andere« und »Menschen, welche Aufmerksamkeit auf sich lenken, entziehen anderen Energie« von großer Bedeutung für mich. Jemand anders würde vom genau gleichen Sitz aus vielleicht die Schuhe seiner Mitreisenden beobachten und wäre geprägt von Bewusstseinselementen wie »Menschen mit guten Schuhen haben Stil« oder »Das Äußere macht den Menschen aus.«

Die beiden nachfolgenden Übungen ermöglichen es Ihnen, Seelenstränge Ihrer Seele kennenzulernen und deren Bedeutung abzuschätzen.

ÜBUNG 1: Die Seelenstränge der eigenen Seele kennenlernen

Beobachten Sie Dinge von dort aus, wo Sie gerade sind, und versuchen Sie, die Bewusstseinselemente zu definieren, welche diese Wahrnehmung ermöglichen. Diese Übung kann immer wieder durchgeführt werden – so lernen Sie sich selbst sehr gut kennen.

ÜBUNG 2: Die Bedeutung von Seelensträngen abschätzen

Beobachten Sie auch für diese Übung Ihre gegenwärtige Umgebung. Was fällt Ihnen am meisten auf? Welche Bewusstseinselemente liegen diesen Dingen zu Grunde? Sehr nützlich ist es, die Beobachtungen aufzuschreiben und mithilfe einer Strichliste die Häufigkeit bestimmter Bewusstseinselemente statistisch zu erfassen.

Seelenstränge verändern

Seelenstränge können bei Bedarf verändert werden. Als ersten Schritt müssen wir dazu die Bewusstseinselemente, die wir verändern wollen, genau definieren. Ein solches Bewusstseinselement sollte eng mit uns verknüpft sein. Beispiele von veränderbaren Bewusstseinselementen sind »Wenn andere Alkohol trinken, trinke ich auch« oder »Ich beantworte E-Mails immer.« Solche, die weniger leicht verändert werden können, sind zum Beispiel »Kapitalismus ist das beste Wirtschaftssystem« oder »Der Sonntag ist ein Ruhetag.« Definieren Sie anschließend als zweiten Schritt, was Sie genau verändern

wollen. Dies gelingt umso besser, je weniger Sie verändern. Neue Bewusstseinselemente könnten dann heißen »Ich trinke manchmal Alkohol, wenn andere dies tun, manchmal nicht« oder »Ich beantworte gewisse E-Mails, andere nicht.« Als dritter Schritt wird das neue, veränderte Bewusstseinselement so häufig wiederholt, bis wir der alten Version keine Aufmerksamkeit mehr schenken.

Wie bei der Veränderung der Seelenchakren soll diese Technik aber nur in Ausnahmefällen verwendet werden. Ich empfehle sie nur, wenn es nicht anders geht, beispielsweise um genügend Abstand von einem Problem zu erhalten, damit Raum und Kapazität für die ersten Schritte auf dem eigenen Weg zur Verfügung stehen. Auch wenn unser Herz-Seelenchakra offen ist, müssen wir keine Seelenstränge verändern. Wir richten unsere Aufmerksamkeit – wie wir im vorhergehenden Kapitel gesehen haben – mit dem Herzen automatisch auf diejenigen, welche zu uns passen.

Weiter müssen wir beachten, dass oft viele zueinander sehr ähnliche Bewusstseinselemente bestehen und dass, wenn wir eines davon verändern, die anderen trotzdem noch vorhanden sind. Wir haben vielleicht nicht nur das Bewusstseins-element »Ich trinke Alkohol, wenn andere dies tun«, son-dern auch »Anstoßen unterstützt die Freundschaft« oder »Wein ist ein guter Gesprächsstoff«. Verändern wir nur eines davon, hat dies wenig Einfluss auf unseren Alkoholkonsum in Gruppen.

Verwundungen bei Seelensträngen

Seelenstränge sind dann verwundet, wenn sie nicht frei schwingen können. Dies ist in der Regel dann der Fall, wenn das entsprechende Bewusstseinselement Verzweiflung auslöst, es also Widersprüche oder unmögliche Forderun-gen enthält. Beispiele hierzu sind »Ich bin geliebt, aber un-erwünscht«, »Du musst in kurzer Zeit perfekte Arbeit ab-liefern«, »Die Wirtschaft braucht nachhaltiges Wachstum«, »Man kann nie genug für die Schule lernen« oder »Nur ein perfekter Körper zieht Männer an«. Eine Wunde entsteht auch dann, wenn zwei widersprüchliche Bewusstseinselemente an-einander gekoppelt werden, wie etwa »Ich gehe meinen Weg« und »Ich helfe immer.«

Seelenstränge werden meist dann verwundet, wenn andere von unseren Dilemmas profitieren. Schafft das Bewusstseins-element eine unmögliche Situation, dann strampeln wir uns ab, unsere Aufmerksamkeit ist nicht mehr bei unserem Her-zen und wir tun Dinge, die nicht auf unserem Weg sind. Die dadurch freigesetzte Energie dient nicht uns, sondern wird von anderen aufgesaugt. Es ist also im Interesse der Profiteure, dass wir solche Seelenstränge in unsere Seele integrieren. Fast alle Leitbilder, Parolen, Losungen, Devisen, Maximen, Wahl-sprüche und dergleichen gehören in diese Kategorie.

Dies wird klarer, wenn wir einige konkrete Beispiele anschau-en: Haben Eltern einen Statusgewinn, wenn ihre Kinder eine

höhere Schulart besuchen (sie bekommen dann Energie von anderen, welche dies bewundern), werden sie ihren Kindern vielleicht »Nur das Gymnasium ist gut genug« weitergeben wollen, obwohl diese Schulform für ihr Kind womöglich nicht geeignet ist. Dies schafft eine unmögliche Situation für das Kind, sodass dieses Bewusstseinselement für das Kind eine Wunde darstellt. Dadurch, dass es sich verzweifelt einsetzen muss, um der Forderung zu genügen, verliert es Energie, welche dann den Eltern zugutekommt. Die Eltern profitieren nun doppelt, von den Bewunderern und vom Kind. Die Situation wird mit weiteren Bewusstseinselementen wie »Wir wollen das Beste für dich« oder »Du lernst für dich und nicht für uns« verschärft – Bewusstseinselemente, welche zusätzliche Verzweiflung auslösen, weil das Kind spürt, dass sie nicht wahr sind. Analoges geschieht bei Staaten, in denen die Machtträger profitieren, wenn sie Bewusstseinselemente wie »Wer sein Land liebt, zieht dafür in den Krieg« oder »Wer den Staat kritisiert, ist ein Nestbeschmutzer« verbreiten können. Widersprüche entstehen bei denjenigen Bürgern, welche ihr Land kritisieren und den Krieg ablehnen, genau weil sie ihr Land lieben. Wir werden im Kapitel 7 diese Mechanismen Thema um Thema durchgehen, hier sollen die Beispiele nur die darunterliegenden Mechanismen illustrieren.

Manchmal sind uns diese Widersprüche klar, oft jedoch nicht. Ein Teil der Heilungsaufgabe liegt also darin, diese überhaupt erst zu entdecken.

Seelenstränge heilen

Haben wir verwundete Seelenstränge erkannt, gilt es, diese zu heilen. Selbstverständlich mag es geschehen, dass Ihr Herz entscheidet, diesen Seelensträngen keine Beachtung mehr zu schenken, dann ist das Problem auch gelöst. Meist gelingt dies jedoch nicht, und kaum schenken wir dem Thema einen Moment lang keine Beachtung mehr, erreicht uns der verwundete Seelenstrang dennoch wieder.

Grundsätzlich heilen wir verwundete Seelenstränge, indem wir die Verzweiflung zulassen, welche mit ihnen zusammenhängt. Hierzu müssen wir also nichts weiter tun, als verwundete Seelenstränge zu identifizieren und anschließend unsere Verzweiflung zuzulassen – so unangenehm dies in dem Moment auch sein mag.

Konkret liefert die Verzweiflung die nötige Energie, damit wir den Seelenstrang von dem Einfluss befreien, der die Verwundung verursacht und dabei verhindert, dass dieser frei schwingen kann. Vergleichen Sie dies mit einem Pendel, bei dem an der Aufhängung ein zusätzliches Gewicht angehängt und auf diese Weise die Schwingung verändert wurde. Die zugelassene Verzweiflung löst dieses Gewicht und lässt das Pendel wieder auf die ursprüngliche Art und Weise schwingen. Verzweiflung ist also die Energie, welche die Bewusstseinselemente von den fremden Einflüssen befreit und so die Widersprüche oder das Unmögliche auflöst. Ein Bewusstseinselement wie »Ich werde geliebt, bin aber unerwünscht« verliert beispielsweise den unerwünschten Teil, und es bleibt »Ich werde geliebt.« Gänzlich verschwindet der verwundete Seelenstrang natürlich nicht, denn meist wird dieser noch von sehr vielen anderen Seelen getragen. Aber unsere Seele enthält mehrheitlich wieder die geheilte Variante.

Zu beachten gilt, dass bloßes Erkennen der Verwundung noch keine Heilung darstellt. Nur weil wir wissen, welche Seelenstränge verwundet sind, ist noch nichts getan. Erst wenn die Verzweiflung zugelassen worden ist, kann der verwundete Teil effektiv entfernt werden. Es braucht also immer beide Schritte: Zuerst die Verwundung erkennen, dann die Verzweiflung zulassen.

ÜBUNG: Die Heilung der Seelenstränge veranschaulichen

Basteln Sie sich ein Pendel, indem Sie einen kleinen Stein oder einen anderen Gegenstand an einen Faden hängen. Halten Sie das Pendel am Fadenende und beobachten Sie das Schwingungsverhalten. Simulieren Sie nun eine Wunde, indem Sie einen zweiten Stein auf halber Länge am Faden befestigen. Beobachten Sie, wie sich in diesem Doppelpendel die Schwingung verändert. Versuchen Sie nun, zur ursprünglichen Schwingung zurückzugelangen. Sie werden sehen, dass dies nur dann gelingt, wenn der zweite Stein wieder entfernt wird.

Im Idealfall lassen wir die Energie der Verzweiflung jeweils gleich dann zu, wenn Verwundungen im Begriff sind zu entstehen. Sie wäre dann vergleichbar mit Fieber, welches die Bekämpfung von Infektionen im Körper unterstützt. Oft lassen wir die Verzweiflung jedoch nicht zu, weil wir sie als unangenehm empfinden oder weil uns Bewusstseinselemente wie »Ich denke positiv« davon abhalten. Viele Kinder – bei denen die meisten dieser Wunden entstehen – haben zudem schlicht nicht die Kraft, die dazugehörige Verzweiflung zuzulassen. Nicht zugelassene Verzweiflung und entsprechende Wunden in den Seelensträngen bestehen also bei fast allen Menschen. Somit werden wir bei unserer Heilungsarbeit oft auf Verzweiflung stoßen, welche weit in unsere Kindheit zurückreicht. So kann durchaus die Verzweiflung, welche heute durch eine Zugverspätung ausgelöst wird, von seelischen Wunden herrühren, welche von einer Spätgeburt stammen.

Nochmals: Um Verzweiflung zuzulassen, müssen Sie nichts Weiteres tun, als sie zu spüren und ihr dabei den nötigen Raum und ausreichend Zeit zu geben. Unternehmen Sie nichts, was Sie davon ablenken könnte, wie etwa Essen, Fernsehen, Besuche oder Computerspiele. Kommen Ihnen Dinge in den Sinn, die Sie unbedingt erledigen müssten, dann notieren Sie diese und gehen Sie sie zu einem späteren Zeitpunkt an.

ÜBUNG: Seelenstränge heilen

Wählen Sie als Ausgangspunkt entweder eine Situation, die im Jetzt Verzweiflung auslöst, oder einen der zuvor gefundenen verwundeten Seelenstränge. Definieren Sie nochmals genau, welches die Bewusstseinselemente oder Teile davon sind, die sich widersprechen. Bestimmen Sie mit dem Herzen, welche Elemente davon zu Ihrem Weg gehören und welche nicht. Nehmen Sie nun alle sich widersprechenden Bewusstseinselemente wahr und lassen Sie zehn bis zwanzig Minuten lang die dazugehörige Verzweiflung zu. Konzentrieren Sie sich am Ende der Übung nochmals auf den Teil des Bewusstseinselements, zu dem Ihr Herz Ja gesagt hat.

Vorsicht vor zu viel Verzweiflung

Achten Sie darauf, dass Sie es beim Zulassen der Verzweiflung nicht übertreiben. So heilend die Verzweiflung ist, es gibt einen Bereich, in dem dies nicht mehr der Fall ist und im Gegenteil sogar schädlich sein kann. Die Grenze zu diesem Bereich ist für jeden Menschen anders, die einen ertragen mehr Verzweiflung als andere. Es ist also wichtig, dass Sie diese Grenze für sich kennenlernen. Hierzu eine Faustregel: Die meisten Menschen ertragen problemlos so viel Verzweiflung, wie im normalen Alltag entsteht. Nehmen Sie diese Intensität an Verzweiflung als ersten Maßstab. Möchten Sie alte Wunden heilen, dann lassen Sie jeweils nur so viel Verzweiflung zu, wie Sie in Ihrem normalen Alltag mitunter auch erleben.

ÜBUNG: Verzweiflung dosiert zulassen

In dieser Übung lassen Sie jeweils die Verzweiflung für eine definierte Zeit zu, machen anschließend während einer Pause etwas anderes, lassen erneut die Verzweiflung zu und so weiter. Legen Sie hierzu eine Uhr in Sichtweite und wählen Sie die Dauer der Verzweiflung und der Pausen. Wenn Sie zum Beispiel eine halbe Stunde Zeit haben, könnten Sie jeweils fünf Minuten Verzweiflung zulassen und sich dann je fünf Minuten auf etwas anderes konzentrieren, das Ganze dreimal. Lassen Sie zunächst gemäß der Anleitung in der vorangehenden Übung Verzweiflung zu. Wenn die vorgegebene Zeit vorbei ist, konzentrieren Sie sich auf etwas anderes, zum Beispiel auf eine Geschicklichkeitsübung. Gehen Sie für die weiteren Runden genau gleich vor. Ziel ist, dass Sie das schnelle Hin und Her trainieren und die Verzweiflung nach Belieben wieder beenden können.

Kommen Sie beim Zulassen der Verzweiflung an Ihre Grenzen, beenden Sie die Übung, indem Sie etwas anderes tun, was Ihre Konzentration voll beansprucht. Es ist vorteilhaft, wenn Sie hierzu bereits einige Aktivitäten vorgesehen haben, wie beispielsweise Arbeiten, Sport, Geschicklichkeitsübungen und dergleichen. Zusätzlich lohnt es sich zu lernen, wie man die Verzweiflung dosiert zulässt, was in der vorangehenden Übung gezeigt wird.

Die Unterschiede bei der Heilung von Seelen und Seelensträngen

Da wir nun die Heilung sowohl bei den Seelenchakren als auch bei den Seelensträngen kennengelernt haben, können wir beide zusammenfassend vergleichen. Bei der Heilung der *Seelenchakren* ging es einerseits um eine Entscheidung, diese zu öffnen und im Gegenuhrzeigersinn drehen zu lassen. Damit Sie sich nicht wieder schließen, ist meist eine zusätzliche Heilung nötig, die von Person zu Person, Seelenchakra zu Seelenchakra verschieden ist und für jede Situation neu gefunden werden muss. Um hingegen die *Seelenstränge* zu heilen, muss Verzweiflung zugelassen werden. Diese gibt uns die Energie, widersprüchliche Bewusstseinselemente oder solche mit unmöglichen Forderungen aufzulösen.

Setzt man bei der Heilung nun bei den Seelenchakren oder bei den Seelensträngen an? Dies spielt keine Rolle – man beginnt mit etwas und von da an ergibt in der Regel das eine das andere. Selbstverständlich kann man auch die nächsten Heilungsschritte mit einer schamanischen Reise oder mit der Beobachtung der Umwelt bestimmen.

Wie könnte so etwas konkret aussehen? Hier ein Beispiel, bei dem ich die Technik des Beobachtens der Umgebung verwende. Ich sitze im Zug und frage, was meine nächsten Heilungsschritte sind. Als ich die Augen wieder öffne, fallen mir die Fahrleitungen auf. Ich interpretiere, dass diese wohl die Seelenstränge symbolisieren. Ich bitte als Nächstes darum, auf Seelenstränge aufmerksam zu werden, welche es zu heilen gibt. Ich sehe eine Frau, die an einem Bahnhof gebückt einen schweren Koffer zieht. Dabei kommt mir das Bewusstseinselement »Man darf nichts vergessen« in den Sinn. Ich lasse nun die Verzweiflung zu, wie sie auftritt, wenn ich etwas vergesse, was für eine Reise wichtig wäre. Später frage ich, bei welchen Seelenchakra diesbezüglich Heilungsbedarf besteht. Ich sehe eine afrikanische Frau, welche die Haare auf dem Scheitel derart zusammengebunden hat, dass sie sehr weit nach oben reichen. Ich interpretiere: Es gilt im Scheitelchakra nach Heilungsmöglichkeiten zu suchen.

Eigene Seelenstränge zu heilen hilft allen Trägern

Da Seelenstränge nicht nur von unserer Seele getragen werden, sondern auch von ganz vielen anderen, bewirkt jede Heilung unserer Seelenstränge eine gewisse Heilung entlang der ganzen Länge der jeweiligen Stränge. Andere Menschen oder andere Lebewesen, deren Seelen ebenfalls diesen Seelenstrang beinhalten, erfahren also dank uns auch eine gewisse Heilung. Das Umgekehrte gilt natürlich ebenso: Wir erfahren einen Heilungseffekt, wenn andere an diesem Seelenstrang heilen.

Natürlich haben unterlassene Heilungen, also Verzweiflung, die nicht zugelassen wurde, ebenfalls Effekte auf den ganzen Seelenstrang und auf alle beteiligten Lebewesen. Umgekehrt spüren wir die Unterlassungen oder die Verwundungen anderer. In diesem Sinne kann ein Teufelskreis entstehen, in dem entlang eines ganzen Seelenstranges die Verwundung mangels Heilung stets größer wird.

Unsere Bemühungen genauso wie unsere Unterlassungen beeinflussen also alle anderen und umgekehrt. Aus diesem Zusammenhang lässt sich ableiten, wie problematische Themen unserer Welt idealerweise angegangen werden: Wir suchen nach gemeinsamen verwundeten Seelensträngen und lassen bei uns die dazugehörende Verzweiflung zu. Mit jedem Problem, das wir wahrnehmen, teilen wir mindestens einen und meistens sogar sehr viele gemeinsamen Seelenstränge, sonst könnten wir es nicht wahrnehmen. Diese gemeinsamen Seelenstränge finden wir – wie oben dargestellt –, indem wir Beobachtungen anstellen und die Bewusstseinselemente suchen, welche diesen Beobachtungen zugrunde liegen. Haben wir die gemeinsamen Bewusstseinselemente gefunden, lassen wir die dazugehörige Verzweiflung zu. So leisten wir einen Beitrag zur Lösung des Problems und heilen gleichzeitig uns selber ein Stück weit. Beachten Sie dabei, dass die gemeinsamen Seelenstränge eines konkreten Problems von Person zu Person verschieden sind.

Hier ein Beispiel: Ich wollte meine verwundeten Seelenstränge, die ich mit der Eurokrise gemeinsam habe, finden und heilen. Hier eine (von vielen) persönlichen Beobachtungen hierzu: Zuerst war es die Verantwortungslosigkeit der Banker, welche eine Rettung der Banken notwendig machte. Dies führte zur Staatsverschuldung, an der ich nun als Staatsbürger beteiligt bin. Gegenwärtig wird vor allem die Staatverschuldung kritisiert und die ursprüngliche Verantwortungslosigkeit der Banken ist in Vergessenheit geraten. Ein Bewusstseinselement, welches dieser Beobachtung zugrunde liegt, ist: »Ich muss für die Verantwortungslosigkeit anderer einstehen.« Dieses Bewusstseinselement löst bei mir Verzweiflung aus. Lasse ich diese zu, so leiste ich einen kleinen Beitrag zur Lösung des Problems.

ÜBUNG: Beiträge zur Lösung von Problemen leisten

Wählen Sie ein umfassendes Problem (Klimaerwärmung, Kriminalität, Korruption oder etwas Ähnliches), identifizieren Sie gemeinsame Bewusstseinselemente und lassen Sie die dazugehörige Verzweiflung zu.

Geburt und Tod entlang eines Seelenstranges

Beim Sterben löst sich unsere Seele zwar auf, die Seelenstränge leben aber weiter, denn sie werden meistens von weiteren Seelen getragen. Unser Bewusstsein besteht also in diesen Strängen weiter, jedoch nicht mehr als Einheit, sondern auf verschiedene Seelenstränge verteilt. Unsere ganze geleistete oder nicht geleistete Heilungsarbeit beziehungsweise die Veränderung unseres Bewusstsein beeinflusst auf diese Art und Weise noch lange andere Seelen. Die Seelenstränge stellen in diesem Sinne den unsterblichen Teil unserer Seele dar. Es besteht hier aber keine Garantie, denn diese Seelenstränge können durchaus von anderen Knoten so stark abgeschwächt werden, dass sie verschwinden oder so stark verändert werden, dass sie nicht mehr zu erkennen sind. So dramatisch ist dies jedoch nicht, denn die Welt der Seelen ist über die Zeit verteilt, und deshalb werden die Seelenstränge, welche zu unseren Lebzeiten Teil unserer Seele waren, ewig anderen Seelen zugänglich sein.

Seelenstränge und Vertrauen

Verzweiflung ist das Gegenteil von Vertrauen. Heilen wir unsere Seelenstränge, indem wir die dazugehörige Verzweiflung zulassen, dann resultiert daraus mehr Vertrauen. Je mehr unsere Seelenstränge geheilt sind, desto mehr Vertrauen haben wir. Die Heilung der Seelenstränge ist deshalb einer der besten Wege, um Vertrauen zu gewinnen.

Beachten Sie in der praktischen Umsetzung noch Folgendes: Haben wir den Weg des Herzens begonnen, werden sich unsere seelischen Wunden vermehrt bemerkbar machen. Das heißt, dass Sie womöglich anfänglich häufiger in Situationen geraten, die Verzweiflung auslösen. Dies mag dann den falschen Eindruck erwecken, Sie hätten noch keine Heilung erfahren, oder dass Sie sogar einige Schritte zurückgegangen sind. Lassen Sie sich dadurch nicht entmutigen, dies ist der normale Gang der Dinge. Das neu gewonnene Vertrauen zeigt sich erst später.

Jetzt haben wir die beiden Elemente des Netzwerkes – die Seele und den Seelenstrang – separat und im Detail angeschaut. Wir werden sie nun wieder zusammensetzen und das Seelennetzwerk als Ganzes betrachten.

5. KAPITEL

Das Seelennetzwerk

IN DIESEM KAPITEL ENTDECKEN SIE

❖ *wie die Elemente des Seelennetzwerkes*
zusammenspielen.
❖ *wie Seelen zu Energie gelangen.*
❖ *was Seelenräuber, Seelenparasiten oder Seelenviren sind*
und wie Sie mit ihnen umgehen.
❖ *wie Sie Ihr Seelennetzwerk kennenlernen.*

Unser Leben führt stets zu dem, was für uns wichtig ist. Schamanen beobachten deshalb ihr Leben ganz genau und suchen in ihren Erlebnissen nach Mitteilungen oder Themen, welche für sie von Bedeutung sind. Entdecken sie einen roten Faden, der sie während mehrerer Jahre begleitet, so ist dieser Inhalt besonders wichtig. Bei mir sind Netzwerke ein solches Thema, mit dem ich vor allem beruflich immer wieder in Kontakt komme: Im Studium war es die biologische Schädlingsbekämpfung, welche nur funktioniert, wenn das Zusammenspiel aller Aspekte einer landwirtschaftlichen Kultur – also das ganze Netzwerk – betrachtet wird. Später untersuchte ich die unterschiedlichen Faktoren, welche den Flug von Käfern beeinflussen, dann ging es darum, Umweltverträglichkeitsberichte von neuen Kläranlagen, Parkhäusern oder Eisenbahnanlagen zu erstellen, gefolgt von Optimierungsrechnungen verschiedener Lärmschutzmaßnahmen, und jetzt beschäftigen mich die Lärmauswirkungen im Rad-Schiene-System der Eisenbahn – immer muss ein ganzes System betrachtet werden. Zudem wurde ich als Präsident eines internationalen Lärmnetzwerkes gewählt, und genau während des Schreibens dieses Buches bekam ich von meinem Arbeitgeber »Systemanalyse« als Weiterbildungsthema.

Ich habe nun schon einige solcher Geschichten erzählt und dabei beschrieben, wie gewisse Situationen und Erlebnisse zu wichtigen Erkenntnissen betreffend der Welt der Seelen führten. Dies gilt natürlich nicht nur für mich. Jeder Mensch kommt immer mit den Erlebnissen in Berührung, die für das eigene Leben wichtig sind. Mittlerweile ahnen Sie, wieso dem so ist: Auch Situationen und Ereignisse sind Seelen, welche aus

Seelensträngen aufgebaut sind. Haben wir ein Erlebnis, dann teilen wir Seelenstränge mit ihm. Es geht also buchstäblich nicht anders: Alle unsere Erlebnisse und Situationen, in die wir geraten, müssen deshalb mit uns zu tun haben.

Die Welt der Seelen ist ein Netzwerk

Wir haben in den vorherigen Kapiteln Seelen und Seelenstränge im Detail kennengelernt, gesehen, wie Verwundungen entstehen und wie wir diese heilen. Wir gehen nun einen Schritt weiter, betrachten das Seelennetzwerk als solches und fragen uns dabei: Wie spielt alles zusammen? Wie können wir in einem komplexen System unseren eigenen Weg gehen? Wie erkennen wir Ablenkungen oder andere Seelen, welche es auf uns abgesehen haben? Wie gehen Seelenparasiten oder Seelenräuber vor?

Die Ökologie – die Lehre der Verbindungen und Interaktionen in der Natur – ist ein ideales Vergleichssystem, um Seelennetzwerke zu verstehen. Die Sonne, als Energiequelle der Natur, entspricht in diesem Vergleich der Liebe; die Erde, der Boden, die Pflanzen und Tiere entsprechen den Seelen, und wie sie miteinander in Verbindung stehen für die Seelenstränge. Alle Elemente der Natur, inklusive Räuber, Parasiten, Krankheiten und dergleichen, können auch in Seelennetzwerken beobachtet werden. Seelennetzwerke sind also genauso komplex wie die Natur. Mit der Analogie zur Natur folgen wir zudem einem üblichen Vorgehen der Schamanen: Sie beobachten die Natur sehr genau und suchen nach Erkenntnissen für ihr Leben.

Noch eine wichtige Bemerkung, bevor ich mit der Beschreibung von Seelennetzwerken beginne: Aus den beobachteten Netzwerken der materiellen Welt, etwa aus der Anzahl an Bekanntschaften, Mitgliedschaften, Ereignissen oder aus der oberflächlich sichtbaren Qualität von Beziehungen, lässt sich nicht auf das seelische Netzwerk schließen. Vielleicht sind diese Bekanntschaften oder Ereignisse seelisch gesehen ähnlich, und deshalb ist das seelische Netzwerk weniger komplex, als es in der materiellen Welt den Anschein macht, oder etwas sieht in der materiellen Welt wie eine Freundschaft aus, ist jedoch auf der seelischen Ebene parasitisch. Um die wahren seelischen Zusammenhänge zu erkennen, dürfen wir uns deshalb nicht vom Schein der materiellen Welt ablenken lassen.

Wie Seelen zu Energie kommen

Seelen benötigen externe Energie, erstens, um die Aufmerksamkeit auf bestimmte Seelenstränge zu richten, und zweitens, um die Seelenchakren funktionsfähig zu erhalten. Wenn das Herz-Seelenchakra offen ist und gut dreht, kann der Energiebedarf direkt von der Liebe gedeckt werden und die Seelen müssen keine anderweitige Energie beschaffen. Seelen, bei denen dies der Fall ist, dienen jedoch anderen Seelen oder Strängen als Energiequelle. Dies geschieht zum Beispiel dann, wenn die Aufmerksamkeit der Seele abgelenkt wird oder unpassende Bewusstseinselemente in die Seelenchakren – wie im Kapitel 3 gezeigt – gepresst werden. Wird beispielsweise jemand mit einem offenen Herz-Seelenchakra von Verkehrslärm, Handygesprächen, Kirchenglocken, Geschossen, Festveranstaltungen und Ähnlichem abgelenkt, so dient er bzw. seine Seele als Energiequelle für die Seelen der Verursacher der jeweiligen Lärmarten.

Wie Seelen sich vermehren

Auch bei der Art und Weise, wie sich Seelen vermehren, können wir uns an der Natur orientieren. So gibt es Seelen, welche Sprossen bilden und sich ausbreiten, ohne dass an-
dere Seelen dazu notwendig sind, dann solche, welche sich wie
Bakterien teilen, ferner solche, die sich zuerst mit anderen verbinden müssen, um neue Seelen zu bilden, analog zu einer sexuellen Vermehrung, und schließlich solche, die wie Viren andere Seelen für die eigene Vermehrung verwenden.

Hierzu zwei Beispiele: Eine Ausbreitung über Sprossen geschieht
meist dann, wenn ein Seelenstrang von der Liebe angetrieben
wird. So breitet sich zum Beispiel eine neue Idee wie etwa dieje-
nige der Occupy-Wall-Street-Bewegung oder die des arabischen
Frühlings – zumindest zu Beginn – von alleine aus und findet
immer wieder neue Seelen als Träger (später wurden beide Bewegungen von anderen Bewusstseinselementen parasitiert).

Bei der sexuellen Vermehrung kommen zwei ähnliche Seelenstränge zusammen, welche sich verbinden, um eine neue Kombination von Bewusstseinselementen zu bilden. Diese Art der
Vermehrung ist dann von Vorteil, wenn sich die Bedingungen

ändern und so neue, sich rasch anpassende Formen geschaffen werden. Dies kommt etwa bei Finanz- oder Reiseprodukten vor, wo ständig neue, den gegebenen Umständen angepasste Kombinationen aus den bestehenden grundsätzlichen Möglichkeiten entstehen.

Alle Mechanismen, welche in der Natur der Vermehrung von Lebewesen dienen, kommen bei Seelen ebenfalls vor. Dies möchte ich am Beispiel »Eierlegen« darstellen. So wie Vögel, Reptilien oder Insekten Eier legen, tun dies Seelen auch, etwa indem ein zuvor stillgelegter Seelenstrang (es ist nur noch das Bewusstseinselement vorhanden, aber ohne die Energie, es zu bewegen) in eine Seele integriert wird. Sobald die Umstände gut genug sind, wird der Seelenstrang aktiviert. Wird beispielsweise von einer Partei das Bewusstseinselement »Staus auf Straßen sind ein Problem« verbreitet, aber nichts deswegen unternommen, so entspricht dies einem Seelenei. Erst wenn Wahlen sind, aktiviert die Partei dieses Bewusstseinselement, indem sie ihm mit einem weiteren Bewusstseinselement »Diese Partei löst die Staus auf den Straßen« Energie gibt. Wie immer: Ob solche Bewusstseinselemente wahr sind oder nicht, spielt für den Mechanismus keine Rolle.

ÜBUNG: Arten der Seelenvermehrung kennenlernen

Beobachten Sie verschiedene Arten der Vermehrung von Bewusstseinselementen. Gelangen Sie wie im Kapitel 4 beschrieben durch die Beobachtung Ihrer Umgebung zu Bewusstseinselementen und folgen Sie den Seelensträngen wie im Kapitel 2 erklärt. Achten Sie dabei darauf, welche Vermehrungsmechanismen im Seelenstrang vorkommen. Schamanische Reisen oder Beobachtungen der Umgebung sind hier eine nützliche Unterstützung.

Seelen, die es auf uns abgesehen haben

Wir haben nun gesehen, wie Seelen zu ihrer Energie gelangen und wie sie sich vermehren beziehungsweise ausbreiten. Wichtig für uns sind dabei vor allem Phänomene, welche unseren Weg behindern, indem sie uns direkt oder indirekt Energie entziehen. Mit der nachfolgenden Liste möchte ich Sie für verschiedene diesbezügliche Mechanismen sensibilisieren. Der Umgang mit ihnen wird dann im nächsten Kapitel detailliert behandelt. Zu beachten ist, dass sich die Vorgänge überschneiden und unzählige Mischformen bestehen.

Seelen, die andere verdrängen: Eine Seele verdrängt eine andere, wenn sie zum Hauptträger eines Seelenstranges wird. Dies geschieht zum Beispiel dann, wenn andere Menschen sich plötzlich für unsere Dinge interessieren, obwohl sie dies vorher kaum taten. Sie besetzen damit unseren Weg, der damit für uns nicht mehr frei ist. Eltern mischen sich etwa derart stark in eine Leidenschaft (z. B. Fußball oder Musik) ihres Kindes ein, sodass dieses seinen Weg nicht mehr eigenständig gehen kann. Das Kind muss nun ein Profifußballer oder -musiker werden und alle damit verbundenen Tätigkeiten werden von den Eltern bestimmt. Weitere Beispiele sind Mütter, welche den Kleidungsstil ihrer Töchter übernehmen, oder Arbeitskollegen, die sich übermäßig in die Projekte anderer einmischen. Ähnliches geschieht auch mit heiligen Orten oder Feiertagen: In der Geschichte der Menschheit wurden besondere Orte immer wieder von der erobernden Kultur besetzt und mit eigenen Bauten versehen. So wurden römische Tempel oder christliche Kapellen häufig auf Kultorte der Vorgänger gebaut. Ebenso wurden alte Rituale zu eigenen gemacht. So hat etwa das Christentum viele Weihnachts- oder Osterbräuche von heidnischen Vorgängerkulturen übernommen.

Seelenräuber: Räuberische Seelen fressen andere Seelen buchstäblich auf, was zwangsläufig zum Tod der betroffenen Menschen oder anderer Lebewesen führt. Besonders anfällig sind die geschwächten Seelen älterer oder kranker Menschen, welche mitunter von pflegenden Angehörigen stark vereinnahmt und abhängig gemacht werden, sodass die seelische Auslaugung gefördert statt aufgehalten wird. Meist werden jedoch die Seelenstränge nur teilweise gefressen, etwa dann, wenn bei einem Kind die Begeisterung für etwas solange unterdrückt wird, bis es sich nicht mehr damit beschäftigt. Die Energie dieses Seelenstranges ist dabei auf die Eltern übergegangen. Die übrigen Seelenstränge werden aber in Ruhe gelassen.

Seelenparasiten: Seelenparasiten ernähren sich ebenfalls von anderen Seelen, bringen diese aber im Gegensatz zu räuberischen Seelen nicht oder zumindest nicht sofort um. In den Worten der Biologen werden wir dann zu den »Wirten« der Parasiten, also zu einem lebendigen seelischen Nahrungssubstrat. Unsere Seele füttert den Parasiten, indem dauernd ein Teil unserer Aufmerksamkeit auf ihn gerichtet ist. Wiederum betrifft dies meist nicht sämtliche, sondern nur einen Teil der Seelenstränge.

Seelenparasitismus ist äußerst häufig: Unsere Arbeitgeber, Firmen, der Staat oder Familienmitglieder verwenden oft diese Strategie, um die von ihnen benötigte seelische Energie zu beschaffen. Der Nationalstaat versucht uns beispielsweise eine Identität als Bürger zu geben, die eigentlich künstlich ist, denn wir sind Menschen auf individuellen Wegen, egal zu welchem Land wir gehören. Diese Identifikation mit einem Land zieht dauernd einen Teil unserer Aufmerksamkeit auf sich – im Extremfall müssen wir sogar für »unser« Land sterben und der Parasit wird zum Räuber.

Aber auch im Kleinen findet man Parasitismus überall: In einer Familie dominiert etwa das Weltbild eines Mitglieds, und die anderen Familienmitglieder entfalten sich nicht mehr selbst, sondern helfen, die Ziele der »Hauptperson« zu erfüllen, welche mit diesem Weltbild zusammenhängen. Die dominante Person hat etwa das Bewusstseinselement »Es wird vor dem Essen gebetet.« Die mitbetenden Familienmitglieder – sofern das Gebet natürlich nicht auch auf ihrem Weg ist – verlieren dann bei jedem Gebet seelische Energie an die parasitische Person. Oder – als zweites Beispiel – jemand lenkt in einer Beziehung mit dauernden SMS, Krisen, Klagen, Drohungen, Planänderungen und dergleichen die Aufmerksamkeit und somit die seelische Energie des Partners auf sich.

Manchmal ist es sogar so, dass der Parasit das Verhalten des Wirtes verändert, damit dieser ein geeigneteres Opfer wird. Ein Ehepartner nörgelt so lange am anderen herum, bis dieser zu einem bestimmten Verhalten übergeht und allmählich sogar das Gefühl bekommt, es sei sein eigener Wunsch. Das Gleiche lässt sich zum Erfüllen von gesellschaftlichen Normen (Kauf eines Autos oder Hauses, Konsum von Medien, Ferienreisen, usw.) sagen – unsere Aufmerksamkeit wird so lange auf etwas gerichtet, bis wir den Eindruck haben, wir seien es, die es wollen. Zu beachten gilt ferner, dass seelische Parasiten nicht nur von Menschen, sondern auch von Haustieren (Hunde, Katzen), Gegenständen (Autos, Häuser), Philosophien (Kapitalismus, Marxismus) oder Religionen (Christentum, Islam) stammen. Auch Werbung als solche ist eine Form von Seelenparasitismus, denn sie ist bewusst so gestaltet, dass sie Aufmerksamkeit auf sich lenkt. Zudem unterstützt sie mit ihrem Inhalt andere Parasiten, indem die Aufmerksamkeit auf die beworbenen Produkte oder Lebensinhalte gerichtet wird. Seelisch gesehen befinden wir uns also stets in einem komplexen Geflecht von Parasitismus.

Kurz: Wir haben es immer dann mit Parasitismus zu tun, wenn die Aufmerksamkeit, welche wir dem Menschen, Produkt,

Haustier, Gegenstand, der Philosophie oder Religion schenken, uns vom Weg des Herzens ablenkt.

Seelenviren: Seelenviren gehen einen Schritt weiter. Sie verändern uns derart, dass wir sie vermehren, statt unsere Energie für unseren Weg zu verwenden. Wir sind dann quasi eine lebendige Fabrik für neue Seelenviren. Dies geschieht sehr oft mit Seelen von Ideen oder Weltbildern. Diese infizieren uns und wir geben sie weiter, obwohl sie mit unserem Weg des Herzens nichts zu tun haben. So kann ein Bewusstseinselement wie »Wettbewerb führt zu Effizienz« als Virus wirken. Ein Mensch hört von dieser Idee, gibt ihr Aufmerksamkeit, wird infiziert und gibt sie dann weiter, indem er darüber spricht und schreibt oder danach handelt. Dadurch werden neue Menschen infiziert, welche dieses Bewusstseinselement dann wiederum weitergeben.

Weidende Seelen: Weidende Seelen ernähren sich ziemlich wahllos von allen verfügbaren Seelen ihrer Umgebung. Beispiele hierfür sind Firmenchefs, welche mit Angst führen und so die Aufmerksamkeit der ganzen Belegschaft auf sich ziehen, Piloten von Kleinflugzeugen, welche den Bewohnern in einem großen Gebiet mit Lärm Energie entziehen, Plakatkampagnen der Werbung, welche auf alle Passanten wirken, häufig sichtbare Firmenlogos, Parteien, die ständig von sich reden machen und Ähnliches. Weidende Seelen gibt es auch im Kleineren: Beispielsweise sind Unterschiede in der Geschwindigkeit eine Möglichkeit, weidend anderen seelische Energie zu entziehen. Dies geschieht, wenn jemand sich schneller oder langsamer bewegt als andere, etwa wenn ein Mountainbiker einen Wanderer überholt oder ein Kunde in einem Geschäft anderen im Wege steht.

Seelenlandwirtschaft: Seelenbauern kultivieren bewusst andere Seelen zwecks Energiegewinn, so wie ein Landwirt Kühe in einem Stall hält oder einen Acker bestellt. Die Bedingungen werden dabei verändert, um die Energiegewinnung zu erleichtern. Berufskleidung ist ein typisches Beispiel für etwas, das anderen aufzeigt, welche Tätigkeit jemand ausführt. Auf diese Weise werden diejenigen Seelenstränge gestärkt, welche mit dem Beruf zu tun haben. Die Mitarbeiter sind damit seelisch gesehen mehr zu ihrem Beruf geworden. Da Arbeitgeber von vielen Seelensträngen der Mitarbeiter profitieren, ist Berufskleidung eine Möglichkeit, das Personal als seelische Energiequelle zu kultivieren.

Seelen, die sich von absterbenden Seelen ernähren: So wie etwa Pilze oder Geier sich von absterbenden oder toten Lebewesen ernähren, sind gewisse Seelen darauf spezialisiert, ihre Energie von sich auflösenden Seelen zu gewinnen. Stirbt ein Mensch, so werden die Seelenstränge frei und können in dieser Phase leicht von anderen Knoten aufgenommen werden. Obwohl dies die Beteiligten verneinen würden (siehe das Thema Tarnung weiter unten), verwenden Krankenhäuser, Bestattungsinstitute, Kirchen oder Angehörige oft diese freiwerdenden Seelenstränge als Energiequelle. Solche seelische Energie ist zwar leicht zugänglich, aber gleichzeitig auch eine Gefahr, weil viele dieser Seelenstränge verwundet sind oder Seelenviren enthalten.

Diese Liste zeigt einige Möglichkeiten auf, die Realität ist jedoch komplexer, denn es gibt zahlreiche Unterarten und Mischformen der »Seelenschädlinge«. So gibt es Seelenvirenüberträger (in den Worten von Biologen »Vektoren«), die zwar ansteckend sind, aber selber kaum Symptome aufweisen oder sogar einen Gewinn haben. So überträgt zum Beispiel eine Zeitung Seelenviren, hat aber selber keinen Schaden davon, sondern – im Gegenteil – verdient sogar dabei. Dies lässt sich mit einer Zecke vergleichen, welche ein Virus überträgt, selber aber keine Symptome aufweist, erst der Mensch erkrankt.

Gehen wir nun einen Schritt weiter und betrachten noch einige der Wege, wie energieraubende Seelen den Zugang zu uns finden.

Seelische Angriffsmöglichkeiten

Seelen, die von unserer Energie leben, haben allerlei Methoden gefunden, um uns unbemerkt anzugreifen. Hier einige der unzähligen Möglichkeiten:

Tarnung: Energieraubende Seelen tarnen sich oft. Ein Seelenvirus tritt zum Beispiel positiv auf, indem er an eine bereits vorhandene Vorstellung andockt. Eine Partei sagt beispielsweise, sie fördere den Mittelstand, Familien oder dergleichen, in Tat und Wahrheit setzt sie sich aber für die Reichen ein. Auch institutionalisierter Protest (z. B. politische Referenden) kann eine Tarnung sein, weil wir zwar glauben, wir würden etwas verändern, aber eigentlich stützen wir die Parasiten, welche sich dieses Ritual zu eigen gemacht haben. Tarnung ist auch dann im Spiel, wenn andere sich freundlich geben, wir sie offen empfangen und sie uns dabei mit parasitischen Seelensträngen infizieren. Dies geschieht beispielsweise dann, wenn ein Seelenstrang mit dem Bewusstseinselement »Wir haben gemeinsame Interessen« eines Versicherungsvertreters einen anderen Seelenstrang mit »Man muss Angst vor dem Alter haben« überschattet. Das zweite Bewusstseinselement dringt dann unauffällig durch unsere Abwehr gegen die Versicherung und wir werden empfänglich für den Kauf eines Vorsorgefonds.

Betäubung der Eintrittsstelle: Manchmal dringen Parasiten in uns ein, indem sie die Eintrittsstelle betäuben, ähnlich wie dies manche blutsaugenden Insekten tun. Dies geschieht zum Beispiel dann, wenn eine religiöse Gemeinschaft die Zeit ihrer Mitglieder vollständig auffüllt oder eine Firma ihre Mitarbeiter mit dauernder Hektik auf Trab hält. Diese Menschen merken dann oft nicht, wie mitten in diesem Wirbel ein Parasit oder ein Virus eindringt.

Ei in Opfer legen: Mit den bereits erwähnten Seeleneiern werden parasitische Seelenstränge in einen Wirt eingefügt. Diese werden erst dann aktiv, wenn die Bedingungen stimmen. Ein Mann sagt beispielsweise einem Kollegen, alle Französinnen seien untreu. Eine solche Behauptung ist natürlich haltlos, aber – sofern der Kollege einen »Nistplatz« hat für dieses Bewusstseinselement – es kann jahrelang unbeachtet lagern, bis er sich dann viel später in eine Französin verliebt. Anfänglich geht alles gut, aber nach einiger Zeit – die ersten Beziehungsschwierigkeiten sind aufgetaucht – will sie alleine eine Freundin treffen. Das Seelenei erwacht, wird aktiv, der Mann beginnt zu zweifeln, ob sie wirklich bei der Freundin ist. Er erwähnt seinen Verdacht vielleicht sogar einem weiteren Kollegen gegenüber, wodurch diesem möglicherweise das gleiche Seelenei eingepflanzt wird.

Pirschen: Bisweilen pirschen sich räuberische Seelen an ihre Opfer heran. Sie verfolgen diese, lernen alle Gewohnheiten kennen und greifen dann plötzlich an, wenn das Opfer sich in einer anfälligen Situation befindet. Beispielsweise hat ein Vater die fixe Idee, der Sohn müsse für die Zukunft sparen. Er wartet immer ab, bis der Sohn gerade etwas möchte, und verwendet dann dessen Verlangen und die damit verbundene Aufmerksamkeit, um dieses Bewusstseinselement zu übermitteln. Gelingt das Vorhaben, wird der Sohn bei jeder Geldausgabe daran denken, dass er eigentlich sparen sollte. Damit bekommt der Seelenstrang mit dem Bewusstseinselement »Spare für die Zukunft« Energie.

117

Rufen wir uns an dieser Stelle zwei Punkte in Erinnerung: 1) Was auf der materiellen Ebene geschieht, überdeckt oft das seelische Thema. Kinder bekommen vielleicht Geld, Ausflüge in Vergnügungsparks, elektronische Geräte und dergleichen von ihren Eltern geschenkt und man würde meinen, die Energie fließe von den Eltern zu den Kindern. Seelisch gesehen hängen aber eventuell Seelenparasiten oder -viren an diesen Geschenken und die Kinder müssen den Bewusstseinselementen der Eltern mehr Aufmerksamkeit schenken. 2) Seelische Angriffe geschehen über alle Zeiten. Energieentzug aus der Vergangenheit geschieht beispielsweise über Familiennamen, welche selber eigene Seelen sind. Mit den darin enthaltenen Seelensträngen können Ahnen ihren Nachkommen Energie entziehen. Dies ist eine Erklärung, wieso für so viele Menschen das Weiterleben des Familiennamens so wichtig ist. Manchmal wird das Phänomen zusätzlich mit Vornamen verstärkt. Meine Ahnen nannten ihre Söhne mit Vorliebe Jakob. Starb ein Jakob als Kind, so wurde der nächstgeborene Sohn ebenfalls Jakob genannt. So wurde mit den Vornamen eine zusätzliche ungebrochene Linie hergestellt, welche den Fluss der seelischen Energie unterstützte.

Wie wir feststellen, ob wir befallen sind

Wenn wir Menschen, Dingen, Philosophien, Medien und dergleichen Aufmerksamkeit schenken, obwohl diese mit unserem Weg des Herzens nichts zu tun haben, dann sind wir auf die eine oder andere Art von Seelen befallen, welche uns Energie entziehen. Manchmal ist uns dies offensichtlich, meist jedoch merken wir den Befall nicht und haben den Eindruck, dass das, worauf wir unsere Aufmerksamkeit richten, tatsächlich mit uns zu tun hat. Was machen wir dann? Wie können wir trotzdem erkennen, ob wir befallen sind?

Zweifel ist ein wichtiges Merkmal von Seelen, die auf dem eigenen Weg sind. Wir sind also nicht ganz sicher, ob etwas richtig oder falsch ist. Wir haben zwar das Vertrauen, dass es für uns einen Weg gibt, wir sind aber nie sicher, wo er als Nächstes hindurchführen wird. Diese Unsicherheit rührt daher, dass wir mit dem Herzen nur im Jetzt entscheiden können. Situationen in der Zukunft bedingen neue Entscheidungen. Zweifel ist also eine Begleiterscheinung auf dem eigenen Weg. Der Zweifel als solcher beweist zwar nicht, dass wir uns Richtung Liebe bewegen – dies weiß nur unser Herz –, aber die Abwesenheit von Zweifel, also die Sicherheit, zeigt deutlich, dass wir dies nicht tun. Sind wir also in einem Bereich unseres Lebens absolut sicher, sind wir wahrscheinlich befallen.

Wichtig: Zweifel ist nicht das Gleiche wie Verzweiflung. Sind wir verzweifelt, sehen wir zwar viele Optionen, können uns aber nicht entscheiden. Haben wir hingegen Zweifel, dann sind wir unsicher über unseren Weg, fällen aber jede Entscheidung, die auf uns zukommt, mit dem Herzen, ohne diese hinauszuzögern. Zweifel zeigt Offenheit, Verzweiflung hingegen eher Lähmung. Auch ist Sicherheit nicht das Gleiche wie Vertrauen. Mit Sicherheit wissen wir genau, wohin der Weg uns führt, mit Vertrauen wissen wir hingegen, dass es für uns einen eigenen Weg gibt.

Die Bedeutung von Zweifel gibt uns nun eine praktische Methode, einen Teil der nicht offensichtlichen energieraubenden Seelen zu erkennen, welche uns befallen haben. In einer genauen Selbstanalyse suchen wir nach Bereichen unseres Bewusstseins, in denen wir in gewissen Dingen hundertprozentig sicher sind. Ein Beispiel: Sind wir absolut sicher, dass Atomkraftwerke eine schlechte Sache sind, dann sind wir wahrscheinlich von einer Seele befallen, welche mit dieser Idee Aufmerksamkeit auf sich lenken will. Fragen wir uns hingegen immer wieder, wie wir zu Atomkraftwerken stehen, betrachten wir verschiedene Optionen, erkennen wir an, dass wir in dieser Frage in veränderten Situationen vielleicht einen anderen Weg einschlagen werden, haben wir also einen gesunden Zweifel zu diesem Thema, dann sind wir wahrscheinlich nicht befallen. Wir können also parasitische Seelen erkennen, wenn wir eine ehrliche Bestandsaufnahme aller Dinge vornehmen, von denen wir absolut überzeugt sind.

ÜBUNG: Angreifende Seelen erkennen

Betrachten Sie Ihr Leben und suchen Sie nach Bewusstseinselementen, bei denen Sie sich absolut sicher sind, dass sie richtig sind. Erkennen Sie an, dass hier Seelen im Spiel sind, welche es auf Ihre Energie abgesehen haben. Welche Mechanismen verwendet die angreifende Seele?

Vielleicht denken Sie nun, ich sei befallen, weil ich absolut sicher bezüglich »Folge deinem Herzen« bin. Obwohl ich dies hier immer wieder erwähne, habe ich Zweifel, wäge immer wieder ab, teste diese Idee ständig und ziehe andere Möglichkeiten und Lebensphilosophien in Betracht. Dies schließt zwar einen Befall nicht aus, aber die Wahrscheinlichkeit ist doch geringer.

Umgang mit Seelen, die uns angreifen

Und jetzt? Was tun? Wie geht man mit energieraubenden Seelen um? Solche Seelen können uns nur angreifen, wenn wir seelische Wunden haben, welche als Anknüpfungspunkte dienen. Wir müssen diese finden und heilen. Die Techniken dazu haben wir in den zwei vorhergehenden Kapiteln kennengelernt: 1) Wir suchen widersprüchliche Bewusstseinselemente und lassen die dazugehörige Verzweiflung zu. 2) Wir entscheiden, die Seelenchakren zu öffnen, und suchen nach spezifischen Heilungsmöglichkeiten. 3) Wir entscheiden mit dem Herzen, auf welche Bewusstseinselemente wir unsere Aufmerksamkeit richten wollen. Dank der Heilung mit diesen drei Techniken verschwinden die Anknüpfungspunkte, und die parasitischen und räuberischen Seelen können uns nicht mehr angreifen. Diese Seelen werden zwar weiter existieren, sie können aber unsere Aufmerksamkeit nicht mehr auf sich lenken. Im nächsten Kapitel werde ich weitere praktische Empfehlungen geben, um im gesamten Netzwerk zu heilen.

Ein Beispiel zur Heilung: Ein Mann ist absolut sicher, dass die Bibel das Wort Gottes ist und dass sie deshalb wörtlich befolgt werden muss. Er ist gleichzeitig Prediger in einer religiösen Gemeinschaft, welche genau diese Idee propagiert. Wegen dieser absoluten Sicherheit ist er wahrscheinlich von einem Virus befallen. Dieses Seelenvirus trägt das Bewusstseinselement »Nimm die Bibel wörtlich und sage es weiter.« Dank des Predigers kann sich das Virus also vermehren. Möchte der Mann sich heilen, müsste er die Wunden suchen, an welchen das Virus angreifen kann. Er sucht also in seiner Vergangenheit nach

ÜBUNG: Wunden erkennen und heilen

Erinnern Sie sich an die letzte Übung – es ging darum, Bereiche in Ihrem Leben zu suchen, in denen Sie absolut sicher sind – und suchen Sie mit einer schamanischen Reise oder mit einer Beobachtung der Umgebung nach den Wunden, welche eine angreifende Seele als Anknüpfungspunkt verwendet. Heilen Sie diese mit den Methoden der beiden vorhergehenden Kapitel.

Situationen, in denen er auf einen bestimmten Weg gezwungen wurde, und entdeckt, dass er in eine sogenannte gute Ausbildung gedrängt wurde, obwohl etwas Handwerkliches ihm besser gefallen hätte. Die Verzweiflung von damals muss er nun nachträglich spüren. Dies heilt die Wunde und das Virus kann ihn nicht mehr für seine eigene Vermehrung verwenden.

Seelische Abwehr und Verteidigung

Der grundsätzlich beste Umgang mit angreifenden Seelen ist die soeben dargestellte Heilung. Daneben besteht eine Reihe von seelischen Abwehr- und Verteidigungsmechanismen, welche nichts mit Heilung zu tun haben und deshalb mit energetischen Kosten, Nebenwirkungen oder anderen negativen Begleiterscheinungen verbunden sind. Diese möchte ich nachfolgend vorstellen:

Ausweichen, Flucht: Seelen sind manchmal nicht dort, wo man sie erwartet, sondern zum Beispiel neben dem Körper oder in einer Fantasiewelt. Will nun jemand die Aufmerksamkeit einer Person, welche ihre Seele verschoben hat, auf sich lenken, so trifft er gewissermaßen daneben und seine Bemühungen, ihr Energie zu entziehen, zielen ins Leere. Wenn Eltern etwa das Bewusstseinselement »Man muss gewinnen« ihrem Kind aufsetzen wollen, kann es sein, dass es die empfindlichen Teile seiner Seele in eine Fantasiewelt verlagert hat. Das Kind verschont sich so vom Angriff der Eltern, bezahlt aber einen Preis: Der Aufbau der Fantasiewelt kostet seelische Energie, und gewisse Seelenstränge, welche für das Kind wichtig wären, erreichen es nicht mehr.

Schutzschilde: Seelen können sich vor Angriffen schützen, indem sie die Seelenchakren schließen. Dies mag zwar verhindern, dass parasitäre Seelenstränge in den Knoten dringen, hat aber auch hier den Preis, dass dadurch gleichzeitig nützliche Seelenstränge abgewendet werden.

Gift oder Stacheln: Manchmal verwenden Seelen giftige Pfeile oder Stacheln als Abwehr. Kennen sich zum Beispiel zwei Menschen gut, dann versucht das Opfer als Abwehr die wunden Punkte des Angreifers zu treffen. Kommt etwa das Bewusstseinselement »Man muss Erfolg haben« vom Vater zur Tochter, dann erwidert diese vielleicht »Mir sind Beziehungen wichtig«, weil sie weiß, dass der Vater unter seiner Scheidung leidet.

ÜBUNG: Abwehrmechanismen beobachten

Suchen Sie bei sich und bei anderen nach Abwehrmechanismen. Wie funktionieren sie konkret? Bestimmen Sie den Preis der Abwehr. Eine schamanische Reise kann Sie hierbei unterstützen.

Gegenseitige Verstärkung

Manchmal gibt es bei seelischen Energieflüssen auch eine gegenseitige Verstärkung. Wir haben im vorhergehenden Kapitel gesehen, wie Seelenstränge einander verstärken können, wenn sie gleich schwingen. Ist dies der Fall, haben am Ende beide mehr seelische Energie als ohne die Verbindung. Wir erleben dies, wenn wir mit einer anderen Person, einem Musikstück, einem Buch, einem Kunstwerk, einer Landschaft oder einem Tier eine gemeinsame Schwingung spüren.
Es ist aber nicht gesagt, dass diese verstärkte gemeinsame

Kraft dazu gebraucht wird, um besser der Liebe nachzugehen. Diese zusätzliche Energie kann genauso gut dazu verwendet werden, um potentere Räuber oder Parasiten zu bilden. Im Kapitel 9 über zwischenmenschliche Beziehungen werden wir diese Mechanismen noch im Detail betrachten.

Alles zusammensetzen: Die Ökologie der Seelenwelten

Wir haben nun viele unterschiedliche Mechanismen kennengelernt, welche in Seelennetzwerken eine Rolle spielen. In unserem umfassenden Geflecht von gegenseitigen Beziehungen kommt meist die ganze Vielfalt irgendwo zum Zug. Wir werden befallen, sind aber gleichzeitig auch Räuber und Parasiten. Zudem beeinflusst alles nicht nur uns, sondern wir auch alles andere. Wohin wir also unsere Aufmerksamkeit richten, spielt somit nicht nur für uns, sondern auch für andere eine Rolle. Und wo andere ihre Aufmerksamkeit hinlenken, beeinflusst wiederum uns. Wird irgendwo im Netzwerk ein Seelenstrang von Parasiten befallen, so ist dies auch für uns wichtig. Unsere Heilungsbemühungen helfen anderen, die Bemühungen der anderen helfen uns. Hat jemand ein Energiedefizit, holt er sich die Energie von einer anderen Seele, und diese macht dann wiederum ihr Manko mit einem Angriff auf eine andere Seele wett. Und so weiter.

Das Seelennetzwerk kennenlernen

Ihr Seelennetzwerk mitsamt allen Wunden, Parasiten, Räubern und dergleichen lernen Sie am besten kennen, wenn Sie einzelne Bereiche Ihres Lebens – Ihre Arbeit, Ihre Beziehungen, Ihren Wohnort – separat anschauen. Mit einem Beispiel aus der Arbeitswelt möchte ich zeigen, wie eine solche Analyse aussehen könnte. Beachten Sie, dass dieses etwas überzeichnet ist, um die Abläufe besser zu illustrieren. Berücksichtigen Sie ferner, dass dort, wo ich mit der Erzählung beginne, nicht der Anfang oder die Ursache des Energieentzuges ist. Alle Beteiligten stecken in einem Geflecht von gegenseitigen Energieflüssen, ich hätte also genauso gut an einer anderen Stelle beginnen können.

In einer Firma sind die leitenden Angestellten seelisch stark verwundet sowie mit allerlei Parasiten befallen und verlieren deshalb dauernd seelische Energie. Um diesen Energieverlust wettzumachen, entwickeln sie Leitbilder, die sie überall aufhängen, in jeder Broschüre beschreiben und welche bei Präsentationen in den Fußzeilen aller Folien aufgeführt werden. Dank der zusätzlichen Aufmerksamkeit der Mitarbeiter können sie einen Teil ihres Energiedefizites auffüllen. Da dies aber nicht ausreicht, führen sie eine Reorganisation zwecks Effizienzsteigerung durch. Viele Mitarbeiter wissen nicht, ob sie dabei ihre Stelle behalten können oder nicht. Wegen dieser Angst richten sie noch mehr Aufmerksamkeit auf die Betriebsleitung. Die Mitarbeiter stehen gleichzeitig unter einem ständigen Zeitdruck, der dazu führt, dass sie weder die wahren Gründe für die Leitbilder und die Reorganisation erkennen, noch dass sie andere Arbeitsstellen in Betracht ziehen. Auch merken sie so nicht, dass eine zusätzliche Maßnahme – Arbeitskleidung mit dem Firmenlogo – dazu dient, ihre Identifikation mit dem Betrieb zu erhöhen, womit die Wirkung der Leitbilder und der Reorganisation gesteigert wird. Beim Weihnachtsessen halten leitende Angestellte Reden gespickt mit Aussagen, welche die Angst der Mitarbeiter zusätzlich erhöhen. Sie sprechen von riesigen Herausforderungen, Währungsschwankungen, Wirtschaftskrisen und Ähnlichem. Weil die Mitarbeiter gleichzeitig essen und eine ausgelassene Stimmung herrscht, werden sie anfälliger für den Energieentzug. Da die leitenden Angestellten ihre Wunden nicht heilen, werden diese immer größer, ebenso der Energieverlust, und entsprechend muss noch mehr Energie von anderen Seelen gewonnen werden. Deshalb erhält die Betriebsleitung eine bedeutende Lohnerhöhung, Firmenwagen und eigene Parkplätze. Dadurch bekommt sie zusätzliche Aufmerksamkeit, da auch Wut oder Neid anderer Menschen seelische Energie enthält. Der hohe Lohn ermöglicht ihnen zudem den Kauf teurer Villen, und auch das gibt ihnen seelische Energie auf Kosten anderer.

In diesem Betrieb müssen natürlich auch die Mitarbeiter ihren Energieverlust wieder wettmachen. Sie richten ihre Aufmerksamkeit immer weniger auf die Arbeit, sondern vermehrt auf Gespräche mit ihren Kollegen, surfen auf Facebook, telefonieren privat oder melden sich krank und bleiben zu Hause. Auch suchen sie räuberisch Energie bei ihren Familien, Bekannten, bei Hobbys oder in Vereinen. Mit dem Lärm eines Motorrades holt sich etwa ein Mitarbeiter Energie von den Anwohnern seiner Route. Oder ein anderer diktiert seinen Kindern, welchen Weg sie einzuschlagen haben, verwundet sie so und erhält auf diese Art und Weise seelische Energie. Mit lauten Handygesprächen im Zug bekommt ein Dritter zudem Aufmerksamkeit der Mitreisenden. Ein weiterer fährt mit überhöhter Geschwindigkeit und erhält dadurch Energie von den anderen Verkehrsteilnehmern. Natürlich entstehen so wieder neue Energiedefizite bei ganz anderen Menschen, welche diese ebenfalls irgendwo auffüllen müssen. So geht das weiter und weiter; In der Welt der Seelen besteht ein dauernder Kampf um Energie.

In diesem Beispiel habe ich mit den verwundeten Angehörigen der Betriebsleitung begonnen. Sie sind aber nicht die Ursache, denn auch sie haben ihre Wunden von irgendwoher bekommen. In den seelischen Energieflüssen gibt es keine Schuldigen, und es ist nicht klar, wo die allererste Wunde entstand. Es ist mir deshalb ein Anliegen, dass Sie Ihr Netzwerk wertfrei betrachten. Beobachten Sie die Energieflüsse und heilen Sie Ihre Wunden, aber schieben Sie niemandem die Schuld zu.

ÜBUNG: Die seelische Ökologie eines
Lebensbereiches kennenlernen

Wählen Sie einen Lebensbereich und analysieren Sie die seelischen Energieflüsse. Beachten Sie, dass man in den meisten Lebensbereichen nicht nur Opfer, sondern auch Täter ist, denn die verlorene Energie müssen wir wieder wettmachen, indem wir sie von anderen holen. Nur die Energie der Liebe entzieht keiner anderen Seele Energie.

Geburt und Tod im Seelennetzwerk

Der Anfang und das Ende sind die empfindlichsten Zeitpunkte unseres Lebens. Hier sind wir am anfälligsten für allerlei energieraubende Seelen. Die Wunden, welche während unserer Geburt entstanden sind, können wir nachträglich heilen, beispielsweise indem wir allen Kindern und schwangeren Frauen mit besonderer Liebe, also mit einem offenen Herz-Seelenchakra begegnen. Dies unterstützt nicht nur diese Kinder, sondern – alles ist über alle Zeiten miteinander verbunden – heilt gleichzeitig auch uns selbst. Selbstverständlich können wir auch mit den Methoden der Kapitel 3 und 4 die betroffenen Seelen und Seelenstränge heilen.

Aus den gleichen Gründen begegnen wir auch sterbenden Menschen mit besonderer Liebe. Dies hilft, Bewusstseinselemente zu heilen, welche mit unserem Tod zusammenhängen. So werden wir, wenn es dann so weit ist, würdevoll loslassen können. Ich hatte einmal den Eindruck, eine sterbende Amsel wolle mir genau das zeigen. Sie saß auf dem Rasen vor meiner Wohnung und war ganz ruhig. Ich beobachtete, wie sie sich nochmals in alle Richtungen drehte, als wollte sie alles noch einmal anschauen, dann fiel sie tot um. Es war kein Kampf, es war ein schönes Loslassen.

Erkenntnisse zum Thema Vertrauen

Wir haben in diesem Kapitel die Komplexität und scheinbare Brutalität der Welt der Seelen kennengelernt. Hier gibt es Räuber, Parasiten, Viren, es wird gepirscht, die Angriffe werden getarnt, es wird die Flucht ergriffen oder mit giftigen Pfeilen geschossen. In einem Seelennetzwerk tobt ein ständiger Kampf um Energie. Und dieser Kampf ist eine Gefahr für unseren Weg.

Wenn wir nun aber wissen, wie unser Netzwerk aussieht und was sich darin abspielt, können wir es heilen und gelangen so zu mehr Vertrauen. Ohne dieses Wissen beachten wir wohl die meisten Angriffe und Wunden gar nicht erst. Das Wissen um die Energieflüsse im Netzwerk ist somit ein wichtiger Schritt Richtung Vertrauen.

6. KAPITEL

Das Seelennetzwerk heilen: Der Weg zu mehr Vertrauen

IN DIESEM KAPITEL ENTDECKEN SIE

❖ *was gesunde von kranken Seelennetzwerken unterscheidet.*

❖ *praktische Tipps und Empfehlungen für den Weg zu einem gesunden Seelennetzwerk.*

❖ *häufige Hindernisse unterwegs auf unseren Wegen und wie Sie mit ihnen umgehen.*

❖ *wie ein Netzwerk der Liebe aufgebaut wird.*

Die Momente der vollständigen Verbundenheit waren zwar selten, doch gab es sie. Bei mir geschahen sie am ehesten in der Natur, insbesondere an Orten, an denen ich kein einziges Zeichen anderer Menschen wahrnahm, also keine Wege, keine Schilder, keinen Verkehrslärm, keine Kondensstreifen am Himmel, keine umgesägten Bäume, keinen Müll und natürlich auch keine anderen Menschen. Alles, was ich sah, hörte oder roch, war reine Natur. Dann, manchmal, war die Verbundenheit da und ich war eins mit allem. Ich spürte die Pflanzen, die Steine, die Tiere, den Himmel, den Wind, und alles passte und alles schwang zusammen. Es waren wunderbare Momente – meist nur kurz, denn sogar in diesen Situationen kam manchmal ein störender Gedanke oder ein unpassendes Gefühl auf. Diese kurzen Augenblicke der Verbundenheit zeigten aber, wohin der Weg führte. Denn in dieser Verbundenheit waren die Sorgen verschwunden und es war volles Vertrauen da. Inzwischen sind diese Momente häufiger geworden, und manchmal erlebe ich sie sogar, wenn die Natur nicht vollkommen rein ist und die Probleme der Menschheit offensichtlich sind.

Wie wir zu dieser Verbundenheit und dem dazugehörigen Vertrauen gelangen, wissen wir vom Prinzip her schon: Wir heilen unsere Seele und die dazugehörigen Seelenstränge wie in den Kapiteln 3 und 4 erläutert. Im Kapitel 5 lernten wir zudem das Seelennetzwerk und insbesondere die Energieflüsse darin genauer kennen, was uns auf weitere Heilungsmöglichkeiten aufmerksam machte. In diesem Kapitel betrachten wir nun die Unterschiede zwischen gesunden und kranken Seelennetzwerken und leiten daraus konkrete Empfehlungen und Tipps bei der praktischen Umsetzung der Heilung ab.

Merkmale von gesunden und kranken Seelennetzwerken

Die folgenden Eigenschaften unterscheiden typischerweise gesunde von kranken Seelennetzwerken:

Merkmale von gesunden Seelennetzwerken	Merkmale von kranken Seelennetzwerken
bewegen sich Richtung Liebe	Liebe ist keine Motivation
ein großer Teil der Energie stammt von der Liebe	parasitär, die Energie wird räuberisch von anderen Seelen beschafft
vielfältig	einseitig
dynamisch	statisch
offen	geschlossen
organisiert	chaotisch

Betrachten wir diese Punkte nun etwas detaillierter:

Bewegung Richtung Liebe: Ein gesundes Seelennetzwerk bewegt sich in Richtung Liebe. Die Liebe ist die Hauptmotivation und alles wird daran gesetzt, die Gesamtliebe zu vergrößern. In einem kranken System bestehen hingegen andere Hauptmotivationen, und es werden Entscheidungen gefällt, welche die Gesamtliebe verringern. Auf der einen Seite des Spektrums befindet sich beispielsweise ein Mensch, der alle Entscheidungen mit dem Herzen fällt, auf der anderen Seite einer, welcher sich vollständig von Kriterien des Verstandes oder von Gefühlen wie Angst oder Sehnsucht leiten lässt. Beim gesunden Menschen ist das Bewusstseinselement »Ich folge meinem Herzen« stark ausgeprägt, beim kranken stehen hingegen Bewusstseinselemente wie »Ich muss meinen Profit maximieren«, »Ich muss meine Gene weitergeben«, »Ich will mich vergnügen« oder »Ich wähle den sicheren Weg« im Vordergrund.

Die Energie für das Netzwerk stammt von der Liebe: In einem gesunden Netzwerk stammt der größte Teil der Energie von der Liebe. Ein solches Netzwerk ist deshalb nur wenig von anderen Energiequellen abhängig. Ist ein Netzwerk hingegen nicht offen für die Energie der Liebe, muss es andere Seelen als Energiequellen nutzen. Typischerweise enthält das Seelennetzwerk eines Menschen beide Elemente, ein Teil der Energie stammt von der Liebe, der andere wird räuberisch von anderen Seelen beschafft, wobei die Aufteilung von Mensch zu Mensch unterschiedlich ausgeprägt ist. Auf der einen Seite des Spektrums steht also ein Mensch, der auf seinem Weg kaum Energie von anderen Menschen benötigt, auf der anderen Seite einer, welcher mit allerlei Strategien wie Parasitismus oder Weiden anderen seelische Lebensenergie entzieht.

Vielfältig: Ein gesundes Seelennetzwerk besteht üblicherweise aus sehr vielen unterschiedlichen Seelensträngen. Dadurch überwachen sich die einzelnen Bewusstseinselemente gegenseitig und gleichen einander aus. Fällt ein Seelenstrang beziehungsweise ein Bewusstseinselement aus, so kann er in einem vielfältigen Netzwerk schnell durch andere ersetzt werden, ohne dass dabei das Seelennetzwerk aus dem Gleichgewicht gerät. Oder droht ein Bewusstseinselement überhandzunehmen, so wird es durch die anderen ausgeglichen oder zurückgebunden. Besteht ein Seelennetzwerk hingegen nur aus wenigen Seelensträngen, so fällt das Netzwerk oft aus dem Gleichgewicht, wenn ein Seelenstrang verloren geht oder überhandnimmt. Ein Mensch mit einem gesunden Seelennetzwerk teilt deshalb Seelenstränge mit den unterschiedlichsten Menschen, hat intensiven Kontakt mit der Natur, hat Interessen in vielen Gebieten, richtet seine Aufmerksamkeit auf zahlreiche verschiedene Dinge, liest eine große Vielfalt von Büchern, kann sich in verschiedene Standpunkte einfühlen und so weiter. Ein Mensch mit einem einseitigen Seelennetzwerk hat meist nur wenige Interessen, ist beispielsweise vollständig auf die Arbeit, einen Sport oder eine Beziehung fokussiert und umgibt sich mit Menschen, Medien oder Aktivitäten, welche seine bereits bestehenden Meinungen bestätigen. Beachten Sie, dass Vielfalt zwar ein häufiges Merkmal von gesunden Systemen ist, aber kein notwendiges. Auch einfache Netzwerke können sich nach der Liebe ausrichten und umgekehrt – nur weil ein System viele Bestandteile hat, heißt das nicht notgedrungen, dass es sich Richtung Liebe bewegt.

Dynamisch: Ein gesundes Seelennetzwerk verändert sich dauernd, gewisse Seelenstränge gehen verloren und andere kommen hinzu. Das System ist also flexibel. Ungesunde Netzwerke sind statisch und Veränderungen sind schwieriger möglich. Ein Mensch mit einem dynamischen Seelennetzwerk verliert Beziehungen, gewinnt aber auch andere dazu, mag sich im Verlauf seines Lebens mit ganz unterschiedlichen Dingen befassen und seine Meinungen entwickeln sich. Ein Mensch mit einem statischen Seelennetzwerk kennt immer die gleichen Arten von Menschen, widmet sein ganzes Leben einem Thema und hat stets die gleiche Meinung. Hier muss sorgfältig zwischen einer Scheindynamik in der materiellen Welt und der Dynamik auf der seelischen Ebene unterschieden werden. Nur weil beispielsweise der Finanzsektor ständig neue Produkte entwickelt, ist dennoch das Bewusstseinselement »Profitmaximierung« immer beteiligt. Jedoch kann ein Mensch sein Leben lang mit einer Person verheiratet sein und sich trotzdem in einem dynamischen Netzwerk befinden, weil sich beide entwickeln.

Offen: Ein gesundes Seelennetzwerk lässt Einflüsse von außen zu. Dies ist eine Voraussetzung für ein dynamisches Netzwerk. Natürlich haben nicht alle Bewusstseinselemente mit unserem Weg zu tun, und es ist – wie wir bereits gesehen haben – die

Aufgabe unseres Herzens zu entscheiden, auf welche Bewusstseinselemente wir unsere Aufmerksamkeit richten wollen. Geschlossene Seelennetzwerke schotten sich hingegen ab und lassen keine Fremdeinflüsse zu. Ein Mensch mit einem offenen Seelennetzwerk ist also neugierig, lässt Einflüsse zu, öffnet sich der Welt gegenüber oder lässt den Kontakt zu Menschen mit anderen Ideen zu. Ein Mensch mit einem geschlossenen Seelennetzwerk verschanzt sich hinter Zäunen und spricht niemanden oder nur Menschen mit der gleichen Weltanschauung an. Auch hier müssen Beobachtungen in der materiellen Welt kritisch hinterfragt werden. Eine Firma mag sich offen für viele Ideen und Arbeitsweisen geben (es gibt sogar den Begriff »Diversity Management«), aber in der praktischen Umsetzung müssen trotzdem die üblichen Gepflogenheiten befolgt werden. Umgekehrt mag sich jemand für ganze Lebensbereiche kaum interessieren und trotzdem in den verbleibenden sehr offen sein. Er lässt beispielsweise die Unterhaltungselektronik links liegen, aber seine Offenheit der Vielfalt der Pflanzenwelt gegenüber ist vollkommen ausreichend für ein dynamisches Seelennetzwerk.

Organisiert: In seiner vielfältigen und dynamischen Offenheit ist ein Seelennetzwerk stets auch gut organisiert. Jeder Seelenstrang erfüllt eine eigene Funktion und es bestehen keine Vermischungen. In einem chaotischen System fehlen hingegen einzelne Seelenstränge und andere sind übervertreten. Der Partner oder die Partnerin, die Freunde, die Arbeitskollegen, die Dienstleistenden sind in einem gesunden Seelennetzwerk verschiedene Menschen. Personen mit chaotischen Seelennetzwerken vermischen diese Rollen und verwechseln Arbeitskollegen mit Freunden oder Kinder mit Partnern.

Der Weg zu einem gesunden Seelennetzwerk

Wie gelangen wir vom kranken zum gesunden Seelennetzwerk? Die nachfolgenden praktischen Vorgehensweisen, Anleitungen und Tipps sind eine Stufe von der eigentlichen Heilung entfernt. Ich möchte deshalb zuerst den Grundsatz der Heilung, so wie wir ihn bisher kennengelernt haben, wiederholen – denn diesen müssen wir ständig vor Augen haben: Auslöser für kranke Netzwerke sind immer seelische Wunden. Solche Wunden benötigen seelische Energie, welche sich die betroffenen Seelen von anderen beschaffen. Nicht geheilte seelische Wunden werden immer größer, sodass auch ihr Energiebedarf immer weiter wächst, entsprechend müssen die Angriffe auf andere Seelen intensiviert werden. Wenn niemand heilt, verstärkt sich im Seelennetzwerk der Kampf um Energie, und es entsteht ein wahrer Teufelskreis. Wollen wir zu einem gesunden Seelennetzwerk gelangen, müssen wir diesen durchbrechen, indem wir die nötige Heilungsarbeit leisten.

Mit diesem Grundsatz im Hinterkopf hier nun einige Tipps und Vorgehensweisen, welche Schamanen verwenden, um von einem kranken zu einem gesunden Seelennetzwerk zu gelangen. Beachten Sie bitte, dass es sich hier um allgemeine Empfehlungen handelt. Um auf dem Weg zur Liebe zu bleiben, müssen Sie jeweils selbst mit Ihrem eigenen Herzen entscheiden, ob Sie eine konkrete Empfehlung umsetzen wollen oder nicht.

- *Unser Weg ist nie abgeschlossen:* Schamanen wissen, dass sie im Leben dauernd mit den richtigen Themen in Kontakt kommen und gehen diese immer auch an. Dieser Weg ist nie abgeschlossen – immer ist etwas zu bearbeiten oder zu heilen. Wir müssen deshalb oft Zustände aushalten, in denen gewisse Dinge nicht erledigt sind, und immer weiter an unseren Themen arbeiten.

- *Die Verbundenheit mit allem suchen:* Alle Menschen sind Teil eines umfassenden Seelennetzwerkes. Schamanen werden sich dieser Tatsache deshalb immer wieder bewusst und richten ihre Aufmerksamkeit auf die verschiedenen Seelenstränge, die Teil ihrer Seele sind. Dies unterstützt die Vielfalt und Offenheit des Netzwerks.

- *Erlebnisse symbolisch interpretieren:* Schamanen interpretieren all ihre Erlebnisse und suchen darin nach Erkenntnissen für ihren Weg. Dabei dürfen diese nicht logische, sondern sollten symbolische Erklärungen der Erlebnisse sein. Wird etwa bei uns eingebrochen, dann geschieht dies nicht, weil wir ein zu schwaches Schloss haben, sondern wir vergleichen den Einbrecher mit einem seelischen Räuber und suchen nach Orten, wo uns das Gleiche auf der seelischen Ebene passiert.

- *Genau hinschauen, wenn uns etwas stört:* Alles, was uns im Außen stört, deutet auf eine seelische Wunde hin. Schamanen suchen deshalb die Schuld nicht in anderen, sondern heilen die eigenen dazugehörigen Wunden. Mit jeder Heilungsbemühung bewegt sich das Netzwerk einen weiteren Schritt Richtung Liebe.

- *Meditieren:* Die Meditation hilft, die Aufmerksamkeit auf ganz bestimmte Dinge zu lenken, etwa auf den Atem, einen Stein oder ein Wort. Dies stärkt Seelenstränge, welche damit verbunden sind, und vergrößert so die Vielfalt unseres Seelennetzwerks.

- *Offen sein für andere Standpunkte:* Schamanen interessieren sich für die verschiedensten Standpunkte und versuchen, sich in andere Menschen hineinzuversetzen. Bei Auseinandersetzungen entwickeln sie Argumente für beide Seiten und betrachten die Themen jeweils sehr differenziert.

- *Sich für Neues interessieren:* Schamanen interessieren sich immer wieder für gänzlich neue Dinge – ohne sich jedoch dabei von ihrem Weg ablenken zu lassen. Sie reisen deshalb in unbekannte Gebiete, probieren neues Essen oder gehen neuartige Wege. Lassen wir uns auf Neues ein, so folgt immer Angst als Begleiterscheinung. Diese erhöht unsere Wahrnehmungsfähigkeit für das Unbekannte und muss unbedingt zugelassen werden.

- *Aufmerksamkeit auf viele unterschiedliche Dinge richten:* Egal wo sie sind, richten Schamanen gerne ihre Aufmerksamkeit auf ganz unterschiedliche Dinge. In einem Wald beachten sie zum Beispiel die unterschiedlichen Bäume, Gräser, Blätter und Steine ganz genau. Oder sie betrachten auf einem Dorfplatz alle Details des Brunnens, des Straßenbelages oder der Blumentöpfe. So öffnen sie ihre Seele für neue Seelenstränge, was die Vielfalt und Offenheit des Seelennetzwerks fördert.

- *Unnötiges loslassen:* Damit sie genügend Kapazität haben, um ihre Aufmerksamkeit auf Neues zu richten, lassen Schamanen Unnötiges los. Was unnötig ist und was nicht, ist wiederum ein Entscheid des Herzens. Zum Unnötigen gehört oft alles, was sich wiederholt, beispielsweise ähnliche Bekanntschaften, Zeitschriften oder Aktivitäten.

- *Einfachheit bewahren:* Der Schamane wählt ein einfaches Leben, in dem er stets den Überblick über sein Seelennetzwerk bewahrt. Obwohl dieses Netzwerk vielfältig und aus den unterschiedlichsten Seelensträngen aufgebaut ist, basiert es auf einem einfachen Lebensstil. Dies ist so gemeint: Ein Schamane hat beispielsweise Beziehungen zu wenigen, aber unterschiedlichen Menschen oder er besitzt wenige Gegenstände, aber diese sind sehr individuell und verschiedenartig. Diese Lebenseinstellung unterstützt sowohl eine gute Organisation als auch eine große Vielfalt des Seelennetzwerkes.

- *Nicht auffallen:* Schamanen machen keine Werbung dafür, dass sie auf einem Weg zur Liebe sind. Es ist leichter, ein vielfältiges und gut organisiertes Seelennetzwerk zu pflegen, wenn wir nicht auffallen. Denn wenn andere uns als Schamanen sehen, beispielsweise dank unserer Kleidung oder Wortwahl, werden wir von den Vorstellungen oder Erwartungen der Mitmenschen beeinflusst und wir können uns nicht mehr völlig frei entwickeln. Wenn wir auffallen, werden wir zudem anfälliger für Energieräuber aller Art.

- *Nicht voraussagbar sein:* Andere sollen nicht voraussagen können, was ein Schamane als Nächstes tut. Dies verkleinert die Anfälligkeit für energieraubende Seelen und vergrößert gleichzeitig die Chance, mit Neuem in Berührung zu kommen. Schamanen durchbrechen deshalb ihre Routinen, wählen unterschiedliche Zeiten für ihre Aktivitäten oder unterlassen gewisse mitunter sogar gänzlich.

- *Fehler sind erlaubt:* Fehler sind zulässig und können sogar zu neuen Erkenntnissen führen. Schamanen geben sich deshalb ihren Fehlern gegenüber gelassen, verwenden jedoch die Erfahrungen aus diesen immer für weitere Schritte auf dem Weg des Herzens. Mit diesem Vorgehen ist der materielle Schaden meist auch einfacher zu bewältigen.

- *Sich mit Leere statt mit Ablenkung erholen:* Um sich zu erholen, suchen Schamanen Leere und nicht Ablenkung. Sie meditieren also, statt zu essen, am Computer zu spielen, Alkohol zu trinken und dergleichen. Leere erhöht die Kapazität für die Wahrnehmung von Neuem. Ablenkungen sind hingegen Ballast und füllen uns mit Bewusstseinselementen, welche oft nichts mit uns zu tun haben.

- *Allem mit Respekt begegnen:* Schamanen wissen, dass sie mit allem verbunden sind und alles deshalb immer ein Teil von ihnen selbst ist. Sie gehen deshalb stets respektvoll vor.

- *Nicht zu viel wollen:* Schamanen sind Realisten und wollen nicht mehr erreichen, als mit gesundem Aufwand möglich ist. Dies gilt insbesondere auch für den eigenen Weg. Sie setzen sich selbst nie unter einen unnötigen Druck, möglichst schnell möglichst weit auf dem eigenen Weg zu kommen.

- *Jetzt beginnen:* Mit unserem Weg zur Liebe beziehungsweise mit der Heilung unseres Seelennetzwerkes können wir jetzt sofort beginnen, egal wo wir gerade sind und was wir gerade machen. Schamanen wissen, dass der nächste Schritt immer unmittelbar bevorsteht. Zu jedem Zeitpunkt gibt es ein weiteres Wegstück – man muss also nicht warten, bis es Abend ist und die Kinder im Bett sind oder bis ein Projekt beendet ist. Unser gegenwärtiger Alltag bietet immer die genau richtigen Heilungsmöglichkeiten.

- *Flexibilität bewahren:* Schamanen wissen, dass Wege nicht vorhersehbar sind und sich manchmal abrupt und unerwartet verändern können. Je heiler ein Seelennetzwerk ist und je mehr man sich von fremden und energieraubenden Bewusstseinselementen befreit hat, desto eher geschehen unerwartete Veränderungen. Lassen Sie sich davon nicht abschrecken, sondern im Gegenteil, betrachten Sie Veränderungen vielmehr als Zeichen, dass Sie auf Ihrem Weg sind.

- *Geduld üben:* Wichtige Schritte auf dem eigenen Weg benötigen Zeit. Schamanen üben sich deshalb in Geduld und Durchhaltevermögen. Manchmal müssen die gleichen Heilungen immer wieder durchgeführt werden, bis in der materiellen Welt eine sichtbare Veränderung zustande kommt.

- *Nicht alle Zeit füllen:* Schamanen verplanen nie alle Zeit und lassen einen Puffer zwischen Terminen. Es sind die ungeplanten und unstrukturierten Zeiten, welche oft zu neuen Seelensträngen führen. Ein weniger gedrängter Umgang mit der Zeit unterstützt deshalb die Offenheit und Dynamik des Seelennetzwerks.

- *Üben:* Wie alle anderen Fertigkeiten auch muss ein schamanischer Weg des Herzens und der Umgang mit Seelennetzwerken geübt werden. Haben Sie deshalb nicht die Erwartung, dass alles gleich zu Beginn klappen muss, und gönnen Sie sich genügend Zeit, um die folgenden Vorschläge auszuprobieren.

ÜBUNG 1: Tipps ausprobieren

Gehen Sie die oben aufgeführte Liste durch und versuchen Sie, die Empfehlungen in einem Ihrer Lebensbereiche anzuwenden. Beobachten Sie die Wirkung und entscheiden Sie dann mit dem Herzen, ob Sie diese weiter verwenden wollen.

ÜBUNG 2: Um weitere Empfehlungen bitten

Bitten Sie Ihren spirituellen Helfer um zusätzliche Tipps, die Ihren Weg des Herzens unterstützen könnten. Geeignete Fragen sind etwa: »Auf was muss ich jetzt besonders achten?« oder »Wie soll ich konkret vorgehen?«

Hindernisse auf dem Weg zur Heilung

Der Weg des Herzens ist voller Hindernisse. Wunden müssen erkannt und geheilt werden. Doch Seelen, die sich bisher von unserer Energie ernährt haben, sehen dadurch ihre Existenzgrundlage gefährdet und setzen alles daran, die Heilung unseres Seelennetzwerkes zu verhindern. Es ist deshalb wichtig, Hindernisse zu erkennen und ihnen dann entweder auszuweichen oder sie zu überwinden. Nachfolgend zähle ich einige solcher Hindernisse auf, denen Sie womöglich unterwegs begegnen werden:

- *Institutionen oder Personen, die vorgeben zu wissen, wie geheilt wird:* Oft geben Organisationen oder Personen vor, genau zu wissen, wie geheilt wird oder wie ein eigener Weg auszusehen hat. Sie haben fertige Methoden parat, welche uns zum ersehnten Glück führen sollen. Häufig werden dabei auch die gleichen Worte verwendet, die wir hier kennengelernt haben: Es geht um Wege, um die Liebe, um die Seele und so weiter. Wenn aber die Methoden keine Offenheit, Flexibilität und Dynamik erlauben, wenn kein Raum für eigenes Gestalten besteht, dann sind es meist fremde und nicht eigene Wege. Jeder Weg ist anders! Seien Sie deshalb skeptisch gegenüber allem, bei dem ein konkretes Vorgehen befolgt werden muss, vor allem dann, wenn eine rasche und einfache Heilung versprochen wird.

- *Selbsttäuschung:* Wir dürfen uns selbst nicht zu wichtig nehmen. Es wird gefährlich, wenn wir den Eindruck erhalten, wir hätten begriffen, um was es geht, und dass wir auf unserem Weg schon weit gekommen sind. In einem solchen Fall sind wir weniger offen für den nächsten Schritt. Im Prinzip sind wir alle immer gleich weit, nämlich unmittelbar vor dem nächsten Schritt. Wir sind in diesem Sinne auch immer Anfänger, denn wir wissen nicht, welche Anforderungen uns genau erwarten werden. Wir unterliegen beispielsweise dann einer Selbsttäuschung, wenn wir meinen »Ich weiß, was mein Weg ist«, »Ich bin angekommen« oder »Ich bin schon weit gekommen«. Schamanen wissen, dass unser Weg bis zu unserem Tod weitergeht – es gibt keine Phase, in der wir keine Schritte Richtung Liebe machen könnten.

- *Gemütlichkeit und Komfort:* Der Weg des Herzens ist hart und verlangt viel von uns. Leicht lassen wir uns dabei von den Verlockungen der Gemütlichkeit oder des Komforts verleiten und vermeiden so wichtige Schritte. Gesellschaft und Werbung preisen Gemütlichkeit und Komfort genau deshalb an, weil damit eigene Wege verhindert werden und die Menschen so anfälliger für seelischen Energieraub werden. Beachten Sie, dass der vorhin erwähnte Tipp »nicht alle Zeit füllen« nicht das Gleiche ist wie Gemütlichkeit oder Komfort. Füllen wir nicht alle Zeit, so schaffen wir Raum für Neues und haben dann auch Gelegenheit, unsere Themen anzugehen. Mit Gemütlichkeit und Komfort schützen wir uns hingegen vor äußeren Themen, welche wir dann nicht erkennen oder heilen und so die nötigen Schritte zur Liebe vermeiden.

- *Symptombekämpfung:* Mit einer Symptombekämpfung täuschen wir einen geheilten Zustand vor und sind dann weniger motiviert, unsere seelischen Wunden zu heilen. Wir entfernen damit die Zeichen, welche auf bestimmte Themen hinweisen: Wir brechen die Beziehung ab, weil der andere uns stört, statt die Wunden zu heilen, auf die der andere hinweist. Oder wir nehmen schmerzstillende Medikamente, statt die seelische Ursache des Schmerzes zu ergründen.

- *Meinungen und Erwartungen der Mitmenschen:* Wenn Sie beachten, was andere denken, dann stärken Sie diejenigen Teile Ihres Seelennetzwerkes, welche mit der Wahrnehmung dieser Menschen zu tun haben. Das Gleiche gilt für die Erwartungen anderer Menschen oder die Erfüllung fremder Wertvorstellungen. Folgen Sie Ihrem Herzen und sonst niemandem.

- *Rationalisierungen:* Logische Erklärungen zu Gegebenheiten verhindern unsere Entwicklung, weil wir uns dann diesen Themen nicht stellen. Wenn beispielsweise die Beziehung zu einer anderen Person problematisch ist und wir uns selbst erklären »Er hatte eine schwierige Jugend, weil sein Vater früh starb«, dann verhindern wir unseren eigenen Weg, indem wir dem Problem nicht auf den Grund gehen. Stattdessen sollten wir nach Wunden und Heilungsmöglichkeiten suchen – uns ist dabei egal, wieso der andere so ist, wie er ist, wir suchen die Verletzung in uns. Wir müssen auch beachten, dass wir nicht das Vokabular von Wegen des Herzens als Rationalisierungen verwenden. Wir denken also nicht »Das gehört wohl zu seinem Weg«, wenn uns etwas stört. Es mag zwar stimmen, dass dies Teil seines Weges ist, aber wenn es bei uns etwas auslöst, dann haben wir ein Thema, welches es anzusehen und zu heilen gilt.

- *Hinderliche Bewusstseinselemente:* Unsere Seele kann Bewusstseinselemente beinhalten, welche der Heilung und dem Weg des Herzens entgegenstehen. Beispiele solcher Bewusstseinselemente sind »Schamanismus ist esoterischer Quatsch«, »Die Seele kann wissenschaftlich nicht nachgewiesen werden«, »Nur die Vernunft zählt« oder »Spiritualität ist Einbildung«, Solche Bewusstseinselemente werden uns über unsere Wunden von energieraubenden Seelen eingeimpft.

- *Notfallmuster in Gefahrensituationen:* In Gefahrensituationen – ob es sich um eine echte Gefahr handelt oder nicht, spielt dabei keine Rolle – reagieren wir oft nach alten Mustern, und nicht geheilte Bewusstseinselemente geraten dann unvermittelt derart stark in den Vordergrund, dass korrigierende und geheilte Bewusstseinselemente nicht mehr wirken. Empfindet jemand beispielsweise Hunde als gefährlich, wird bei einer Begegnung mit einem Hund das Bewusstseinselement »Der böse Hund muss abgewehrt werden« alle anderen überstimmen, wie etwa »Bei Hunden ruhig bleiben« oder »Jeder Hund muss für sich beurteilt werden«. Während dieser Gefahrensituationen entfernen wir uns deshalb von unserem Weg. Auf der anderen Seite geben sie uns eine Gelegenheit, problematische Bewusstseinselemente in Reinform kennenzulernen und diese zu heilen.

- *Perfektionismus:* Haben wir den Weg des Herzens einmal begonnen, wollen wir oft alles so gut wie nur möglich machen. Genau dies kann aber wiederum zum Hindernis werden. Wir verweilen vielleicht zu lange bei einem Thema oder wollen unbedingt sicherstellen, dass unser Herz richtig entscheidet. Unser Weg ändert sich dauernd und die Umstände sind immer andere. Wir müssen dies anerkennen und Fehler akzeptieren.

ÜBUNG: Hindernisse wahrnehmen

Suchen Sie in Ihrem Leben nach den oben erwähnten Hindernissen – es wird immer welche geben. Beobachten Sie die Hindernisse und fragen Sie sich: Wie funktionieren sie? Welche Wunden oder welche Bewusstseinselemente sind beteiligt?

Wie gehen wir mit solchen Hindernissen um? Genauso wie mit allem anderen: Hindernisse können uns nur aufhalten, wenn sie auf seelische Wunden zugreifen können. Wir suchen also nach den Wunden, welche mit den Hindernissen verbunden sind, und heilen diese. Hier sind schamanische Reisen oder die Beobachtung der Umgebung nützliche Hilfsmittel.

ÜBUNG: Wunden heilen, die mit Hindernissen verbunden sind

Wählen Sie eine Wunde der vorhergehenden Übung und heilen Sie diese. Verwenden Sie hierzu die Methoden der Kapitel 3 und 4 (Heilung der Seelenchakren oder Seelenstränge). Fragen an die Umgebung oder schamanische Reisen sind dabei geeignete Hilfsmittel.

Bewusste Lenkung der Heilung

In den Kapiteln 3 und 4 beschrieb ich die aktive Veränderung von Seelenchakren und Seelensträngen. Werden diese Techniken angewendet, so verändert dies selbstverständlich auch das ganze Netzwerk. Auf diese Art ist es möglich, im Netzwerk Seelenstränge hinzuzufügen, wegzunehmen, zu verstärken, abzuschwächen oder zu verändern. Hierzu lenken wir unsere Aufmerksamkeit jeweils auf die Veränderung, die wir erzielen wollen. Entscheidend ist, dass wir eine aktive Veränderung nur dann vornehmen, wenn sie in Einklang mit unserem Weg Richtung Liebe ist – das heißt, jede diesbezügliche Entscheidung muss sorgfältig mit dem Herzen gefällt werden. Die Veränderung orientiert sich also nicht an bestimmten Zielen oder Wünschen, sondern nur an unserem Weg. Zusätzlich überprüfen wir, ob die Veränderung zu einem gesunden Netzwerk nach den eingangs erwähnten Kriterien führt, zu einem Netzwerk also, welches sich mehr an der Liebe orientiert, offener, vielfältiger, dynamischer und organisierter wird.

Lernen Sie zudem Ihr Netzwerk gut kennen, bevor Sie eine Veränderung vornehmen, damit Sie am richtigen Ort ansetzen. Oft hat ein problematisches Bewusstseinselement einen Einfluss auf viele Aspekte eines Lebens. Stört Sie etwa die Hektik am Arbeitsplatz, der Stau auf der Autobahn, die mangelnden Gelegenheiten, in den Wald zu gehen, und Ähnliches, dann liegt womöglich das Bewusstseinselement »Ich habe keine Zeit« allen zugrunde und es lohnt sich, dieses anzugehen.

Möchten wir nun – um das Beispiel fortzusetzen – das Bewusstseinselement »Ich habe keine Zeit« abschwächen, so gilt es, unsere Aufmerksamkeit auf das Gegenteil, also auf »Ich habe Zeit« zu richten. Hierzu sagen wir uns das immer wieder oder wir unterstützen dieses Bewusstseinselement, indem wir bewusst Zeit verschwenden.

Sehr lohnend ist immer die aktive Stärkung der Verbindung zum Herzen. Konzentrieren Sie sich auf Ihre Brustgegend und lassen Sie Ihr Herz aufgehen. Die Konzentration auf das Herz ist gleichzeitig die beste Art, die Aufmerksamkeit von etwas anderem, was Sie nicht mehr fördern wollen, abzulenken.

Ein Netzwerk der Liebe

Auf Ihrem Weg entwickelt sich Ihr Seelennetzwerk immer mehr zu einem Netzwerk der Liebe. Die Verbindungen von Herz zu Herz werden dabei stetig stärker, und Sie werden die Herzen Ihrer Mitmenschen, der Tiere, Pflanzen oder der Erde als Ganzes besser wahrnehmen. Um diesen Zustand zwischendurch verstärkt zu spüren, empfehle ich, aktiv die Verbindung mit den Herzen Ihrer Mitlebewesen zu suchen.

Geboren werden und sterben im geheilten Netzwerk

In einem geheilten Seelennetzwerk akzeptieren wir den Zyklus des Geborenwerdens und Sterbens. Wir wissen tief in unserem Inneren: Alles ist vergänglich, alles, auch unser Leben. Wir kommen, wir gehen, andere kommen, andere gehen, dies ist so natürlich wie Tag und Nacht oder Winter und Sommer. Wir halten an nichts fest, wir versuchen aber auch nicht, Dinge zu früh abzubrechen, sondern wir spüren den natürlichen Lauf von allem und lassen diesen zu. Selbstverständlich haben wir dabei Gefühle wie Trauer, Angst, Freude, Wut oder Sehnsucht – denn diese gehören zum Fluss des Lebens. Geboren werden und sterben: Das sind ganz natürliche Angelegenheiten – wehren wir uns deshalb nicht dagegen.

Vertrauen dank Heilung im Netzwerk

Genau dieser eben erwähnte Fluss des Lebens führt uns zum Vertrauen. Wir wissen, dass wir auf dem Weg zur Liebe sind – mehr ist nicht nötig. Wir müssen dabei nicht in einem Zustand der absoluten Liebe angekommen sein, sondern

ÜBUNG: Das Netzwerk des Herzens spüren

Wählen Sie eine normale Aktivität, in der Sie unter Menschen kommen, zum Beispiel Einkaufen, Reisen in öffentlichen Verkehrsmitteln oder Bummeln in der Stadt, und beschließen Sie, allen Menschen, Tieren und Pflanzen mit dem Herzen zu begegnen. Konzentrieren Sie sich hierzu auf Ihr Herz und stellen Sie sich vor, Sie würden einen Strahl von Ihrem Herzen aus zu den anderen Menschen beziehungsweise Lebewesen richten. Dieser Strahl sucht in jedem Lebewesen das Herz (selbstverständlich ohne diese anzusprechen, Ihre Mitmenschen wissen nichts von Ihrem Versuch), und sobald es dieses gefunden hat, erkennen Sie die Verbindung an, indem Sie ihr etwas Aufmerksamkeit schenken. Sie wiederholen dies mit allen Lebewesen, egal ob diese Ihnen sympathisch sind oder nicht. In manchen Fällen werden Sie die Herzverbindung sofort herstellen können, bei anderen dauert es länger. Sollte es nicht innerhalb einiger Sekunden klappen, versuchen Sie es mit dem nächsten Lebewesen. Bauen Sie so ein Netzwerk der Liebe auf. Brechen Sie den Versuch jeweils nach zehn oder zwanzig Minuten wieder ab. Dieser Verbundenheitszustand wird sich als Folge Ihres Weges immer öfter von alleine einstellen.

Bei dieser Übung kann es vorkommen, dass Ihr Brustbereich zu schmerzen beginnt. Dies ist ein Zeichen, dass Sie die Wunden der anderen Menschen oder Lebewesen spüren. Dies ist möglich, wenn Sie diese Wunden ebenfalls haben. Lassen Sie den Schmerz zu und stellen Sie sich dabei vor, Ihr Atem würde durch Ihr Herz strömen. Dies hilft nicht nur, die verwundeten Stellen in Ihrem Herzen zu heilen, sondern auch in den Herzen der anderen Lebewesen.

wir haben erkannt, dass unsere Erlebnisse, Sorgen, Probleme und so weiter ein Bestandteil unseres Weges sind. Ja, mehr noch, sie sind sogar ein notwendiger Bestandteil, denn ohne sie könnten wir unsere Wunden weder erkennen noch heilen und der Weg zur Liebe wäre nicht mehr möglich. Je mehr Schritte wir also Richtung Liebe machen, desto klarer wird dieser Zusammenhang und desto mehr Vertrauen haben wir.

Wir haben jetzt die Grundlagen eines schamanischen Seelenbildes beisammen. Die nächsten drei Kapitel widmen wir nun der praktischen Anwendung dieser Erkenntnisse im Alltag. Zuerst werden wir dabei eine Vielfalt von Alltagthemen betrachten, um dann je ein Kapitel unseren zwischenmenschlichen Beziehungen und unserer körperlichen Gesundheit zu widmen.

7. Kapitel

Die Seele in Gesellschaft und Alltag

In diesem Kapitel entdecken Sie

❖ *weshalb Lärm die seelischen Energieflüsse besonders gut darstellt.*
❖ *wie Sie die seelischen Zusammenhänge bei Themen des Alltages und der Gesellschaft erkennen.*
❖ *eine detaillierte Analyse der seelischen Aspekte des Essens.*
❖ *wie Sie Themen des Alltages angehen können.*

Ein ganz normaler Tag: Der Zeitungsausträger weckt mich bereits um 4:30 Uhr mit seinem sehr lauten Moped. Später, auf dem Radweg zum Bahnhof, werde ich von E-Bike-Fahrern mit blinkenden Rücklichtern überholt, und unweigerlich beachte ich die neue, stark beleuchtete Brücke über der Aare, dort wo früher an Wintermorgen der Fluss noch dunkel war. Auch höre ich die Kirchenglocken sowie die Sirene einer Ambulanz, und unweigerlich denke ich an die Institutionen, die dahinterstecken. Auf dem Bahnsteig versammelt sich genau oberhalb der Treppe ein Verein älterer Männer, was zu einem Gedränge führt. Im Zug wird laut telefoniert und gegessen, wobei ein Mann besonders aggressiv in einen Apfel beißt. Das Aftershave meines Sitznachbarn sticht mir mittlerweile in die Nase. Die gekreuzten Beine des Mannes gegenüber ragen weit in »meinen« Bereich, während er die Zeitung in einer Hand hält und darin sehr laut und sprunghaft blättert. Manche Passagiere stellen Gepäckstücke auf benachbarte Sitze in der Hoffnung, es werde sich niemand dorthin setzen. In meiner Zeitung lese ich, dass eine weitere Bank kriselt, ausgerechnet eine, bei der ich ein Konto habe. Zudem erfahre ich, dass die Krankenkassenprämien steigen, die Wohnungsmieten ebenfalls, und ferner hätten die schon lange zu erwartenden Entlassungswellen begonnen – alles Dinge, welche bei mir diffuse Ängste auslösen. Auf halber Strecke zwischen Brugg und Bern geht die Sonne auf. Es ist ein wunderbarer Sonnenaufgang, im Hintergrund sind die Alpen sichtbar und leuchten rot. Jedoch greifen fast alle Passagiere automatisch zu den Sonnenstoren, damit sie die Bildschirmanzeigen ihrer elektronischen Geräte nach wie vor erkennen können.

Auf einem Streckenabschnitt fährt der Zug mit 200 km/h entlang einer Autobahn und überholt die Fahrzeuge, welche maximal 120 km/h fahren dürfen, und irgendwie tut dies gut. Als ich angekommen bin, gehe ich im dichten Gedränge zum Ausgang des Bahnhofs Bern, manche Menschen zünden bereits hier ihre Zigaretten an und ich atme ihren Rauch ein. Und so geht das weiter – und ich bin noch nicht einmal bei meiner Arbeitsstelle angekommen ...

Was geschieht hier auf der seelischen Ebene? Wir befinden uns dauernd in einem Geflecht aus seelischen Verbindungen, in dem in einem dauernden Kampf Unmengen seelischer Energie verschoben werden. In diesem Kapitel möchte ich deshalb eine ganze Reihe gesellschaftlicher und alltäglicher Themen angehen und dabei beschreiben, wie diese seelischen Energieflüsse aussehen. Beachten Sie dabei, dass jeder Mensch seelisch anders aufgebaut ist und deshalb solche Phänomene unterschiedlich wahrnimmt. Folglich müssen Sie jeweils selber beurteilen, ob meine Schilderungen auf Ihren Alltag zutreffen oder nicht.

Zuerst möchte ich das Thema Lärm detailliert angehen. Geräusche aller Art werden häufig verwendet, um anderen Energie zu entziehen. Da sich Lärm wellenartig ausbreitet, ist er zudem ein geeignetes Fallbeispiel, um seelische Zusammenhänge zu beobachten. Zudem kenne ich mich mit diesem Thema wegen meiner beruflichen Tätigkeit gut aus. Danach behandle ich weitere Themen in alphabetischer Reihenfolge, um schließlich nochmals eines im Detail anzuschauen, nämlich die Thematik »Essen«.

Die seelischen Aspekte von Lärm

Mit Geräuschen aller Art kann man Aufmerksamkeit auf sich lenken und so den »Zuhörern« seelische Energie entziehen. Wenn wir gut hinhorchen und beobachten, wer an der Lärmproduktion beteiligt ist und wer die Empfänger sind, lernen wir die darunterliegenden seelischen Energieflüsse kennen. Ob die Aufmerksamkeit der Zuhörer nun positiv oder negativ gefärbt ist, spielt dabei keine Rolle – in jeder Art von Aufmerksamkeit steckt Energie.

Der Energiegewinn eines Lärmproduzenten ist umso größer, je mehr Aufmerksamkeit dieser auf sich richten kann. Diese Aufmerksamkeit muss jedoch noch durch die Anzahl der Personen geteilt werden, welche an der Lärmproduktion beteiligt sind. Ein einzelner Mensch auf einem Motorrad gewinnt deshalb mehr Energie als eine Person in einem vollen Zug, ein Pilot eines kleinen Sportfliegers mehr als ein Linienpilot und seine Fluggäste, ein Autofahrer je nach Zahl der Fahrgäste meist mehr als ein Busfahrer oder ein Passagier in einem leeren Bus mehr als in einem vollen.

Der Energiegewinn kann zudem auch indirekt über Güter geschehen. Werden Güter in lauten Zügen transportiert, so haben diese mehr Energie, als wenn sie in leisen Zügen befördert wurden. Güter, die weit transportiert worden sind, haben somit mehr dieser Energie als solche, die nur regional befördert worden sind. Diese Energie überträgt sich dann auf die Menschen, welche diese Güter konsumieren, und stammt von denjenigen, welche unterwegs dem Lärm ausgesetzt worden sind. Haben die Geräusche Inhalte, zum Beispiel Gespräche oder Musik, so ist der Gewinn an Aufmerksamkeit und somit an Seelenenergie größer. Ein Mobiltelefongespräch in einer bekannten Sprache raubt also den nicht beteiligten Zuhörern mehr Energie als würde es in einer unbekannten geführt. Hören wir vom Sitznachbarn im Zug Musik aus einem Mp3-Player, verlieren wir mehr Energie, als wenn es lediglich ein undefiniertes Rauschen wäre.

Die Summe des Energiegewinns durch Lärm ist also die Summe der Aufmerksamkeit, die dem Lärmproduzenten direkt oder indirekt zugekommen ist. Dieser Energiegewinn ist jedoch immer nur eine kurzfristige Symptombekämpfung, denn er füllt damit Energieverluste, welche laufend durch eigene Wunden entstehen. Da nicht geheilte Wunden mit der Zeit größer werden, muss die Energiegewinnung ebenfalls steigen, zum Beispiel indem noch mehr Lärm produziert wird. Dies ist wohl ein Grund dafür, dass Lärmpegel immer steigen, obwohl mittlerweile viele lärmmindernde Technologien vorhanden sind. Auf der anderen Seite verliert das Lärmopfer nur dann Energie, wenn es Wunden aufweist, welche dies zulassen. Betrachten wir nun einige Lärmarten etwas genauer. Beachten Sie dabei, dass sich die Lärmproduzenten über die seelischen Energieflüsse meist nicht im Klaren sind, das heißt, ihr Lärm basiert nicht auf einem vorsätzlichen Plan, sondern ihr Verhalten bekämpft unbewusst Symptome ihrer verwundeten Seelen.

Verkehrslärm: Fast jedermann ist am Verkehr beteiligt, aber gleichzeitig auch von dessen Auswirkungen betroffen. Verkehrslärm ist deshalb eine sehr beliebte Art, anderen Menschen seelische Energie zu entziehen. Da der Energieentzug unspezifisch ist, handelt es sich um eine Form des seelischen Weidens. Je mehr Aufmerksamkeit jemand auf sich lenken kann, desto größer ist dabei sein Energiegewinn. Dies geschieht beispielsweise bei hohen Lärmpegeln, wenn der Lärm zu einer ruhigen Tageszeit produziert wird, wenn er an Orten vorkommt, an denen sich Menschen erholen wollen, wenn im Lärm Impulse oder definierte Töne auftreten oder wenn die Lautstärke plötzlich und unerwartet zunimmt. Menschen, die ihre Energie von der Liebe erhalten, wählen Verkehrsmittel, welche pro Person möglichst wenig Lärm produzieren.

Lärm von Kirchenglocken: Die Geräusche von Kirchenglocken sind oft sehr laut, schlagen impulsartig zu definierten Zeiten und bestehen aus definierten Tönen. Mit diesen Elementen lenken Kirchenglocken Aufmerksamkeit auf sich, womit die Kirche seelische Energie von den Anwohnern und Kirchgängern erhält. Eine Kirche, die ihre Energie von der Liebe erhält, müsste keine Geräusche produzieren.

Schießlärm: Zumindest in der Schweiz ist Schießlärm sehr präsent. Oft befinden sich Schießstände zudem in dicht besiedelten Gebieten, und es wird abends und am Wochenende geschossen, zu Zeiten, zu denen die Anwohner meist zu Hause sind, sich ausruhen wollen und deshalb besonders anfällig für seelische Angriffe sind. Ein Schütze gewinnt deshalb mit jedem Schuss einiges an seelischer Energie. Ginge es den Schützen nicht um diesen Energiegewinn, sondern darum, mit einer Waffe ein Ziel zu treffen, würden auch Pfeil und Bogen oder leisere Gewehre ausreichen.

Lärm von Tierglocken: Aller Bergromantik zum Trotz, Bergbauern erzielen einen Energiegewinn über die Glocken ihrer Tiere. Sie verhindern die Stille in den Bergen und lenken über ihre Tiere die Aufmerksamkeit und damit die seelische Energie von Bergwanderern auf sich – ein Effekt, der dadurch verstärkt wird, dass diese offener und empfänglicher sind, als wenn sie sich in den Städten aufhalten. Es gibt Thesen, wonach Tierglocken früher dazu dienten, böse Geister zu vertreiben. Wahrscheinlich waren diese Geister jedoch nicht böse, sondern es handelte sich um Naturgeister, welche vertrieben werden mussten, damit die damaligen Machtträger ihre Macht besser ausüben konnten. Dies war nötig, weil Menschen mit einem guten Kontakt zu Naturgeistern schwierig zu kontrollieren sind. Der wirklich natur- und bergverbundene Bergbauer hätte wohl kaum Glocken an seinen Tieren, außer vielleicht in seltenen Ausnahmen, wo er in schwierigem Gelände riskiert, seine Tiere zu verlieren.

Mobiltelefongespräche: Mit Mobiltelefongesprächen kann der Umgebung gut Energie entzogen werden, weil die Sprache meist verstanden wird, wir jedoch nur einen Gesprächsteilnehmer hören. Der plötzliche und unerwartete Beginn eines Gesprächs erhöht zusätzlich den Energieentzug. Da Mobiltelefone Verstärker haben, müsste gar nicht so laut gesprochen werden, zudem könnten die meisten in der Öffentlichkeit sprechenden Menschen problemlos an einem Ort telefonieren, wo es weniger Zuhörer gibt (z.B. im Vorraum eines Zuges oder später, wenn sie zu Hause sind). Dass Menschen dies nicht machen, zeigt, dass es ihnen hauptsächlich um den Entzug von seelischer Energie geht und weniger um das konkrete Gespräch.

Gartengeräte: Mittels Rasenmäher und anderen Gartengeräten wie Kettensägen, Laubgebläse oder elektrischen Heckenscheren entziehen Gartenbesitzer ihren Nachbarn seelische Energie. Von außen beobachtet – ich sehe von meinem Block aus auf ein Einfamilienhausviertel und höre alles sehr gut – wirkt es oft wie ein wahrer Kampf: Kaum hat einer sein Mähen beendet, beginnt der Nächste, der dann wohl mit seinem Lärm den entstandenen Energieverlust wettmachen muss. Selbstverständlich verursacht dies bei weiteren Nachbarn zusätzliche seelische Energieverluste, welche in der Folge wieder ersetzt werden müssen.

Musik: Je nach Zuhörer ist eine konkrete Form der Musik Lärm oder auch nicht. Weil Musik einen Inhalt hat, lenkt sie Aufmerksamkeit leichter auf sich als unstrukturierte Geräusche mit der gleichen Lautstärke. Melodien sind zudem oft eigenständige Bewusstseinselemente, was wir dann gut beobachten können, wenn sie uns nicht mehr aus dem Kopf gehen, selbst wenn die Musik längst vorbei ist. Musik kann aber auch von Themen ablenken, die es zu bearbeiten gibt, indem sie beispielsweise unsere Stimmung verändert und so als Symptombekämpfung wirkt. Auf der anderen Seite kann Musik durchaus das Herz öffnen und so unseren Kontakt zur Liebe fördern.

Wichtig: Wir selbst können diese Lärmquellen in der Regel nicht ändern. Hingegen können wir unsere eigenen Wunden erkennen und heilen. Lassen Sie mich das Vorgehen anhand eines persönlichen Beispiels illustrieren: Von allen Lärmarten störten mich die kleinen Sportflugzeuge eine Zeit lang am meisten. Mir kam es vor, als gäbe es kein Entrinnen, selbst in abgelegenen Bergtälern oder in menschenleeren Wüsten – immer wieder hörte ich ein Kleinflugzeug. Dieser Effekt wurde dadurch verstärkt, dass der Lärm von oben kam und ich mich ihm schutzlos ausgesetzt fühlte. Welche Wunden steckten dahinter? Die Natur hilft mir, die Beziehung zu den Pflanzen, Tieren und zur Erde als Ganzes aufzubauen, mein Herz zu öffnen und so meinen Weg besser zu spüren. Der Lärm der Flugzeuge störte diese Verbindung und deshalb war es schwieriger für mich, die Verbindung zur Liebe aufzubauen. Darin spürte ich die Verzweiflung folgender widersprüchlicher Bewusstseinselemente: »Ich gehe meinen Weg mit einem offenen Herzen«, »Die Natur hilft mir, mein Herz zu öffnen« und »Fluglärm behindert meine Verbindung zur Natur«. Mit einem Herzentscheid erkannte ich, dass das Bewusstseinselement »Fluglärm behindert meine Verbindung zur Natur« *nicht* auf meinem Weg lag. Ich ließ die Verzweiflung zu, welche die widersprüchlichen Bewusstseinselemente auslösten. Am Schluss konzentrierte ich mich nochmals auf die beiden Bewusstseinselemente, welche mit meinem Weg zu tun haben: »Ich gehe meinen Weg mit einem offenen Herzen« und »Die Natur hilft mir, mein Herz zu öffnen«. Nachdem ich diese Übung mehrmals durchgeführt hatte, beobachtete ich, wie ich mich trotz Fluglärms wieder besser mit der Natur verbinden konnte.

ÜBUNG: Mit Lärm eigene Wunden erkennen

Beobachten Sie unterschiedliche Geräuschquellen. Welche empfinden Sie als besonders störend? Suchen Sie entweder mit einer schamanischen Reise oder mit der Beobachtung der Umgebung nach Wunden in der Seele oder in den Seelensträngen. Haben Sie diese identifiziert, heilen Sie sie wie in den Kapiteln 3 und 4 beschrieben.

Die Seele im Alltag

Gehen wir nun eine Liste von weiteren Themen durch. Obwohl jedes davon natürlich in der gleichen Tiefe angegangen werden könnte wie der Lärm, beschränke ich mich nachfolgend auf einige wenige Bemerkungen pro Thema. Dabei werde ich bewusst etwas provokativ sein und Zusammenhänge erwähnen, die herkömmlichen Meinungen widersprechen. Dies soll Sie dazu anregen, diese und andere Themen kritisch zu hinterfragen und genau hinzuschauen, ob in diesen Fällen seelischer Energieraub vorkommt. Ob meine konkreten Bemerkungen und Anregungen für Sie stimmen oder nicht, müssen Sie jeweils selbst beurteilen. Jeder Mensch ist auf einem anderen Weg und somit von verschiedenen Aspekten eines Themas betroffen. Es geht mir nicht darum, diese Themen zu verunglimpfen, es ist also nicht so, dass ich ein Gegner von alten Menschen, Architektur, Arbeit oder Besitz bin – um die ersten vier Themen aufzuzählen – sondern darum zu zeigen, wo problematische seelische Energieflüsse bestehen könnten. Selbstverständlich haben alle Themen auch sehr schöne und geheilte Seiten, welche wir immer mehr spüren werden, je geheilter wir auf der seelischen Ebene sind.

Bei manchen Themen mögen Sie auch denken, dass diese nicht so kritisch sind, wie ich sie darstelle, doch verringert jedes bisschen Aufmerksamkeit, welches wir auf etwas anderes als unseren Weg richten, unseren Beitrag zur Gesamtliebe. Und viele kleine Ausgaben ergeben zusammen immer auch eine größere. Beachten Sie schließlich, dass diese Liste nur einige Beispiele abbildet – jedes beliebige Alltagsthema kann auf diese Art behandelt werden.

Älterwerden: Nicht geheilte Wunden werden mit jedem Lebensjahr tiefer, wodurch der seelische Energieverlust größer wird und damit auch der Energiebedarf steigt. Bei älteren Menschen werden deshalb alle energieraubenden Mechanismen verstärkt und geben uns so Gelegenheit, diese besser zu erkennen. Für die Umgebung ist es oft schwierig zu beurteilen, ob ein Bedarf nach Hilfe wirklich von körperlicher Schwäche stammt oder ob diese vorgeschoben wird, um Aufmerksamkeit und damit seelische Energie zu erhalten. Wir müssen deshalb mit dem Herzen entscheiden, ob wir in einer bestimmten Situation Unterstützung anbieten oder nicht. Manche älteren Menschen haben es aber auch geschafft, bedeutende Schritte auf ihrem Weg zu gehen, erhalten ihre Energie deshalb vermehrt von der Liebe und haben entsprechend weniger Verluste. Von diesen können wir lernen, wie persönliche Wege aussehen können oder wie mit Hindernissen umgegangen werden kann.

Architektur: Auffallende Gebäude ziehen Aufmerksamkeit auf sich. Diese Energie kommt den Bewohnern und den Architekten zugute, auch dann, wenn sie negativ geprägt ist, weil die Gebäude nicht in die Landschaft oder ins Ortsbild passen. Da harmonische Landschaften helfen, das Herz zu öffnen und so den Kontakt zur Liebe zu fördern, parasitieren unpassende Gebäude den Bezug zur Liebe. Werden moderne Gebäude beispielsweise mitten in Weinberge gebaut oder wird die Umgebung eines Bergdorfes mit Ferienchalets übersät, so verlieren diese Landschaften das Potenzial, die Herzen der Menschen zu öffnen, wodurch diese ihre Energie statt von der Liebe wieder andernorts beschaffen müssen.

Arbeit und Beruf: Arbeit ist wichtig für unsere Existenz und wir verbringen deshalb sehr viel Zeit damit. Energieraubende Mechanismen sind deshalb hier besonders ausgeprägt. Im Kapitel 5 habe ich bereits eine Reihe solcher Mechanismen geschildert. Achten Sie bei der Behandlung der Arbeitsthemen auf alle Aspekte der Arbeit, zum Beispiel auf die konkreten Tätigkeiten, auf die zwischenmenschlichen Beziehungen, Statussymbole, Hilfsmittel, die Verwendung von Abkürzungen, Weiterbildung, Bürokratie, Administration und Regeln, Kleidung, den Arbeitsweg und dergleichen. In allen Bereichen sind bedeutende seelische Energieflüsse zu beobachten.[3] Die Verwendung von Abkürzungen soll als Beispiel dienen: In vielen Betrieben werden die Einheiten und Prozesse mit ständig wechselnden Abkürzungen bezeichnet. Dies ist nicht nur ein Weg, Insider von Outsidern zu unterscheiden, sondern auch eine Form interner Machtspiele, weil sich selten alle Mitarbeitenden die wechselnden Bezeichnungen merken können. Dies verleiht denjenigen viel seelische Energie, welche die aktuellen Kürzel kennen und verwenden, weil sie andere in Diskussionen mundtot machen oder deren Unwissenheit bloßstellen können.

Besitz: Mit Besitz kann auf viele verschiedene Arten seelische Energie entzogen werden. Große Häuser und Autos benötigen Platz, stehen anderem deshalb oft im Weg oder sind zu-

---

3 Weitere Details finden Sie in meinem Buch *Schamanismus und Beruf*, Ahlerstedt 2006.

mindest unübersehbar, womit sie Aufmerksamkeit auf sich lenken. Wird in den Medien über reiche Menschen berichtet, erzielen sie damit Aufmerksamkeit und somit seelische Energie. Selbstverständlich sind es die Wunden der Leser oder Zuschauer, welche dazu führen, dass sie VIP-Sendungen, Klatschzeitschriften und dergleichen konsumieren.

Drogen: Mit Drogen aller Art (auch Alkohol oder Zigaretten) verändern wir unsere Seelenchakren, wodurch wir andere Bewusstseinselemente aufnehmen und abgeben als wir normalerweise würden. Zusätzlich nehmen wir Bewusstseinselemente auf, welche direkt mit der Droge zusammenhängen. Weil auch das Herz-Seelenchakra beeinflusst wird, ist es unter Drogeneinfluss schwieriger, mit dem Herzen zu entscheiden, worauf wir unsere Aufmerksamkeit lenken wollen und worauf nicht. Auch wenn im Schamanismus oft von bewusstseinsverändernden Substanzen die Rede ist, rate ich von deren Gebrauch ab, weil sie meines Erachtens aus den genannten Gründen unseren Weg Richtung Liebe erschweren.

Energie: Auch mit realer, materieller Energie wie Elektrizität oder Wärme wird seelische Energie verschoben. Analysieren wir die materiellen Energieflüsse, können wir deshalb oft Mechanismen erkennen, welche auch in seelischen Energieflüssen vorkommen. Da wir Menschen die Energie der Sonne nicht direkt verwenden können, sind wir für unsere Nahrung von anderen Wesen abhängig – in diesem Sinne sind wir alle Energieräuber. Unser Umgang mit materiellen Energieträgern kann uns deshalb verstehen helfen, woher wir unsere seelische Energie erhalten: Verwenden wir beispielsweise viel Erdöl, so symbolisiert dies Energie aus der Vergangenheit. Oder verwenden wir eine Holzheizung, dann erhalten wir unsere Wärme auf Kosten von anderen Lebewesen. Bei allen Formen der Energienutzung müssen wir aber auch die Beeinträchtigung anderer Lebewesen und der Erde als Ganzes mitberücksichtigen. Verwenden wir Erdölprodukte, so leisten wir einen Beitrag zur Klimaerwärmung, was eine Art des seelischen Weidens ist, bei der Holzheizung verschmutzen wir die Luft mit Rauch, was ebenfalls der Umgebung seelische Energie entzieht, und mit Sonnenkollektoren (sofern sie im freien Feld aufgestellt werden) verdrängen wir Pflanzen, welche auch Sonnenenergie nutzen könnten, und sind deshalb vielleicht an seelischer Verdrängung beteiligt.

Fahnen: Fahnen ziehen mit Bewegung und Farben Aufmerksamkeit auf sich. Oft werden an die Symbole der Fahnen bestimmte Bewusstseinselemente angehängt, zum Beispiel die Idee einer Nation, einer Firma oder eines Vereins. Jedes Mal, wenn nun jemand seine Aufmerksamkeit auf eine solche Fahne lenkt, stärkt er diese Bewusstseinselemente. Oft werden dann weitere Bewusstseinselemente an diese gekoppelt und manchmal entstehen sogar ganze Ketten. So wird mit der Schweizerfahne ein Land mit bestimmten Qualitäten assoziiert, an welches dann Bewusstseinselemente gehängt werden, die dazu dienen, Taschenmesser, Uhren oder Käse zu verkaufen. Mit der Aufmerksamkeit, die wir der Fahne schenken, wird somit gleichzeitig die ganze Kette der angehängten Bewusstseinselemente gestärkt.

Feiertage: Mit einem Feiertag wird einem bestimmten Ereignis Aufmerksamkeit geschenkt, wodurch dieses und alle angehängten Bewusstseinselemente seelische Energie erhalten. Feiertage entziehen uns sogar dann seelische Energie, wenn wir keine Affinität zu dem gefeierten Ereignis haben, denn meist müssen wir unsere Aktivitäten um diese herum planen, was Aufmerksamkeit und seelische Energie benötigt. Dies gilt sowohl für wichtige Feiertage wie Weihnachten oder Ostern als auch für kleinere Events wie nationale Gedenkminuten.

Auch unsere Einteilung in Wochentage und unsere Zeitrechnung dienen im gleichen Sinne dazu, bestimmten Organisationen seelische Energie zu übertragen, hier vor allem der Kirche. Manchmal frage ich mich, wie wohl unsere Gesellschaft aussehen würde, wenn unsere Feiertage etwas mit der Natur zu tun hätten: Der erste Bärlauch, das erste Buchenblatt, der längste Tag, alle Blätter sind von den Laubbäumen gefallen, der erste Schneefall …

Freizeit: Unsere Freizeit wäre eine ideale Zeit, um unseren Weg des Herzens zu üben. Hier könnten wir üben, unsere Aufmerksamkeit auf diejenigen Dinge zu richten, welche die Gesamtliebe vergrößern. Doch werden wir auch hier von allerlei energieraubenden Seelen befallen, die es oft sogar leichter haben, weil wir während unserer Freizeit meist offener und deshalb anfälliger sind. Fernsehen, Computer, Zeitschriften, Vereine, Besuche – all dies können (müssen aber nicht!) Zeitvertreibe sein, an die wir seelische Energie verschwenden. Auch verwenden viele Menschen ihre Freizeit dazu, seelische Energiedefizite wieder aufzufüllen, was zu Freizeitaktivitäten wie Schießen, Jagen, Promenieren in teuren Kleidern, schnellem Autofahren und dergleichen führt.

Fundamentalismus: Fundamentalistische Meinungen entstehen dann, wenn man einer bestimmten Weltanschauung uneingeschränkt glaubt und sein Leben danach richtet. In solchen Situationen ist es nicht mehr das eigene Herz, das entscheidet, sondern wir richten unsere Aufmerksamkeit auf diejenigen Bewusstseinselemente, welche von dieser Weltanschauung propagiert werden. Wir erkennen Fundamentalismus überall dort, wo keine Zweifel mehr bestehen, oder wo der eigene Schatten beziehungsweise die eigenen Wunden nicht mehr anerkannt werden. Fundamentalismus erkennen wir oft auch an den Schwierigkeiten, eine Organisation zu verlassen. Die

Drohbriefe, die manche Kirchen ihren austrittswilligen Mitgliedern schicken, oder die komplizierten und teuren Verfahren, um das amerikanische Bürgerrecht aufzugeben, sind Zeichen, dass diese Organisationen bedeutend weniger frei sind, als sie angeben. Achten Sie also immer darauf, ob eine Organisation selbstkritisch ist und andere Meinungen zulässt und wie einfach es ist, sie wieder zu verlassen.

Haushalt: In einem Haushalt können uns Geräte oder Tätigkeiten seelische Energie entziehen. So müssen Haushaltsgeräte verstanden werde, benötigen Raum und Unterhalt, verschleißen und müssen irgendwann ersetzt werden. Dies alles benötigt Aufmerksamkeit und somit seelische Energie. Wir verwenden zusätzliche Aufmerksamkeit und Energie, um das nötige Geld für die Geräte zu verdienen. Wir müssen deshalb bei jedem Gerät sorgfältig entscheiden, ob die erhoffte Ersparnis an Zeit die seelischen Kosten rechtfertigt. Ich empfehle grundsätzlich, möglichst wenige Haushaltsgeräte anzuschaffen. Das Gleiche gilt für viele Tätigkeiten im Haushalt, denn jede benötigt Aufmerksamkeit und somit seelische Energie und sollte sorgfältig überprüft werden. Viele Geräte und Tätigkeiten im Haushalt stammen von verwundeten Bewusstseinselementen, welche wir heilen können, zum Beispiel »Man muss aufräumen, bevor Besuch kommt« oder »Zu jedem modernen Haushalt gehört ein Mikrowellengerät«.

Haustiere: Bei Haustieren kommt eine Vielzahl von seelischen Phänomenen vor. So müssen die Tiere oft mit ihrer Aufmerksamkeit die Energiedefizite der Besitzer füllen. Die betroffenen Haustiere müssen diese Energieverluste wiederum wettmachen, indem sie selbst Aufmerksamkeit auf sich lenken. So bellen Hunde Spaziergänger an oder Katzen wollen von fremden Leuten gestreichelt werden. Es entstehen mitunter zerstörerische Energiekreisläufe: Hundehalter, deren Tiere Wanderer erschrecken, profitieren über die Hunde von der seelischen Energie dieser Angst. Die Wanderer machen dann vielleicht ihren seelischen Energieverlust wieder wett, indem sie die Hundehalter ungehalten auffordern, die Hunde an die Leine zu nehmen. Dies führt wiederum zu einem Energieverlust bei den Hundebesitzern, den sie vielleicht kompensieren, indem sie die Hunde noch seltener an die Leine nehmen. Als weiteres Phänomen ergänzen Haustiere zuweilen fehlende Seelenstränge bei ihren Besitzern. Aquarienfische bieten beispielsweise Bewusstseinselemente der Ruhe oder Katzen solche der eigenständigen Entscheidung. Manchmal spiegeln Haustiere auch Seelenstränge ihrer Besitzer, wodurch diese den Eindruck einer guten Beziehung zum Tier erhalten, obwohl sie nur die Verbindungen zu sich selbst wahrnehmen. Haustiere werden mitunter auch dazu verwendet, um von zwischenmenschlichen Beziehungen und deren seelischen Energieflüssen abzulenken. In der Familie oder bei Einladungen liegt dann immer ein Teil der Aufmerksamkeit auf den Haustieren statt auf den Verbindungen zu den anderen Menschen. Besitzen wir Haustiere, dann ist dies eine gute Gelegenheit, die seelischen Energieflüsse zu analysieren und etwaige Wunden zu erkennen und zu heilen. In einer gesunden und respektvollen Beziehung zu einem Haustier fließt keine räuberische Energie, weder vom Tier zum Besitzer noch umgekehrt, und auch Drittpersonen werden nicht involviert.

Geld: Wollen wir den Weg der Liebe gehen, dann entscheiden wir mit dem Herzen, wie wir unser Geld verdienen und wie wir es wieder ausgeben. Überall, wo dies nicht der Fall ist, verlieren wir früher oder später seelische Energie. Dies gilt beispielsweise für Arbeit, die wir nicht mit dem Herzen machen. Es gilt aber auch, wenn wir etwa durch eine Erbschaft zu Geld kommen, obwohl dieses nicht auf unserem Weg ist, oder wenn wir mehr verdienen, als unser Herz gutheißt. Solches

Vermögen wird dann zur Last und es kostet seelische Energie, es zu verwalten. Diese verlorene seelische Energie muss wieder wettgemacht werden, oft fälschlicherweise damit, dass wir versuchen, noch mehr zu verdienen. Letzteres ist vermutlich ein Grund, wieso Managerlöhne stetig höher werden. Der Umgang des Schamanen mit Geld könnte auch so formuliert werden: Wir gehen unseren Weg des Herzens, dabei fließt bei gewissen Tätigkeiten Geld zu uns und bei anderen von uns weg. Der Geldfluss ist somit ein Nebeneffekt des Weges. Die finanzielle Bilanz geht dabei langfristig meist auf. Tut sie dies einmal nicht, dann haben wir ein Thema, welches wir wiederum auf der seelischen Ebene angehen können.

Gerüche: Gerüche ziehen Aufmerksamkeit und somit seelische Energie auf sich. Stark parfümierte Menschen weiden so an der seelischen Energie ihrer Mitmenschen. Das Gleiche gilt für Raucher, Hausbesitzer mit Holzheizungen, Landwirte, welche zu unpassenden Zeiten Gülle auf die Felder fahren, Bäcker in Bahnhofsunterführungen oder Passagiere, die stark riechende Speisen im Zug essen.

Geschenke: Mit Geschenken kann man wunderbar anderen seelische Energie geben. Bedingung ist allerdings, dass diese Energie von der Liebe stammt. Dazu darf die seelische Energie des Geschenks nicht durch Energieraub an anderen entstanden sein und das Geschenk soll dem Beschenkten keine seelische Energie entziehen. Letzteres geschieht, wenn die Aufmerksamkeit, welche auf das Geschenk gerichtet wird, nichts mit dem eigenen Weg des Herzens zu tun hat. Mögliche Beispiele für solche Geschenke sind platzraubende Gegenstände zum Aufstellen, Geschenke, welche unangemessen kostspielig oder einseitig sind (ich schenke ein Buch und bekomme von der gleichen Person ein Fahrrad) oder wenn Erwartungen an das Geschenk gekoppelt sind (»Jetzt sind Besuche angesagt ...«).

Internet: Das Internet ist eine gute Möglichkeit, die Funktionsweise von Netzwerken kennenzulernen und die Beobachtungen auf unsere seelischen Energieflüsse zu übertragen. Hier einige Ideen, auf was Sie im Umgang mit dem Internet achten können: Unsere Sehnsucht, über das Internet mit allem verbunden zu sein, kann eine Symptombekämpfung für mangelnde seelische Verbundenheit darstellen. Unser Umgang mit Kettenmails zeigt symbolisch, wie wir mit Seelenviren umgehen. Facebook und ähnliche Social-Media-Plattformen stellen in sich auch wieder Netzwerke dar, und wir können beobachten, ob wir mit dem Herzen entscheiden, mit wem wir uns befreunden. Ob wir das Internet für die Informationsbeschaffung verwenden, um damit kreativ Neues zu erschaffen, oder ob wir passiv konsumieren, zeigt symbolisch, wie wir unseren Weg im Leben angehen. Analysieren Sie deshalb Ihr Verhalten im Internet und suchen Sie nach Parallelen im »wirklichen« Leben.

Kapitalismus: Einige der Merkmale des Kapitalismus sind Privateigentum, Gewinnstreben und Anhäufung. Seelisch gesehen funktioniert ein solches Wirtschaftssystem, weil die Teilnehmer miteinander gekoppelte Bewusstseinselemente haben, welche dies ermöglichen, wie etwa »Mein Überleben ist unsicher«, »Mit einer Reserve steigen meine Chancen zu überleben«, »Gute Dinge kommen in mein Leben, wenn ich viel Geld habe«, »Hat man an etwas Freude, muss man es besitzen, sonst wird es einem weggenommen«. Diese Bewusstseinselemente stehen meist in Widerspruch zu solchen, die mit Vertrauen und eigenen Wegen des Herzens zu tun haben, wie beispielsweise: »Folge ich meinem Herzen, gelange ich zu den richtigen Dingen im Leben«, »Gehe ich meinen Weg des Herzens, werde ich solange leben, wie hierfür notwendig ist«. Unser Umgang mit dem Kapitalismus zeigt oft Bewusstseinselemente, welche unseren Weg des Herzens erschweren.

Kleidung: Unsere Kleidung verstärkt Bewusstseinselemente, welche mit dieser zu tun hat. Wir werden dadurch mehr zu dem, was diese Kleider darstellen. »Kleider machen Leute« ist in diesem Sinne seelisch gesehen sehr wahr. Meine Tätigkeiten führen dazu, dass ich mich immer wieder unterschiedlich gekleidet in der Öffentlichkeit bewege. Meist trage ich zwar ganz normale, unauffällige Kleidung, aber mitunter auch eine orange Sicherheitsausrüstung und selten einen Anzug oder eine Militäruniform. Ich beobachte dabei jeweils folgenden Kreislauf: Weil andere Menschen wie auch ich selbst mehr Aufmerksamkeit auf Bewusstseinselemente richten, welche mit dieser Kleidung assoziiert werden, werde ich mehr zu dem, was diese Kleidung darstellt. Als Folge nehme ich vermehrt entsprechende Bewusstseinselemente wahr und identifiziere mich danach noch stärker mit dieser Tätigkeit. Entstehen solche Kreisläufe, so zeigen sie Bereiche unseres Lebens auf, in denen wir nicht mit dem Herzen entscheiden. Achten Sie also genau darauf, was sich in Ihrer Wahrnehmung ändert, wenn Sie Ihre Kleidung oder auch Ihr Parfüm, Schmuck und andere Accessoires wechseln.

Krieg: In unserer Welt begegnen wir Gewalt mit noch mehr Gewalt. Ganze Länder oder Gebiete (beide sind auch beseelt) tragen entsprechende Bewusstseinselemente, und beobachten wir diese, so haben wir sie auch in uns. »Ohne starkes Militär werden wir überrannt« oder »Terroristen verstehen nur Gewalt« sind zwei Beispiele hierzu. Andere Elemente erhalten hingegen kaum Aufmerksamkeit, wie etwa: »Soldaten in den Krieg schicken ist wie die eigenen Kinder opfern«. Stellen Bewusstseinselemente, welche mit Krieg zu tun haben, Dilemmas dar, dann suchen wir nach entsprechenden Verletzungen bei uns selbst und heilen diese. Mit unserer Heilung leisten wir gleichzeitig einen Beitrag an den Frieden.

Lehrer: Wenn Lehrer Bewusstseinselemente unverändert auf-nehmen und weitergeben, wirken sie als Seelenvektoren. Zu beachten ist dabei, dass fast der ganze Schulstoff aus Bewusst-seinselementen besteht, beispielsweise in der Geografie »Berlin ist die Hauptstadt Deutschlands« oder in Deutsch »Der ers-te Buchstabe eines Substantivs wird großgeschrieben«. In der Mathematik könnte man darüber streiten, ob »Drei mal drei gibt neun« ein Bewusstseinselement ist, aber im Unterricht wird es als solches dargestellt. Die Schulkinder werden dann ebenfalls zu Vektoren, weil sie diese Bewusstseinselemente an Prüfungen weitergeben müssen. Wenn die Kinder als Hausauf-gabe diesen Bewusstseinselementen weitere Aufmerksamkeit schenken, werden diese nicht nur bei ihnen verstärkt, sondern oft müssen auch die Eltern ihnen Aufmerksamkeit schenken. Ein Lehrer, welcher seinen eigenen Weg geht, würde mit dem Herzen entscheiden, welche Bewusstseinselemente er weiter-gibt, falls er seinen Schwerpunkt überhaupt auf deren Wei-tergabe setzen würde. Als Eltern oder Beobachter des Systems können wir diese Situation nicht ändern, doch wird uns dank des Schulstoffs die Vielfalt an Bewusstseinselementen vor Au-gen geführt. So können wir üben, unsere Aufmerksamkeit auf diejenigen zu lenken, die mit unserem Weg des Herzens zu tun haben. Und erkennen wir widersprüchliche Bewusstseinsele-mente, dann haben wir eine Gelegenheit zur Heilung.

Licht: Ähnlich wie Lärm breitet sich auch Licht in Wellen aus und eignet sich deshalb dazu, Seelennetzwerke kennenzuler-nen. So wie Lärm zieht Licht Aufmerksamkeit auf sich und entzieht so der Umgebung seelische Energie. Künstliches Licht wirkt vor allem nachts, nicht nur weil man es dann eher be-achtet, sondern auch, weil wir in einer beleuchteten Umge-bung nicht gleich weit sehen wie in der Dunkelheit. Denken Sie dabei an die Sterne – von allen sichtbaren Objekten sind diese am weitesten entfernt und wir sehen sie nur, wenn wir nicht von Licht abgelenkt werden. Licht stört deshalb unsere Verbundenheit mit der Unendlichkeit oder (symbolisch) mit der Liebe. Die Störung des Kontaktes mit der Liebe geschieht aber auch tagsüber. So wird die Einstrahlung Sonne – als Symbol für die Liebe – oft mit Sonnenstoren oder Sonnenbrillen abgeschwächt.

Medien: Medien wirken oft als Träger oder Vektoren von Seelenviren. Dabei wird ein problematischer Seelenstrang von den Medien aufgegriffen und weitergegeben. Medien hätten es aber auch in der Hand, eine Auswahl zu treffen – idealerweise mit dem Herzen –, und könnten so die Gesamtliebe vergrößern. Diese Auswahl können wir auch als Lesende, Zuhörende oder Zusehende treffen: Bei einer Zeitung springen wir etwa zu einem anderen Artikel oder beenden das Lesen, beim Fernsehen wechseln wir zu einem anderen Sender oder schalten das Gerät aus. Manche Menschen verwenden Bewusstseinselemente der Medien, um selbst Energieraub zu betreiben. Wenn wir zum Beispiel die Aufmerksamkeit eines Nachbarn auf uns lenken, indem wir wütend über etwas berichten, das wir in der Zeitung gelesen haben, gewinnen wir so seelische Energie. Achten Sie deshalb genau darauf, auf welche Informationen Sie Ihre Aufmerksamkeit richten und welche sie weitergeben – beides sind Entscheide des Herzens.

Nutztiere: Die seelische Energie der Tiere, welche wir essen, ist die Summe einer ganzen Kette von Einflüssen. Relevant ist dabei, wie und womit die Tiere gefüttert wurden, wie sie gehalten wurden, wie der Landwirt mit ihnen umging, wie sie transportiert, geschlachtet und verarbeitet wurden und schließlich auch, wie das Fleisch verkauft wurde. In der Regel hat bereits das Nutztier ein seelisches Energiedefizit, denn es dient explizit der menschlichen Ernährung, was wohl kaum einem eigenen Weg entspricht. Je nach Umgang der Menschen mit dem

Fleisch in der nachfolgenden Kette, kann dieses Defizit vergrößert oder seltener auch verkleinert, aber vermutlich nie ganz
aufgehoben werden. Richten wir unsere Aufmerksamkeit auf
Fleisch mit einem Energiedefizit, so verlieren wir ebenfalls seelische Energie.

Die gleichen seelischen Energieketten lassen sich auch bei anderen tierischen Produkten wie Eiern, Milch, Käse, Leder oder
Wolle beobachten. Wir verlieren beispielsweise dann seelische
Energie, wenn wir einen Pullover aus Wolle tragen, welche aus
einer nicht artgerechten Schafhaltung stammt, in welcher der
Landwirt die Tiere respektlos behandelte oder sie zu grob ge-
schoren wurden.

Platzbedarf: Menschen, die viel Platz für sich beanspruchen,
entziehen der Umgebung seelische Energie. Sie und ihre Besitz-
tümer werden so unübersehbar und andere Menschen müssen
ihnen ausweichen. In jedem Fall müssen andere ihre Aufmerksamkeit auf sie richten, und so wird seelische Energie übertragen. Erhöhter Platzbedarf manifestiert sich in größeren Autos oder Häusern, im Zug mit Gepäck auf anderen Sitzen, im
Flugzeug, indem die gemeinsame Armlehne beansprucht oder
der Sitz nach hinten geklappt wird, im dichten Gedränge in
Regenschirmen, Skiern über der Schulter, in Rucksäcken oder
etwa, indem enge Durchgänge blockiert werden.

Religionen: Religionen schreiben in der Regel vor, wie ein spiritueller Kontakt auszusehen hat. Manchmal dürfen die Mitglieder diesen selbst gar nicht pflegen, sondern er wird von
einem designierten Menschen vermittelt. Religionen lassen
deshalb ausgerechnet dort keine Herzentscheide zu, wo Menschen übergeordnete Zusammenhänge erkennen könnten. Ein
weiterer Energieentzug geschieht mit vorgeschriebenen Ritualen zu besonderen Zeiten im Leben, wie Taufe, Hochzeit oder
Beerdigung, durch Feiertage oder durch das Auffüllen der

Freizeit mit allerlei Aktivitäten wie Gottesdiensten, Pfingst-lagern, Männerwochenenden, Bibelgruppen und dergleichen. Oft verwenden Religionen zudem die gleichen Worte, wie sie für die Beschreibung eigener Wege verwendet werden. Es wird zwar von Liebe gesprochen, aber es ist nicht erwünscht, dass die Mitglieder ihren eigenen Herzen folgen – sie sollen sich an-passen.

Schlafen: Bewusstseinselemente wie »Man muss acht Stunden schlafen« oder »Ich muss fit sein für den nächsten Tag« versu-chen unseren Schlaf in eine bestimmte Norm zu pressen. Aber der Schlaf ist eigentlich etwas Natürliches und von Person zu Person und von Nacht zu Nacht verschieden. Können wir die Forderung der Bewusstseinselemente nach einer bestimmten Schlafmenge nicht erfüllen, so löst dies Verzweiflung aus. Ge-schieht dies nachts, so empfehle ich, diese Gelegenheit wahrzu-nehmen und die Verzweiflung auch zuzulassen. Damit können wir die mit Schlaf in Verbindung stehenden widersprüchlichen Bewusstseinselemente heilen, und nach und nach wird sich un-ser Schlaf verbessern.

Sicherheit: Unser Bedürfnis nach Sicherheit stammt oft von fehlendem Vertrauen und somit von seelischen Wunden. Dies führt zu Entscheidungen, die nicht unserem Weg entsprechen: Wir verzichten auf eine bestimmte Reise, wir legen einen zu großen Notvorrat an oder wir schließen eine unnötige Versi-cherung ab. Es ist deshalb eine gute Übung, bei solchen Ent-scheidungen das Dilemma zu spüren und die darunterliegen-den widersprüchlichen Bewusstseinselemente zu bestimmen: »Man weiß nicht, was im Alter passiert« und »Ich sorge für das Alter vor« gegenüber »Ich gehe meinen Weg« und »Der Weg im Jetzt benötigt Zeit und Geld«. Zur Heilung müssen die Widersprüche und die dazugehörige Verzweiflung zugelas-sen werden.

Sorgen: Sorgen zeigen einen Mangel an Vertrauen und deuten deshalb auf eine seelische Wunde hin. Auch kleine Sorgen können wertvolle Heilungshinweise geben – es lohnt sich also, statt Zeit und Energie mit der Sorge oder mit Abwehrverhalten zu vergeuden, nach Heilungsmöglichkeiten bei den Seelenchakren oder Seelensträngen zu suchen.

Sport: Sport und Sportveranstaltungen wirken auf die unterschiedlichsten Arten auf den seelischen Energiefluss. Hier einige Beobachtungen: Dass es Gewinner und Verlierer gibt, erhöht die Aufmerksamkeit. Oft sind Mannschaften an Länder oder Städte gekoppelt, was wegen der patriotischen Assoziation die Aufmerksamkeit erhöht. Fans tragen die Kleidung eines Vereins und Tausende schenken während eines Spiels ihre Aufmerksamkeit den Spielern. All diese Phänomene übertragen seelische Energie auf die eigene Mannschaft, was aber nicht unbedingt dem eigenen Weg der Fans entspricht. Ferner entstehen um Sportler ganze Ketten von Bewusstseinselementen, die miteinander gekoppelt sind, um so Produkte zu verkaufen. Auch hilft Sportbekleidung bei der Identifikation mit dem Sport und stärkt die entsprechenden Bewusstseinselemente – so müssen die Junioren eines hiesigen Fußballvereins bereits im Trainingsanzug zum Sportgelände kommen. Im Mannschaftssport wird zudem die Spielstrategie meist vom Trainer bestimmt und die Spieler haben sich ihr unterzuordnen. Sie werden so zu Schachfiguren, statt selbst im Spiel zu entscheiden und ihren eigenen Weg zu gehen.

Sprache: Mit der Sprache erhalten wir sehr viele unserer Bewusstseinselemente, sowohl diejenigen, die zu unserem Weg passen, als auch solche, die Widersprüche auslösen. Zusätzlich wird die Sprache oft missbraucht, indem Worten eine andere als die übliche Bedeutung zugemessen wird oder von etwas gesprochen, der Inhalt aber nicht umgesetzt wird. So hat die damalige DDR Begriffe wie »Demokratie« anders verwendet als der Westen, oder die heutigen USA sprechen dauernd von Freiheit, obwohl diese dort in der Realität weitaus geringer ist, als dargestellt wird. Diese Phänomene geschehen aber nicht nur in der Gesellschaft, sondern auch im Kleinen, etwa wenn einem Kind gesagt wird »Ich liebe dich«, während es aber gleichzeitig gezwungen wird, einen bestimmten Weg einzuschlagen.

Staat: Nationalstaaten sind künstliche Gebilde. Es gibt keinen Grund, wieso Menschen, die keine 20 km von mir entfernt wohnen, grundsätzlich anders sein sollten als diejenigen in meiner unmittelbareren Umgebung. Nationalstaaten dienen dazu, die Aufmerksamkeit der Bewohner auf eine bestimmte Identität zu richten. Da diese oft nichts mit den eigenen Wegen zu tun hat, verlieren die Bürger so seelische Energie, welche dann den Politikern und der Verwaltung zugutekommt. Wie viele gemeinsame Seelenstränge man mit seinem Land teilt, wird einem oft erst dann bewusst, wenn man auswandert oder in ein Dilemma bezüglich seiner Staatsbürgerschaft gerät. Fast alle Menschen, die einen Bezug zu mehr als einem Land haben, können dazu Geschichten über energieraubende Geschehnisse erzählen. Diese sind aber immer Gelegenheiten, eigene seelische Wunden zu heilen, und in diesem Sinne auch eine Chance. Ein seelisch gesunder Mensch definiert sich nicht über eine nationale Identität.

Steuern: Mit Steuergeldern werden Projekte der Öffentlichkeit finanziert – eine durchaus sinnvolle Sache. Problematisch wird es dann, wenn mit Anreizen bestimmte Verhaltensweisen gefördert oder behindert werden, welche nichts mit den eigenen Wegen vieler Menschen zu tun haben. Wird beispielsweise das Schuldenmachen steuerlich belohnt, werden abhängige Menschen gefördert und nicht solche, die eigene Wege gehen. Steuersysteme können wir als einzelne Menschen kaum ändern, jedoch können wir achtgeben, dass wir uns bei Entscheidungen nicht von Steuervorteilen beeinflussen lassen. Eigene Wege können und dürfen mehr kosten als Standardwege.

Umweltverschmutzung: Verschmutzen Menschen, Industrie oder Verkehrsträger die Umwelt, so entziehen sie dieser Energie. Die seelische Energie der Aufmerksamkeit, welche wir auf die verschmutzte Luft, auf das dreckige Wasser oder auf den Müll neben der Straße richten, kommt den Verursachern der Verschmutzung zugute.

Vereine: Vereine beschäftigen Menschen und lenken deren Aufmerksamkeit auf bestimmte Aktivitäten. Diese Beschäftigung macht den Energieentzug einfacher, weil die Betroffenen weniger Zeit haben, auf die seelischen Energieflüsse zu achten. Die Aufmerksamkeit für das Vereinsthema benötigt seelische Energie (es sei denn, sie kommt von Herzen), welche dann nicht mehr für den eigenen Weg zur Verfügung steht. Es lohnt sich deshalb, die Energie, welche man in Vereine steckt, sorgfältig mit dem Herzen zu überprüfen. Interessanterweise wird vielerorts die Vereinszugehörigkeit als wichtiges Zeichen der Integration angesehen. Eine Schweizer Einbürgerung ist beispielsweise einfacher, wenn man eine Vereinsmitgliedschaft vorweisen kann. Wieso? Auch dies ist eine Frage der seelischen Energie: Machtträger in Staaten und Gemeinden suchen nicht vielfältige Bürger, die eigene Wege gehen, sondern solche, die als seelische Energiequellen dienen können.

Verkehr: Im Verkehr kann nicht nur, wie oben dargestellt, mittels Lärm seelische Energie gewonnen werden, auch Unterschiede in der Geschwindigkeit, der Größe, Marke, Farbe und Beleuchtung eines Fahrzeuges, eine drängelnde Fahrweise oder gefährliche Überholmanöver ziehen Aufmerksamkeit und somit seelische Energie auf sich. Ein seelisch gesunder Verkehrsteilnehmer fährt deshalb angepasst und unauffällig.

Werbung: Werbung soll unsere Aufmerksamkeit auf etwas lenken, wodurch unsere seelische Energie in diese bestimmte Richtung fließt. Zudem besteht die Werbung aus Bewusstseinselementen, welche oft im Widerspruch zu denjenigen unseres eigenen Weges stehen. Deshalb kommen in der Werbung alle seelischen Mechanismen vor, welche wir bisher behandelt haben. Es ist also eine gute Übung, die Werbung genau zu studieren und zu analysieren, zu prüfen, welche Mechanismen im Spiel sind.

Wertvorstellungen: Unsere Wertvorstellungen (z. B. Pünktlichkeit, Ehrlichkeit, Treue) sind nichts anderes als Bewusstseinselemente. Entsprechend gilt es, diese zu erkennen und dann sorgfältig mit dem Herzen zu entscheiden, welche wir behalten wollen und welche nicht. Wertvorstellungen übernehmen wir oft von unseren Eltern und von der Gesellschaft. Sie sind deshalb so stark in uns integriert, dass wir sie kaum bemerken, zumal unsere Mitmenschen diese meist auch aufweisen. Schamanische Reisen oder die Beobachtung der Umgebung sind deshalb gute Hilfsmittel, um die eigenen Wertvorstellungen zu erkennen.

Wettbewerbe: Weil es sich um Spiele mit potenziellen Gewinnen handelt, sind Wettbewerbe eine gute Möglichkeit, Aufmerksamkeit auf etwas zu richten. Diese wird zusätzlich erhöht, wenn Handlungen notwendig sind, etwa wenn Aufkleber gesammelt und eingeklebt oder Rätsel gelöst werden müssen. Wettbewerbe zerren somit an unserer seelischen Energie – außer wir gehören zu den wenigen Gewinnern. Bei Wettbewerben ist eine Entscheidung notwendig, ob wir diese energetischen Kosten auf uns nehmen wollen, welche ja dann

anderenorts fehlen. Treuekarten, Bonussysteme und dergleichen passen in die gleiche Kategorie – es kostet Aufmerksamkeit, Meilenkarten aufzubewahren, darauf zu achten, dass die
Meilen nicht verfallen, herauszufinden, wie man sie einlöst
und so weiter.

Windturbinen: Windturbinen sind riesig, in der Landschaft
gut sichtbar, bewegen sich und verursachen Lärm. Dank dieser vier Eigenschaften ziehen sie viel Aufmerksamkeit auf sich.
Windturbinen führen dazu, dass die wenigen verbleibenden
Orte, an denen Menschen sich dank Natur und Landschaft
auf ihr Herz besinnen können, auch noch verschwinden. Weil
mit Windturbinen erneuerbare Energie produziert wird, haben sie ein gutes Image, weshalb der Energieentzug getarnt
geschieht. Die gewonnene seelische Energie kommt den Elek-
trizitätswerken und den Menschen, welche diesen Strom verwenden, zugute.

Wohnen: Jeder Gegenstand in unseren Wohnungen, die Wohnung selbst, das Haus oder das Ferienhaus – alle benötigen
Aufmerksamkeit und seelische Energie. Zusätzlich müssen
wir arbeiten und dabei seelische Energie aufwenden, um alles
zu bezahlen. Auf unserem Weg müssen wir deshalb sorgfältig
mit dem Herzen entscheiden, was wir uns anschaffen und was
nicht. Alle verlorene seelische Energie muss wieder gewonnen werden. Techniken hierzu im Bereich des Wohnens sind
etwa, dem Besuch die Wohnung zu zeigen und dabei Küche
und Heizsystem zu erklären, auf den Preis von Einrichtungs-
gegenständen hinzuweisen oder andere in die Entscheidungen
die Gestaltung betreffend einzubeziehen.

Zeitnot: Meist weist Zeitnot auf seelische Wunden hin. Unter Zeitdruck haben wir kein Vertrauen, dass wir das schaffen, was wir erreichen wollen. Als Grundregel hat jemand, der

den Weg des Herzens geht, jedoch genügend Zeit für alles, was es auf diesem Weg zu tun gibt. Haben wir also einen Mangel an Zeit, so zeigt dies entweder, dass wir unsere Aufmerksamkeit auf Dinge richten, welche nichts mit unserem Weg zu tun haben, oder dass wir zeitaufwendig seelische Energie ersetzen müssen, welche wir wegen verwundeten Seelenchakren oder -strängen verlieren. Zeitnot kann also behoben werden, wenn wir uns auf der seelischen Ebene heilen und alle Entscheidungen mit dem Herzen fällen. Es bringt also nichts, verschiedene Dinge gleichzeitig zu machen oder alles schneller zu erledigen. Stattdessen lohnt es sich, bei Zeitmangel vorerst weniger zu tun, um in der gewonnenen Zeit die seelischen Wunden zu identifizieren und anschließend zu heilen.

ÜBUNG: Seelische Abläufe in Alltagsthemen erkennen

Wählen Sie einige der oben erwähnten Alltagsthemen und versuchen Sie, die seelischen Abläufe zu erkennen. Wie und wo wird seelische Energie verschoben? Mit einer schamanischen Reise entdecken Sie wahrscheinlich zusätzliche verborgene Mechanismen. Beobachten Sie auch andere Alltagsthemen und spüren Sie, wie die seelische Energie fließt.

Und noch ein Thema im Detail: Essen

Nachdem wir nun die seelischen Energieflüsse bei einer Reihe von Alltagsthemen gestreift haben, möchte ich ein weiteres im Detail angehen: Essen. Beim Essen öffnen wir den Mund und öffnen somit einen großen Eingang nach innen. Keine andere Körperöffnung ist regelmäßig so weit offen wie unser Mund. Wenn wir ihn öffnen, vergrößern sich auch die Seelenchakren, sodass wir Seelenstränge viel einfacher aufnehmen. Aus diesem Grund sind Mahlzeiten eine sehr empfindliche Phase.

Das gemeinsame Essen mit einer geliebten Person ist deshalb ein schöner Weg, sich seelisch zu verbinden. Kommen wir hingegen beim Essen in Kontakt mit Personen, deren Seelen Energie rauben, so werden wir auch ihnen gegenüber anfälliger. Hier einige heikle Situationen und was auf der seelischen Ebene oft abläuft:

Essen und Medien: Wenn wir essen und gleichzeitig lesen oder fernsehen, dann nehmen wir die Bewusstseinselemente der Lektüre oder der Sendung viel leichter auf. Zudem können wir – weil ein Teil unserer Aufmerksamkeit auf das Essen gerichtet ist – weniger gut mit dem Herzen entscheiden, auf welche Meldungen wir unsere Aufmerksamkeit richten sollen. Dies gilt auch umgekehrt und es ist schwieriger, mit dem Herzen zu entscheiden, was und wie viel wir essen. In der Regel lohnt es sich deshalb, Essen und Medien voneinander zu trennen.

Geschäftsessen: Während des Essens in Kantinen, bei Weihnachtsessen, während gemeinsamer Pausen, in denen gegessen wird, oder bei anderen Geschäftsessen werden an den entsprechenden Orten vorhandene Seelenstränge leichter aufgenommen. Dies führt zu einer Gleichschaltung der Seelen der Teilnehmer. Diese Essen werden meistens verbilligt oder sind sogar geschenkt, womit die Mitarbeiter für die Teilnahme geködert werden. Für die Firma hat dies große Vorteile, denn es ist einfacher, gleichgeschaltete Mitarbeiter zu führen. Diese Technik haben wir im Kapitel 5 als Seelenlandwirtschaft kennengelernt. Weitere ähnliche Beispiele in anderen Bereichen sind die Kommunion in Kirchen, das gemeinsame Essen bei Festen, in Vereinen oder Familien.

Essen in der Öffentlichkeit: An jedem Ort, an dem wir essen, nehmen wir die dort vorhandenen Bewusstseinselemente einfacher auf: Bei Straßencafés von den Passanten, beim Essen im Zug von den anderen Fahrgästen oder auf öffentlichen Plätzen von den Passanten. Je nach Situation führt dies zu einem seelischen Energiegewinn oder auch zu einem Verlust. Der Energiefluss ist aber nur dann im Sinne unseres Weges, wenn wir mit unserem Herzen entscheiden, wo und mit wem wir essen.

Herkunft des Essens: Auch unser Essen ist beseelt. Wie es angebaut, transportiert, verarbeitet, gelagert und verkauft wird, verändert deshalb die Zusammensetzung der Seele des Essens. So beeinflussen etwa die Stimmung des Landwirts und sein Umgang mit der Nahrungsmittelproduktion, die Art der Verarbeitung oder die Atmosphäre im Verkaufsladen die Seele des Nahrungsmittels: Seelisch gesehen nehmen wir beim Essen immer die ganze Kette mit auf. Nach meinen Beobachtungen spielt es deshalb seelisch gesehen weniger eine Rolle, ob etwas aus biologischem Anbau stammt oder nicht, sondern welcher Respekt und welche Liebe den Nahrungsmitteln während dieser Kette entgegengebracht wurde.

Art und Weise des Essens: Manche Arten des Essens erhöhen die Aufnahme von Bewusstseinselementen. Hierzu gehören zum Beispiel Essen mit offenem Mund oder laute Nebengeräusche wie das Hantieren mit Papiertüten oder Schlürfen, letztere deshalb, weil wir damit die Aufmerksamkeit anderer Menschen auf uns richten.

Übrigens öffnen wir unseren Mund nicht nur beim Essen, sondern auch beim Sprechen oder Singen – und hier schließen wir den Kreis zum eingangs beschriebenen Thema »Lärm«. Deshalb wird überall, wo man Menschen gleichschalten will, nicht nur gemeinsam gegessen, sondern auch gesungen oder miteinander gesprochen. Ein katholischer Gottesdienst ist ein gutes Beispiel: Hier wird miteinander gesungen, im Chor gesprochen und bei der Kommunion zusammen gegessen.

ÜBUNG: Seelische Energieflüsse beim Essen erfahren

Beobachten Sie verschiedene Situationen, in welchen gegessen wird, ob in der Familie, auswärts oder alleine. Analysieren Sie die seelischen Energieflüsse. In welchen Situationen verlieren Sie Energie? Welche unerwünschten Seelenstränge nehmen Sie auf? Wo gewinnen Sie Energie?

Der Umgang mit Alltagsthemen

Alle Themen, bei denen Sie im Alltag seelische Energie verlieren, weisen auf seelische Wunden hin. Diese liegen entweder bei den Seelenchakren oder bei den Seelensträngen. Es geht also selten in erster Linie darum, das Thema im Außen zu lösen, sondern vor allem darum, die betroffenen Wunden zu finden und zu heilen. Das Thema wird sich danach im Außen von alleine lösen, entweder indem es verschwindet oder weil es Sie nicht mehr betroffen macht. Suchen Sie also bei allen Themen des Alltags immer nach Wunden und heilen Sie diese wie in den Kapiteln 3 und 4 dargestellt.

ÜBUNG: Wunden bei Alltagsthemen erkennen

Wählen Sie den heutigen Tag als Beispiel. Beobachten Sie die Themen des Alltags und die seelischen Energieflüsse. Suchen Sie dort, wo Sie einen seelischen Energieverlust spüren, nach eigenen Wunden. Hierzu kann eine schamanische Reise oder eine Frage an die Umgebung hilfreich sein. Heilen Sie die Wunden nach den Anleitungen in den Kapiteln 3 und 4.

Es ist nicht alles problematisch!

Lärm, Alltagsthemen, Essen – bei jedem Thema habe ich mich auf die kritischen Elemente konzentriert. Es ging darum zu zeigen, wo wir im Alltag seelisch gesehen von unserem Weg des Herzens abweichen und wir durch das Heilen wieder auf unseren Weg gelangen. In der Alltagswelt der Seelen ist aber nicht alles problematisch! Es gibt genauso wunderbare Dinge, Begebenheiten und Begegnungen, welche direkt von der Liebe motiviert sind und unser Herz berühren. Diese seelischen Situationen erkennen Sie, wenn Sie mit einem offenen Herz-Seelenchakra durch ihren Alltag gehen. Es mag ein Kind sein, welches Sie anschaut, oder ein Musikstück, das von Herzen gespielt wird, es mag eine schöne Landschaft, eine inspirierende Rede oder eine erfreuliche Begegnung im Zug sein. Bei jedem der dargestellten Alltagsthemen bestehen Bereiche, in welchen die schönen, von Herzen inspirierten Aspekte im Vordergrund stehen. Je weiter Sie den Weg des Herzens gegangen sind, desto häufiger werden Sie diese spüren.

ÜBUNG: Das Herz im Alltag spüren

Wählen Sie einen Tag, an dem Sie Alltagssituationen erleben oder gesellschaftliche Themen wahrnehmen möchten, welche vom Herzen motiviert sind. Gehen Sie nun durch Ihren normalen Alltag und vergegenwärtigen Sie sich ab und zu Ihre Absicht, solche Erlebnisse zu haben. Schenken Sie jeder Situation, in welcher Sie das Herz erkennen, etwas von Ihrer Aufmerksamkeit. Wie unterscheidet sich ein solcher Tag von anderen? Zur Erinnerung: Es geht nicht darum, dies jeden Tag zu machen, sondern die eigenen Wunden zu heilen, damit solche Erlebnisse sich jeden Tag von alleine einstellen.

Geborenwerden und Sterben in Alltag und Gesellschaft

Bei der Geburt und beim Sterben finden genauso wie bei allen anderen Themen problematische und seelische Energie zehrende sowie erfreuliche, vom Herzen motivierte Situationen statt. Weil diese Übergänge besonders gefühlsintensiv sind, ist der seelische Energiefluss oft ausgeprägter als im Leben dazwischen.

Bei einer Geburt werden die seelischen Energieflüsse von allen Umständen und Personen beeinflusst, die einen Zusammenhang mit der Geburt haben: die Umgebung, eventuelle Komplikationen, die Beziehungen zwischen den Eltern sowie zu anderen Familienmitgliedern und Verwandten, das Personal vor Ort etc. Auch beim Sterben spielen die Umgebung, die Umstände des Sterbens, die Beziehungen der Angehörigen und so weiter eine Rolle. Wie überall sonst kann die seelische Energie entweder räuberisch oder von der Liebe motiviert sein.

Was ist unser schönster Beitrag, wenn wir Geburten oder Sterben miterleben? Wir begegnen allem mit einem offenen Herzen! Und überall, wo wir eigene Wunden erkennen, heilen wir diese. Dies wird es uns ermöglichen, unser Herz noch mehr zu öffnen.

Alltag und Vertrauen

Unser Alltag ist unser bester Lehrmeister. Alles, was wir antreffen, jede Situation des Alltags, und sei sie noch so banal, hat verborgene Erkenntnisse, gibt uns Gelegenheiten, uns zu heilen und Entscheidungen mit dem Herzen zu fällen beziehungsweise unsere Energie von der Liebe zu erhalten. Dies führt zu immer mehr Vertrauen. Jeden Tag, in jeder Situation, können wir also weitere Schritte auf unserem Weg unternehmen. Dabei entsteht ein positiver Kreislauf, denn je mehr wir heilen, desto mehr Liebe erfahren wir und desto mehr Energie haben wir für eine weitere Heilung, was zu noch mehr Liebe führt …

8. KAPITEL

Die Seele in zwischenmenschlichen Beziehungen

IN DIESEM KAPITEL ENTDECKEN SIE

❖ wie sich Menschen auf der seelischen Ebene verbinden.

❖ wieso eine Beziehung als solche eine eigene Seele besitzt.

❖ wie eine ideale Beziehung seelisch gesehen aussieht.

❖ wie Beziehungsprobleme sich auf der Ebene der Seele äußern und wie wir sie heilen.

❖ was sich seelisch gesehen in bestimmten Beziehungsformen abspielt.

❖ was zu Beginn und am Ende von Beziehungen geschieht.

❖ wie wir Seelen aus anderen Zeiten kontaktieren.

Kennen Sie diese Geschichte? Ein Mann trifft eine Frau. Sofort spüren beide eine tiefe Verbindung, es schwingt, sie fühlen sich in ihrem Innersten vom anderen berührt, der Kontakt beflügelt sie. Zusammen mit der anderen Person spüren sie die Unendlichkeit, die absolute Liebe. Nur gelingt die Beziehung aus praktischen Gründen nicht. Es bestehen unüberwindbare Hindernisse, vielleicht weil einer der beiden schon in einer Beziehung ist, zu weit weg wohnt, zu alt oder jung ist oder eine vollkommen andere Lebensphilosophie hat. Und dann – manchmal braucht es nur eine Kleinigkeit – verschwindet zur großen Verwunderung der beiden die ganze Energie der Begegnung. Was ist geschehen? Was läuft in einem solchen Fall auf der seelischen Ebene ab?

Wie sich Menschen seelisch verbinden

Seelisch gesehen sind wir dann mit einem Menschen verbunden, wenn wir gemeinsame Seelenstränge haben. Aspekte der anderen Person, welche auf Bewusstseinselementen dieser Seelensträngen basieren, können wir an der anderen Person wahrnehmen, alles andere nicht. Dies gilt nicht nur für Beziehungen zwischen Menschen, sondern selbstverständlich für alle seelischen Beziehungen, also etwa auch zu Tieren oder Pflanzen. Der Einfachheit halber werde ich in diesem Kapitel jedoch immer von zwischenmenschlichen Beziehungen sprechen und nicht immer auf alle möglichen seelischen Verbindungen eingehen. Die folgenden Merkmale charakterisieren Beziehungen auf der Ebene der Seele:

- Sowohl beim Eingang in als auch beim Ausgang aus unserem Bewusstsein filtern wir mit unseren Seelenchakren Bewusstseinselemente von anderen Seelen. Entsprechend nehmen wir nie alle seelischen Aspekte einer anderen Person wahr und sie nicht alle von uns.
- Seelenstränge, auf welche wir unsere Aufmerksamkeit richten, werden gestärkt, die anderen geschwächt. Mit unserer Entscheidung, worauf wir unsere Aufmerksamkeit richten, beeinflussen wir also die Qualität der Beziehung.
- Eine Beziehung ist umso stärker, je mehr gemeinsame Seelenstränge wir haben und je stärker diese schwingen. Für eine tiefe Beziehung zu einer anderen Person müssen also unsere Seelenchakren offen sein, damit wir alle potenziellen gemeinsamen Bewusstseinselemente wahrnehmen können, und wir müssen diesen gemeinsamen Seelensträngen viel Aufmerksamkeit schenken.
- Bei den gemeinsamen Seelensträngen gelten die Gesetze der Wellenlehre: Zwei Seelenstränge, welche mit der gleichen Wellenlänge und in der gleichen Frequenz schwingen, verstärken sich, sofern sie die gleiche Phase haben. Kommt es zu einer perfekten Resonanz, dann verstärken sich die Seelenstränge oft sogar derart, dass alles andere im Vergleich kaum mehr in Erscheinung tritt. Hingegen löschen sich Wellen beziehungsweise Seelenstränge aus, die zwar die gleiche Frequenz und Wellenlänge haben, jedoch entgegengesetzt schwingen. Und werden schließlich von uns ausgehende Wellen oder Seelenstränge an einer Oberfläche reflektiert, gelangen sie in der gleichen Frequenz (und manchmal entgegengesetzt schwingend) zurück. Letzteres kann zu einer Scheinbeziehung führen, in welcher der eine zwar das Gefühl hat, es bestehe eine Beziehung, in Tat und Wahrheit nimmt er aber nur seine eigenen Seelenstränge wahr, welche am anderen reflektiert wurden.
- Weil das Seelische in der Zeit ausgedehnt ist, sind auch See-

lenstränge aus anderen Zeiten Bestandteile unserer Seele. Alle hier dargestellten Zusammenhänge gelten deshalb genauso für Beziehungen mit Menschen aus der Vergangenheit und aus der Zukunft.

Beachten Sie, dass auch auf den Ebenen des Körpers und der Aura Verbindungen zwischen Menschen bestehen. Zur körperlichen Ebene gehört alles, was wir mit unseren Sinnesorganen feststellen können, etwa wie jemand sich anfühlt, wie er aussieht, wie er riecht und so weiter. Auf der Ebene der Aura verbinden sich die Aurachakren mit anderen Menschen. Hier spielen insbesondere gemeinsame Gefühle wie Angst, Trauer, Wut, Sehnsucht und Freude eine Rolle. Diese Beziehungsebenen sind jedoch nicht Gegenstand dieses Buches, werden aber von der seelischen Ebene beeinflusst und beeinflussen diese.

Betrachten wir mit diesen Erkenntnissen die eingangs geschilderte Geschichte. Wenn es zwischen zwei Menschen sehr stark schwingt, dann haben diese Menschen einige stark und vielleicht sogar in Resonanz schwingende gemeinsame Seelenstränge. Vielleicht ist die Schwingung sogar so stark, dass alle anderen Seelenstränge im Vergleich kaum mehr wahrgenommen werden. In diesem konkreten Fall bestehen aber trotzdem zu wenige gemeinsame Seelenstränge, als dass die beiden Menschen real zusammenkommen könnten. Resonanzen verschwinden oft mit der kleinsten Änderung, zum Beispiel dann, wenn sie entgegengesetzt zu schwingen beginnen und sich auslöschen. Dies erklärt, wieso die Beziehung in diesem Fall abrupt von einer starken Anziehung zu keiner spürbaren Verbindung wechselte.

Sollen wir gemeinsame Seelenstränge suchen?

In zwischenmenschlichen Beziehungen ist es schwierig zu bestimmen, ob ein konkreter Seelenstrang tatsächlich von der anderen Person mitgetragen wird oder nicht. Auch dann, wenn wir ein Bewusstseinselement genau definieren und der andere bestätigt, dass er dieses auch hat, ist es nicht sicher, ob es wirklich das genau gleiche ist. Es wäre zwar möglich, wie im Kapitel 2 dargestellt wurde, eigenen Seelensträngen zu folgen und zu beobachten, ob wir dabei die andere Person als Träger entdecken. In zwischenmenschlichen Beziehungen wird ein solches Vorhaben jedoch oft stark von unseren Wunschvorstellungen beeinflusst, was wiederum verhindert, dass wir neutral vorgehen können und deshalb oft meinen, gemeinsame Seelenstränge zu orten, obwohl diese in Tat und Wahrheit gar nicht existieren.

Ich rate deshalb davon ab, nach gemeinsamen Seelensträngen zu suchen. Stattdessen schlage ich vor, dass Sie es offenlassen, ob es solche gibt oder nicht, und sich auf die Heilung Ihrer eigenen Seele und Seelenstränge konzentrieren. Falls der andere Mensch ebenfalls Träger eines bestimmten Seelenstranges ist, hilft ihm Ihre Heilung zwar auch, aber nie steht die Heilung einer anderen Person im Vordergrund. Immer geht es um Sie, denn Ihr Weg ist das Beste, was Sie für alle tun können – wenn Sie den Weg des Herzens gehen, dann vergrößern Sie die Gesamtliebe, und ich wüsste nicht, was man Schöneres für andere Menschen tun könnte. Ich schlage deshalb hier keine Übung vor, wie Sie gemeinsame Seelenstränge finden können, sondern wie Sie dank Beziehungen eigene Bewusstseinselemente finden.

ÜBUNG: In einer Beziehung eigene
Seelenstränge erkennen

Denken Sie an die Beziehung zu einem anderen Menschen.
Was fällt Ihnen auf? Leiten Sie daraus einige Bewusstseinselemente ab und schreiben Sie diese auf. Bewahren Sie die Liste
auf – wir werden Sie später nochmals verwenden.

Hier beispielhaft einige Bewusstseinselemente, welche wir
aus der genauen Wahrnehmung eines anderen Menschen ableiten könnten: Beobachten Sie jemanden, der nervös mit den
Beinen wippt, dann haben Sie eventuell das Bewusstseinselement »Ich bin unruhig« oder »Ich habe keine Geduld.«
Erledigt jemand seine Aufgaben nicht richtig und Sie haben
deswegen mehr Aufwand, dann haben Sie vielleicht die Seelenstränge »Ich muss immer mehr als alle anderen machen«,
»Andere Menschen sind unzuverlässig« oder »Es gibt zu viel
zu tun«. Oder beobachten Sie, wie eine andere Person ihre
eigenen Leistungen betont, obwohl Sie den Eindruck haben, mehr zu tun, dann sind mögliche Bewusstseinselemente »Man wird anhand der Leistung beurteilt«, »Meine Leistung wird nicht anerkannt« oder »Ich werde verdrängt«.
Finden Sie schließlich jemanden sehr schön, dann basiert
diese Feststellung vielleicht auf Bewusstseinselementen wie
»Menschen sind unterschiedlich schön«, »Frauen mit dunkeln Haaren sind attraktiv« oder »Männer mit Dreitagebär-
ten sind anziehend«.

Die Beziehung selbst hat auch eine Seele

Wir haben bereits gesehen, dass alle Seelenstränge, welche wir mit einer anderen Person teilen, die seelische Qualität oder Essenz einer Beziehung bestimmen. Da nun die Summe von Seelensträngen immer eine Seele ergibt, ist auch die Summe der Seelenstränge der Beziehung eine eigenständige Seele. Eine Beziehung als solche ist also auch ein Lebewesen mit einer Seele und einem eigenen Weg. Alle Merkmale von Seelen gelten deshalb auch für Beziehungen auf der Ebene der Seele: Genauso wie sich die Seele eines Menschen natürlicherweise Richtung Liebe ausrichtet, so tut dies auch die Seele einer Beziehung. Und genauso wie die Seele eines Menschen aus einer sich ständig ändernden Summe von Seelensträngen besteht, verändert sich eine Beziehung ebenfalls – gewisse Bewusstseinselemente kommen hinzu, andere gehen verloren. Eine sich entwickelnde Beziehung verändert sich also ständig. Und schließlich können Seelen ihre Energie direkt von der Liebe erhalten oder räuberisch von anderen Seelen.

ÜBUNG: Die Seele einer Beziehung wahrnehmen

Erkennen Sie an, dass Beziehungen eigene Seelen und Wege haben. Bitten Sie in einer schamanischen Reise Ihren Helfer darum, den Kontakt mit der Seele der Beziehung zu einer bestimmten Person aufzunehmen. Wie fühlt sich diese Seele an? Fragen Sie Ihren Helfer, wie Sie den Weg der Beziehung zur Liebe unterstützen können.

Merkmale von gesunden und
verwundeten Beziehungen

Eine gesunde Beziehungsseele entsteht, wenn die Seelen der beiden Träger ebenfalls gesund sind. Dies ist dann der Fall, wenn die Seelenchakren der beiden Beziehungsträger offen sind – sie nehmen also möglichst alle Seelenstränge des Partners wahr – und sie mit dem Herzen entscheiden, welchen sie ihre Aufmerksamkeit schenken und welchen nicht. Beide Träger lassen sich zudem selbst von der Liebe motivieren und suchen ihre Energie nicht beim Partner. Ist dies alles der Fall, entsteht als Folge eine gesunde Beziehung, deren Seele automatisch auch den Weg der Liebe einschlägt. Auf den Punkt gebracht: Sind die Träger der Beziehung seelisch gesund, dann entsteht daraus auch eine seelisch gesunde Beziehung.

Beziehungen sind hingegen verwundet, wenn dies nicht der Fall ist. Sie weisen stattdessen eines oder mehrere der folgenden Merkmale auf:

- *Es bestehen kaum gemeinsame Seelenstränge:* Eine Beziehung ist verwundet, wenn zwar auf der materiellen Ebene eine Beziehung gepflegt wird, aber seelisch gesehen kaum Verbindungen bestehen. Es wird etwa nur aus Gründen der Vernunft oder wegen der starken sexuellen Anziehung geheiratet. Oder es wird eine Beziehung vorgetäuscht, um einen materiellen Vorteil zu erlangen, etwa dann, wenn ein Versicherungsvertreter kumpelhaft auftritt, damit der Kunde aus freundschaftlichen Gründen einem Versicherungskauf zustimmt.

- *Einige der gemeinsamen Seelenstränge sind verwundet:* Entsteht eine Beziehung aus verwundeten gemeinsamen Seelensträngen, so ist die Beziehung ebenfalls verwundet. Diese ist dann anfällig für seelischen Energieraub. Dies führt zu einem seelischen Energiedefizit der Beziehung, welche diese dann oft mit eigenem Energieraub wettmacht. Ein Beispiel: Wenn beide Partner das Bewusstseinselement »Der andere beweist mir seine Liebe, indem er für mich sorgt« aufweisen, können Widersprüche entstehen, weil dieser Seelenstrang eventuell nicht von Herzen kommt, sondern von den Eltern weitergereicht wurde. So kann es sein, dass sich um andere kümmern oder umsorgt werden nicht unbedingt mit den eigenen Wegen des Herzens übereinstimmt. Ein Lebensversicherungsverkäufer kann dann möglicherweise diese Wunde in der Beziehung parasitieren und den Partnern seine Produkte verkaufen. Den so entstandenen seelischen Energieverlust machen die beiden Partner anschließend vielleicht wieder wett, indem sie sich in die Beziehungen ihrer Kinder einmischen. Einige weitere Beispiele von Bewusstseinselementen, welche unter Umständen eigenen Wegen widersprechen, sind: »Alle Männer gehen fremd«, »Männer taugen nicht für den Haushalt« oder »Eine gute Mutter bleibt zu Hause bei den Kindern«.

- *Der eine und/oder der andere Partner hat verwundete Seelenchakren:* Verwundete Seelenchakren lassen uns den Partner nicht vollständig wahrnehmen. Die Beziehung ist dann weniger reichhaltig, als sie sein könnte, wenn nicht einige Beziehungselemente ausgefiltert würden. Es stehen in der Beziehung dann nicht mehr alle Optionen offen, was deren Weg erschwert. Sexuelle Probleme in einer Beziehung können beispielsweise entstehen, wenn nur bestimmte diesbezügliche Bewusstseinselemente durchgelassen werden, wie etwa »Große Männer sind attraktiv«, aber nicht »Männer sind attraktiv, wenn eine seelische Verbindung besteht«.

- *Mindestens ein Partner entscheidet nicht mit dem Herzen:* Auch wenn die Seelenchakren die ganze Vielfalt von möglichen Bewusstseinselementen zulassen, so muss immer noch mit dem Herzen entschieden werden, welchen Seelensträngen die Beziehungsträger ihre Aufmerksamkeit schenken und welchen nicht. Nur wenn diese Entscheidung von beiden Partnern mit dem Herzen gefällt wird, entwickelt sich die Beziehung zu mehr Liebe.

Beachten Sie, dass die meisten Beziehungen sowohl gesunde als auch verwundete Anteile aufweisen. Diese können Sie in der nachfolgenden Übung entdecken:

ÜBUNG: Gesunde und verwundete Anteile einer Beziehung unterscheiden

Analysieren Sie einige Ihrer Beziehungen anhand der oben aufgeführten Merkmale und suchen Sie nach gesunden und nach problematischen Aspekten. Unternehmen Sie hierzu auch eine schamanische Reise oder stellen Sie eine Frage an die Umgebung.

Problematische seelische Energieflüsse in Beziehungen

Weisen Beziehungen eine oder mehrere der oben erwähnten Merkmale verwundeter Beziehungen auf, dann entstehen daraus seelische Energieflüsse, welche nicht von der Liebe stammen. Hier einige Beispiele:

Beziehungen zu Energieräubern: Manchmal verlieren wir über gewisse Seelenstränge dauernd Energie an einen anderen Menschen. Jede Art von Verwundung ist hierzu geeignet und die Mechanismen des Energieraubs sind sehr vielfältig. Hier einige Beispiele, welche die Zeit betreffen: Kommt jemand zu spät, ändert er kurzfristige die gemeinsamen Pläne, zögert er

Entscheidungen hinaus oder zwingt der eine dem anderen den eigenen Lebensrhythmus auf, dann entzieht dieser dem Partner seelische Energie.

Ein Dritter raubt der Beziehung Energie: Die Seele einer Beziehung verliert Energie, wenn sich eine dritte Seele von ihr nährt. Wenn Eltern sich in die Beziehungen der Kinder einmischen oder wenn sich jemand ungefragt zu einer Gruppe gesellt, dann sind dies Beispiele für seelischen Energieentzug aus einer Beziehung.

Eine Beziehung verdrängt alles andere: Wenn die ganze Aufmerksamkeit auf eine einzige Beziehung gerichtet ist, haben alle anderen Verbindungen keine Chance mehr. Dies ist deshalb ein Problem, weil dadurch die Vielfalt und Offenheit des Seelennetzwerkes verloren geht und man so anfälliger für räuberischen Energieentzug wird. Die im Fokus stehende Beziehung muss nicht zwingend mit einem Menschen der materiellen Welt sein. Hören beispielsweise Menschen mit Psychosen Stimmen, so verdrängen diese Verbindungen oft alle Seelenstränge zu realen Menschen.

Reflektierte Seelenstränge: Manchmal geschieht es, dass ein Seelenstrang von der anderen Person nicht getragen, sondern lediglich an dessen Oberfläche reflektiert wird. Dieser gelangt dann unverändert zum Gegenüber zurück. So entsteht der Eindruck, es bestünden sehr viele gemeinsame Seelenstränge, obwohl es sich in Tat und Wahrheit nur um eine Beziehung mit sich selbst handelt. Dies lässt sich mit einem leeren Kreislauf vergleichen, der langfristig zu einem enormen seelischen Energieverlust führt.

ÜBUNG: Mechanismen in problematischen
Beziehungen erkennen

Gehen Sie Ihre Beziehungen durch und analysieren Sie diese
nach den oben beschriebenen Merkmalen. Wie gesund sind
sie? Welche problematischen Elemente können Sie erkennen?
Seien Sie so ehrlich wie nur möglich – eine Beziehung kann
sich nur verbessern, wenn wir uns allen Themen stellen, die
sie auslöst.

Wie in Beziehungen seelische Energie gewonnen wird

Wir haben nun die Gründe für problematische Beziehungen sowie einige Beispiele hierfür kennengelernt. Nun gehen wir einen Schritt weiter und schauen uns die Methoden an, mit denen in problematischen Beziehungen operiert wird. Natürlich sind dabei viele der im vorhergehenden Kapitel erwähnten Themen auch in zwischenmenschlichen Beziehungen wichtig, zum Beispiel wenn jemand durch seine Kleidung auffällt, viel Lärm macht, eigenartig isst und so weiter. Diese werde ich nicht wiederholen, sondern ein paar weitere Möglichkeiten aufzählen, welche spezifisch bei zwischenmenschlichen Beziehungen auftreten.

Sprache: Durch Sprache verlieren wir seelische Energie, wenn andere uns dauernd widersprechen, wenn sie ständig sprechen und uns nicht zu Wort kommen lassen, über andere Menschen klatschen, rasch die Themen wechseln, immer nur über sich sprechen, uns mehr sagen, als wir wissen wollen, Wörter verwenden, die wir nicht verstehen, oder sich auf Situationen und

Menschen beziehen, die wir nicht kennen, sehr leise oder sehr laut sprechen, zögern und ihre Wortwahl zu sorgfältig treffen, fluchen, nicht an dem interessiert sind, was wir sagen, nur in Fragmenten und unvollständigen Sätzen sprechen, sodass wir sie nicht verstehen, zu persönliche Fragen stellen, kein Taktgefühl haben oder zu direkt sind, mit »Ich weiß es nicht« oder einer ähnlichen allgemeinen Aussage antworten, zu viel Klagen oder uns kleinmachen. Eine angepasste Sprache, welche wir gut verstehen, bei der wir nicht unterbrochen werden und die Interesse an uns zeigt, entzieht uns hingegen keine Energie.

Stimme: Auch wenn die Worte richtig sind, kann mit der Stimme entweder deren Bedeutung geändert oder direkt seelische Energie von anderen entzogen werden. Dies ist häufig der Fall, wenn wütend, feuerwerksartig oder zittrig gesprochen wird. Wir verlieren auch dann Energie, wenn die anderen zuerst klar sprechen und dann im Verlauf des Satzes leise und unverständlich werden, oder wenn sie mit einem zu hohen, zu tiefen oder in einem langweiligen Ton sprechen. Eine wohlklingende, harmonische Stimme raubt uns hingegen keine seelische Energie.

Körperhaltung: Kommt uns jemand zu nahe oder bleibt er zu weit weg, trommelt er nervös mit den Fingern, schaut er uns beim Sprechen nicht an, gestikuliert er zu stark oder überhaupt nicht, wird sein ganzer Körper steif oder ballt er die Fäuste, hat er die Beine gekreuzt, hält er beim gemeinsamen Gehen immer wieder an, berührt er uns unangemessen, schüttelt er uns zu stark oder zu schwach die Hände, kratzt er sich zu viel und spielt zu oft mit Schmuck oder anderen Gegenständen, dann verlieren wir wahrscheinlich seelische Energie an diesen Menschen. Jemand, der sich uns in einer angenehmen Distanz zuwendet und mit seinem Körper harmonisch seine Sprache unterstützt, entzieht uns in der Regel keine Energie.

Gesichtsausdrücke: Gesichtsausdrücke sind in der zwischenmenschlichen Kommunikation sehr wichtig, weshalb sie sich auch gut eignen, um anderen seelische Energie zu entziehen. Beispiele sind Gähnen, keine oder übermäßige Gesichtsreaktionen, fehlender Augenkontakt, unpassendes Lachen, auf die Zähne beißen und unehrliches Zwinkern mit den Augen. Gesunde Gesichtsausdrücke sind hingegen lebendig, angenehm und der Situation angepasst.

ÜBUNG: Erkennen, ob seelische Energie entzogen wird

Beobachten Sie die Sprache, Stimme, Körperhaltung und Gesichtsausdrücke Ihrer Mitmenschen genau. Wann wird seelische Energie entzogen und wann nicht? Lernen Sie diese Arten von seelischen Energieflüssen erkennen.

Beziehungen heilen

Problematische Beziehungen und der damit verbundene seelische Energieverlust sind nur möglich, wenn wir seelische Wunden haben. Entdecken wir solche Beziehungen, müssen wir als nächsten Schritt diese Wunden suchen und heilen. Dies heilt als Folge automatisch unsere problematischen Beziehungen. Wohl bemerkt: Wir retten dadurch nicht unbedingt eine konkrete Beziehung. Ist diese stark auf Verwundungen aufgebaut und heilt der andere Partner nicht ebenfalls, dann geht diese Beziehung unter Umständen zu Ende. In solchen Fällen werden wir aber andere Menschen treffen, mit denen wir gesündere Beziehungen aufbauen können. Es bringt also weder etwas, beim anderen anzusetzen, noch bringt es etwas, die Beziehung als solche zu heilen. Es ist immer nur möglich, sich selbst zu heilen. Wir suchen also nach unseren seelischen Wunden, sei es in den Seelensträngen oder in den Seelenchakren, und wir heilen diese wie in den Kapiteln 3 und 4 dargestellt. Zur Heilung von Wunden, welche sich im Kontext der Beziehung zeigen, möchte ich Ihnen drei Übungen vorschlagen:

ÜBUNG 1: Für eine Beziehung wichtige Seelenchakren heilen

Wählen Sie eine problematische Beziehung und bestimmen Sie mit einer Frage an die Umgebung oder mit einer schamanischen Reise, ob Seelenchakren verwundet sind und falls ja, wie sie geheilt werden können.

ÜBUNG 2: Mit dem Herzen die Aufmerksamkeit auf Bewusstseinselemente richten

Nehmen Sie die Liste der Seelenstränge zur Hand, die Sie in der ersten Übung dieses Kapitels erstellt haben. Zu welchen Bewusstseinselementen sagt Ihr Herz Ja, zu welchen Nein? Richten Sie Ihre Aufmerksamkeit eine Zeit lang auf diejenigen, zu welchen Ihr Herz Ja sagt.

ÜBUNG 3: Verwundete Seelenstränge der Beziehung heilen

Suchen Sie in einer problematischen Beziehung nach widersprüchlichen Bewusstseinselementen. Richten Sie Ihre Aufmerksamkeit auf diese Bewusstseinselemente und lassen Sie die Verzweiflung zu, die sie auslösen.

Jede Beziehung hat ihre besonderen Themen und Heilungschancen. Lassen Sie also keine außer Acht – es geht bei der Heilung nicht nur um die Hauptbeziehungen wie die zum Partner, zu Kindern oder Eltern – auch kurze Begegnungen können wertvolle Hinweise geben. Zudem sind nicht nur gegenwärtige Beziehungen relevant, auch vergangene können immer noch auf seelische Wunden hinweisen, die es zu heilen gilt. Ich schlage deshalb eine weitere Übung vor:

ÜBUNG: Beziehungen erfassen,
Heilungsbedarf bestimmen

Stellen Sie eine Liste aller Beziehungen auf, die Sie haben oder hatten. Diese darf durchaus sehr lang sein und einige Zeit in Anspruch nehmen. Entscheiden Sie dann mit dem Herzen, bei welchen Beziehungen zur Zeit der größte Heilungsbedarf besteht. Gehen Sie die Heilung zuerst bei diesen Beziehungen an, so wie in den oben stehenden drei Übungen dargestellt. Dies ist selbstverständlich keine einmalige Angelegenheit, sondern etwas, was im Verlauf eines Lebens alle paar Jahre durchgeführt werden sollte.

Spezielle Beziehungsformen

Jede Beziehungsform weist ihre Besonderheiten auf, aus der wir Wunden erkennen und Erkenntnisse zu unserem Weg Richtung Liebe gewinnen können. Nachfolgend erwähne ich einige mögliche Themen, auf die Sie bei diesen konkreten Beziehungsformen achten könnten. Wie immer sind meine Vorschläge lediglich Ideen. Im Einzelfall müssen Sie selber bestimmen, was diese Beziehungen bei Ihnen genau auslösen.

Freundschaften: Freundschaften gehen wir freiwillig ein. In einer gesunden Freundschaft spüren beide Seiten einen Energiegewinn, eine sehr schöne Sache, die zu pflegen sich lohnt. Da wir gerne Freunde wählen, die uns sehr ähnlich sind, werden wir die Themen der Freunde meist auch bei uns selbst finden.

Liebesbeziehungen: In Liebesbeziehungen suchen wir zwar meist Harmonie und tiefe Verbundenheit, wollen aber unser Selbst gleichzeitig nicht vollständig aufgeben. In diesen Verbindungen können wir uns deshalb mit seelischen Abgrenzungen befassen. Wir fragen: Wer bin ich? Was ist die Gesamtheit der Existenz? Was ist der Unterschied zwischen mir, dem Partner oder überhaupt allem anderen? Seelisch gesehen sind wir immer gleichzeitig eine eigenständige Einheit und auch alles, was wir wahrnehmen können. Liebesbeziehungen helfen uns, dies zu verstehen.

Ehe: Eine Ehe basiert auf einem Vertrag, der materielle Konsequenzen hat. Ehen sind also oft existenzielle Partnerschaften. Natürlich pflegt man in einer Ehe oft auch eine Liebesbeziehung oder eine Freundschaft mit seinem Partner. Wir können uns deshalb in Ehen mit den Spannungsfeldern zwischen seelischer Verbundenheit und materiellen Verträgen befassen. Wir fragen: Folgt die Seele der materiellen Welt oder ist es umgekehrt? Wir werden meist erkennen, dass wir, je mehr Vertrauen wir haben, je mehr wir also unseren Weg des Herzens gehen, desto weniger alle Details der materiellen Welt regeln müssen.

Eltern: Die meisten unserer seelischen Wunden bekamen wir von unseren Eltern während unserer frühen Kindheit. Weil Eltern ihre eigenen Wunden weitergeben, zeigen sie deshalb auch unsere Wunden auf. Da die wenigsten Menschen eigene Wege gehen und seelische Themen heilen, werden die Wunden mit dem Alter tiefer und ausgeprägter. Dies ist meist auch bei unseren Eltern der Fall, weshalb wir bei ihnen unsere Wunden oft sogar deutlicher feststellen können als bei uns selbst. Hierzu gehören auch solche, die bei uns noch nicht sichtbar sind und die wir deshalb frühzeitig erkennen und angehen können. Es lohnt sich also, alles, was uns an unseren Eltern auffällt, auch in uns selbst zu suchen und die notwendige Heilungsarbeit an der Seele und an den Seelensträngen vorzunehmen.

Kinder: Genauso wie wir unsere Wunden hauptsächlich von unseren Eltern bekommen haben, geben wir diese auch an unsere Kinder weiter. Es entsteht so meist eine ganze Kette von Verwundungen, welche von Generation zu Generation weitergegeben werden. Gehen wir den Weg des Herzens, müssen wir diese Ketten durchbrechen. Dies ist wohl auch das Schönste, was wir für unsere Kinder tun können.

Geschwister und Verwandte: Geschwister und andere Verwandte wachsen oft in ähnlichen Seelennetzwerken auf, weshalb ihre Wunden häufig unseren gleichen. Auch hier erkennen wir unsere Wunden, indem wir darauf achten, was uns an unseren Verwandten auffällt. Wird über andere gesprochen, dann werden oft Bewusstseinselemente gestärkt, welche in der Verwandtschaft häufig vorkommen. So werden etwa musikalische oder akademische Talente hervorgehoben und damit Bewusstseinselemente wie »Musizieren ist gut« oder »Zu einer guten Laufbahn gehört eine akademische Ausbildung« gestärkt. Ebenso wird mit Wohn- oder Partnerschaftsformen, der Anzahl der Kinder, Reisezielen und Ähnlichem vorgegangen. Beim genauen Hinhören können wir diese Bewusstseinselemente erkennen und dann bestimmen, ob bei uns ein Heilungsbedarf besteht.

Familien: Die Angehörigen einer Familie bilden meist ein System, in dem spezifische Regeln, Weltanschauungen oder Identitäten vorliegen. Anhand dieser Strukturen können wir deshalb Erkenntnisse über Wunden in unserem Seelennetzwerk gewinnen. Achten Sie auch darauf, wie der Begriff »Familie« von der Politik und der Gesellschaft parasitiert wird. Dabei wird meist vorgegeben, was eine richtige Familie ausmacht und was nicht. Oft wird diese durch Äußerlichkeiten (ein berufstätiger Vater, eine Mutter, die sich hauptsächlich um die Kinder kümmert) definiert. Eine gesunde Familie misst sich jedoch nicht an Kriterien der Gesellschaft, sondern die konkrete Familienstruktur entsteht als Folge der Herzentscheide der einzelnen Mitglieder. Die Seele der Familie geht also dann den Weg des Herzens, wenn die einzelnen Mitglieder dies ebenfalls tun.

Kunden: Unter Kundenbeziehungen verstehe ich das Verhältnis zwischen Arzt und Patient, Verkäufer und Käufer oder Kursleiter und Schüler, bei denen beim Austausch von Dienstleistungen, Kenntnissen oder Waren ein zwischenmenschlicher Kontakt zustande kommt. Ist der zwischenmenschliche Kontakt wichtiger als die Dienstleistung, werden möglicherweise fehlende Beziehungsarten damit ersetzt. In diesem Fall ist das Seelennetzwerk zu wenig vielfältig. Die Ursachen hierfür sind wiederum Wunden, welche wir erkennen und heilen können.

Beziehungen am Arbeitsplatz: Am Arbeitsplatz kommen wir meist mit Menschen zusammen, welche wir nicht selber wählen. Dies gibt uns eine Gelegenheit, die Vielfalt unseres Seelennetzwerkes auszubauen, neue Seelenstränge zu erfahren und dann mit dem Herzen zu entscheiden, inwieweit wir ihnen Aufmerksamkeit schenken wollen. Die Vielfalt an anderen Menschen lässt uns dann auch seelische Wunden identifizieren, auf die wir sonst nicht stoßen würden.

Gruppen: Jede Gruppe hat eine eigene Seele. Gesunde Gruppen entstehen, wenn die Mitglieder mit ihren Herzen entschieden haben, dieser Gruppe beizutreten, und laufend erneut entscheiden, ob sie dabei bleiben oder nicht. In verwundeten Gruppen wird die Gruppe als solche in den Vordergrund gestellt und die Mitglieder müssen das gemeinsame Ziel verfolgen, ob das nun zu ihrem Weg passt oder nicht. In Gruppen können wir also erkennen, inwieweit wir zu unserem Weg stehen oder ob wir Wunden haben, welche zulassen, dass wir uns der Gruppe unterordnen. Erkenntnisse über Gruppen lassen sich auch gewinnen, wenn wir diese von außen beobachten: Wir erkennen eine verwundete Gruppenseele, wenn diese der Umgebung Energie entzieht, zum Beispiel indem die Mitglieder laut sprechen und über Dinge lachen, welche die mithörenden Menschen nicht verstehen oder sie nichts angeht, wenn sie anderen im Weg stehen wie etwa Reisegruppen, welche an engen Stellen anhalten, oder wenn die Mitglieder andere nötigen, sich nach ihrem Terminplan zu richten. Beobachten wir solche Verhaltensweisen, heißt dies nicht nur, dass die Gruppe und ihre Mitglieder verwundet sind, sondern auch, dass wir diese Themen selbst haben – sonst würden sie uns nicht auffallen.

Seelenverwandtschaft, Seelenpartner, Dualseelen

Wenn von Seelen und Beziehungen gesprochen wird, fallen häufig die Begriffe Seelenverwandtschaft, Seelengruppen, Seelenpartner oder Dualseelen. Was ist mit diesen Begriffen gemeint und wie können wir den Bezug zum hier dargestellten System des Seelennetzwerkes herstellen? Hier einige Bemerkungen zu diesen Bezeichnungen:

Oft wird unter **Seelenverwandtschaft** eine Gruppe von Seelen verstanden, welche eine gemeinsame Aufgabe zu erledigen hat und deshalb in verschiedenen Leben immer wieder aufeinandertrifft. Aus zwei Gründen passt diese Idee nicht in das hier vorgestellte Konzept von Seelen: Unser Seelenbild kennt weder eine übergeordnete Absicht oder Aufgabe (abgesehen davon, der Liebe zu folgen, was aber weniger eine Aufgabe, als ein natürliche Drang ist), noch inkarnieren Seelen als Einheit von Leben zu Leben. Hingegen bestehen sehr wohl Gruppen von Seelen mit sehr vielen gemeinsamen Seelensträngen, welche sich auch über verschiedene Zeiten ausdehnen. Entwickelt sich dieses Netzwerk, so gleicht das Resultat durchaus der Idee der Seelenverwandtschaft, auch wenn es nicht aus den gleichen Gründen entstanden ist.

Unter **Seelenpartnerschaft** versteht man üblicherweise zwei Personen, deren Seelen sehr nah verwandt sind und deshalb schon viele gemeinsame Leben zusammen verbracht haben. Hier gelten die gleichen Bemerkungen wie zur Seelenverwandtschaft, nur handelt es sich hier um zwei Seelen statt um eine Gruppe. In unserem Seelenbild würde es sich also um zwei Seelen handeln, welche besonders viele gemeinsame Seelenstränge aufweisen.

Schließlich wird unter einer **Dualseele** gewöhnlich eine einzelne Seele verstanden, welche sich auf zwei Menschen verteilt hat. Diese beiden Menschen spüren deshalb eine ganz besondere Affinität zueinander. Viele Menschen suchen sogar ein Leben lang nach diesem anderen Menschen. Wie lässt sich das mit unserem Modell erklären? Auch hier sind es Menschen, deren Seelen besonders viele Seelenstränge miteinander teilen, in diesem Sinne handelt es sich also um das Gleiche wie eine Seelenpartnerschaft. Im hier dargestellten Modell kann eine Seele sich nicht auf zwei verschiedene Menschen aufteilen, jeder Mensch hat eine eigene Seele, wir können jedoch durchaus mit einer anderen Person viele Seelenstränge teilen. Einen Partner, der uns ganz nahe steht und mit dem wir viele Seelenstränge teilen, finden wir im Übrigen, indem wir den Weg des Herzens gehen und uns dabei heilen. Meines Erachtens ist die

Sehnsucht nach einem Seelenpartner die Sehnsucht nach einer nahen und gesunden Beziehung.

Beziehungen beginnen und enden

In der materiellen Welt können wir uns entscheiden, ob wir mit jemandem zusammen sein möchten oder nicht, und es ist relativ klar, wann eine Beziehung begonnen und wann sie beendet wurde. Auf der Ebene der Seele ist dies weniger eindeutig, denn schon vor dem Beginn der Beziehung in der materiellen Welt hatten wir bereits gemeinsame Seelenstränge, und auch nachdem sie beendet wurde, verbleiben solche. Grundsätzlich stärken wir eine Beziehung, wenn wir unsere Aufmerksamkeit auf gemeinsame Seelenstränge richten, und wir schwächen sie, wenn wir sie auf etwas anderes richten.

Der Beginn und das Ende einer Beziehung sind also seelisch gesehen fließende Prozesse. Am natürlichsten ist es, wenn wir die Beziehung auf der materiellen Ebene der seelischen folgen lassen und nicht umgekehrt. Wenn wir uns also auf die seelischen Vorgänge konzentrieren, dann entstehen die richtigen materiellen Beziehungen von alleine. In anderen Worten versuchen wir, weder eine Beziehung zu gewinnen noch eine zu beenden, sondern wir fokussieren uns auf unseren Weg und unweigerlich folgt der Rest. Nicht, dass dabei keine konkreten Handlungen nötig sind: Wir müssen immer noch jemanden um ein Date bitten oder bei einer Scheidung zum Gerichtstermin gehen – aber diese Dinge werden Teil eines natürlichen Flusses.

In die Praxis übersetzt heißt dies: Egal in welcher Beziehungssituation wir uns gerade befinden, wir richten uns immer nach unserem eigenen Weg, nach dem Weg des Herzens. Jede Entscheidung stellt dabei einen Schritt auf diesem Weg dar. Ob wir jemanden anrufen, ob wir gemeinsame Ferien vorschla-

gen, ob wir zusammenziehen oder ob wir wieder ausziehen –
alles sind Entscheidungen des Herzens. Parallel dazu konzentrieren wir uns auf die Heilung der Seele: Wir identifizieren
Seelenchakren und Seelenstränge, welche der Heilung bedür-
fen, und gehen diese an. Wir bemühen uns vor allem um diese
Heilung und viel weniger darum, wo und wie wir wohl einen
geeigneten Partner finden oder wie wir genau vorgehen müssen, um uns vom jetzigen Partner zu lösen.

Die Beziehung zu Seelen aus anderen Zeiten

Wie bereits erwähnt bestehen in seelischen Bereichen keine Einschränkungen bezüglich der Zeit. Unsere Seelenstränge werden deshalb auch von Menschen aus anderen
Zeiten getragen, und in diesem Sinne stehen wir durchaus in
Beziehung zu Menschen, die nicht mehr leben, und zu solchen,
die noch nicht geboren wurden.

Dabei müssen wir beachten, dass wenn wir eine Verbindung
zu einem verstorbenen Menschen spüren, sich unsere Seelenstränge mit seiner Seele während der Zeit, als dieser Mensch
noch lebte, verbinden, und nicht etwa mit ihm in der heutigen
Zeit. Eine Verbindung zu ihm im Jetzt ist nicht möglich, weil
sich die Seele mit dem Sterben auflöst.

Auch Beziehungen zu Verstorbenen können verwundet sein
und uns Gelegenheiten zur Heilung geben. Es ist deshalb nie
zu spät, die Beziehung zu den Eltern oder auch zu anderen
wichtigen Bezugspersonen zu heilen, auch wenn diese nicht
mehr leben.

Die Idee, dass man auch Beziehungen mit Menschen aus der
Zukunft haben kann, wirkt zwar weltfremd, ist aber die logische Konsequenz aus der Zeitunabhängigkeit der Seelen. Aus
dem hier vorgestellten Modell geht aber auch hervor, dass es
mehr als eine Zukunft geben kann, je nachdem, wie wir uns

entscheiden. Erinnern Sie sich hierzu an die Grafik in Kapitel 2: Je nach dem Weg, den wir einschlagen, gelangen wir unterschiedlich weit auf der Bewusstseinsachse. Die unterschiedlichen Zukunftsoptionen sind also Punkte mit verschiedenem Bewusstsein zu einer gegebenen Zeit. Die wichtige Konsequenz daraus ist, dass selbst wenn wir jemanden aus der Zukunft spüren sollten, wir deshalb daraus *nicht* ableiten können, wie unsere Zukunft konkret aussehen wird. Versuchen Sie dies bitte deshalb gar nicht erst, sondern gehen Sie vor wie immer: Spüren Sie eine problematische Beziehung aus der Zukunft, dann suchen Sie – wie gehabt – nach Gelegenheiten, sich selbst zu heilen.

Geboren werden und sterben in Beziehungen

Seelisch gesehen ist geboren werden und sterben ähnlich dem Beginn und Ende von Beziehungen. Diese Übergänge sind weit weniger abrupt als in der materiellen Welt. Menschen kommen also langsam zur Welt, und schon nach der Zeugung beginnen sich die Seelenstränge anzuhäufen, ein Prozess, welcher während der ganzen Schwangerschaft weitergeht und auch nach der Geburt nicht aufhört.

Auf der anderen Seite des Lebens sieht es genauso aus. Menschen sterben nicht schlagartig, sondern seelisch gesehen nimmt vor dem Tod eines Menschen die Anzahl seiner gemeinsamen Seelenstränge mit Menschen, zu denen er eine Beziehung hat, in der Regel ab. Auch nach dem materiellen Tod bleiben manche Seelenstränge noch eine Zeit lang bestehen.

Unsere Beziehung zu einem Kind, das geboren wird, oder zu einem Sterbenden ist also ein fließender Übergang. Nur in der materiellen Welt kann ein bestimmter Geburts- oder Todeszeitpunkt festgelegt werden.

Vertrauen in Beziehungen

In Beziehungen findet Vertrauen auf zwei Ebenen statt: Erstens auf der Ebene unseres Weges des Herzens. Hier gewinnen wir an Vertrauen, wenn wir jeweils die Gelegenheiten zur Heilung wahrnehmen, welche sich dank unserer Beziehungen ergeben. Mit unserem so gewonnenen Vertrauen gehen wir dann wiederum die verschiedenen Beziehungssituationen an, die sich im Lauf des Lebens ergeben: Wir spüren, wann und mit wem wir zusammenkommen, wann es richtig ist zu bleiben und wann es richtig ist zu gehen, wie wir mit Verlusten umgehen und so weiter. Zweitens gehört zum Vertrauen in zwischenmenschlichen Beziehungen auch ein anderes Thema: Betrug. Betrug führt in der Regel zum Verlust von Vertrauen zu Menschen, Gruppen oder Organisationen. Ein Betrug findet dann statt, wenn sich die andere Partei nicht an eine Abmachung hält. Diese kann explizit oder impliziert formuliert worden sein: Explizite Abmachungen entstehen beispielsweise dann, wenn ein Paar sich sexuelle Treue verspricht oder finanzielle oder zeitbezogene Vereinbarungen trifft. Implizite Abmachungen beinhalten die gleichen Themen, sie werden jedoch nie ausformuliert, sondern von dem einen oder dem anderen Partner angenommen. Betrug bei expliziten Abmachungen ist klar: Die getroffenen Einigungen werden nicht eingehalten. Einer geht fremd, bezahlt seinen Anteil nicht oder hält sich nicht an zeitliche Vereinbarungen. Bei impliziten Abmachungen kann es aber sein, dass nur einer diese als Verpflichtung wahrgenommen hat. In diesem Fall empfindet nur der eine Partner den Betrug, der andere jedoch nicht.

Wie geht man bei Betrug vor? Heilen! Ob wir selbst betrogen haben oder ob es der andere war – in beiden Fällen geht es darum, immer konsequent mit dem Herzen zu entscheiden und betroffene Seelenstränge und -chakren zu heilen.

9. KAPITEL

Die Seele in unserer Gesundheit

IN DIESEM KAPITEL ENTDECKEN SIE

❖ wie die Seele und unsere Gesundheit zusammenhängen.
❖ wie Sie gesundheitliche Probleme auf der
Ebene der Seele angehen.
❖ wie Sie die symbolische Bedeutung von
Symptomen für die Seele erkennen.
❖ konkrete Tipps im Umgang mit medizinischen
Behandlungsmethoden.

Frage ich »Wie geht es Dir?«, dann höre ich viel häufiger Antworten wie »Ich habe Kopfweh« oder »Mein Rücken schmerzt« als etwa »Ich habe eine alte Geschichte heilen können«. Ich erhalte also viel eher Antworten, welche unser körperliches Befinden betreffen, als solche, die mit der Seele oder mit unseren Wegen zu tun haben. Im darauffolgenden Smalltalk geht es dann weiter mit »Gesundheit ist das Wichtigste« oder »Hauptsache, man ist gesund«.

Entsprechend bangen wir um unsere Gesundheit und geben als Gesellschaft mit Steuergeldern und Krankenkassenprämien sehr viel Geld für das Gesundheitswesen aus. Mit unglaublichem Aufwand versuchen wir, das Leben um ein paar Monate zu verlängern, und wo es nur geht, verhindern wir körperlichen Schmerz. Wir betrachten uns als gesund, wenn wir keine körperlichen Probleme spüren, und ein Leben wird dann als lebenswert angesehen, wenn keine einschränkenden Symptome vorkommen. Gleichzeitig werden die gesundheitlichen Normen immer enger gefasst, und es braucht deshalb immer weniger, um als krank zu gelten – mittlerweile gehören mitunter bereits »Schönheitsmängel« dazu.

Auch psychische Leiden werden immer häufiger als körperliche Symptome behandelt. Obwohl »Psyche« auf Griechisch »Seele« bedeutet, werden psychische Krankheiten als biologische Probleme des Gehirns oder des Nervensystems angesehen, etwa als Störungen bei Neurotransmittern. Entsprechend werden psychische Leiden mit Medikamenten angegangen, welche im Gehirn oder im Nervensystem wirken. Die Seele, so wie wir sie in diesem Buch kennengelernt haben, wird dabei immer seltener berücksichtigt.

Kurz: Wir setzen beim Körper an und hoffen, dass dies die Seele beeinflusst. Doch wäre es nicht umgekehrt besser? Wir wissen mittlerweile, dass die Seele dem Körper übergeordnet ist. Somit hat die Seele einen Körper und nicht der Körper eine Seele. Wir müssten deshalb alles umgekehrt betrachten.

Der Zusammenhang von Seele und Gesundheit

Unser Körper und unsere Seele hängen eng zusammen. Alles, was mit der Seele geschieht, wird früher oder später im Körper sichtbar. Bemerken wir ein körperliches Symptom, ist die Seele bereits krank. Heilen wir also die Seele, so hilft dies auch dem Körper. Der Körper hat jedoch eine gewisse Trägheit, das heißt, es muss eine gewisse Zeit vergehen, bis sich eine seelische Heilung im Körper bemerkbar macht. Für einige Symptome ist es auch bereits zu spät, sodass diese bei einer seelischen Heilung nicht mehr verschwinden. So wächst etwa ein verlorenes Bein nicht mehr nach. Der Maßstab für die Heilung aus Sicht des Schamanen ist deshalb auch nicht das Verschwinden des körperlichen Symptoms, sondern es sind die Schritte, welche wir auf unserem Weg des Herzens gegangen sind. Wir erkennen in der Regel, dass wir die Schritte gemacht haben, wenn das Symptom uns nicht mehr betroffen macht, es also keine Wut, Sehnsucht oder Verzweiflung mehr auslöst.

Wenn wir alle seelischen Themen möglichst frühzeitig angehen, hilft dies, den Körper gesund zu erhalten. Es kommt also unserer Gesundheit zugute, wenn wir jede Gelegenheit wahrnehmen, seelische Wunden zu heilen, wenn wir also jede Alltags- und Beziehungssituation hierzu nutzen. Ich habe deshalb auch die Kapitel über den Alltag und über die zwischenmenschlichen Beziehungen diesen vorweggenommen: Arbeiten wir an diesen Themen, dann bleiben wir gesünder.

Aber auch der geübte Schamane hat körperliche Symptome – diese lassen sich nie ganz vermeiden. Auch kann er dank ihnen wertvolle Schritte auf seinem Weg gehen: Treten körperliche Symptome auf, sucht er immer nach seelischen Wunden, die er dann heilt. Bereits bei schwachen Symptomen hält er nach Heilungsmöglichkeiten Ausschau, etwa bei einer Erkältung, bei schwachem Kopfweh oder bei leichten Knieschmerzen, denn dies kann schlimmeren Krankheiten vorbeugen. Ich betone dabei »kann«, denn die Wege eines Menschen sind im Voraus nicht klar, und vielleicht zeigen genau die Herausforderungen einer gravierenden Krankheit wichtige Schritte auf dem eigenen Weg.

Gehen wir den Weg Richtung Liebe, entscheiden wir selbstverständlich auch betreffend aller Belange des Körpers mit dem Herzen. Das Herz bestimmt also, was und wie viel wir essen, was und wie viel wir trinken, wie viel und auf welche Art wir uns bewegen, wann wir schlafen gehen, wie viel wir arbeiten, wie viel wir ruhen, ob wir zum Arzt gehen, ob wir ein Medikament nehmen und so weiter. Wir achten deshalb immer genau darauf, was wir gerade entscheiden, und hören stets auf unser Herz. Wir lassen jeweils die Logik und das Bauchgefühl aus dem Spiel. Wir essen also nicht deshalb viel Gemüse, weil es viele Vitamine oder Faserstoffe hat, auch nicht deshalb, weil wir Angst haben, anderenfalls Richtlinien für eine gesunde Ernährung nicht zu beachten, sondern weil unser Herz zum Gemüse Ja sagt.

Auf den Punkt gebracht: Die beiden Elemente eines Weges zur Liebe – Herzentscheide und seelische Heilungsarbeit – gelten auch für körperliche oder psychische Krankheiten. Als Nebeneffekt führt dies meist zu einer besseren Gesundheit. Und sollte es dies nicht tun, dann sind die Herausforderungen der Krankheit eine wichtige Gelegenheit, weitere Schritte Richtung Liebe zu gehen.

Grundsätzliche Möglichkeiten der Heilung körperlicher Symptome

Wie gehen Sie konkret vor, wenn Sie Symptome einer Krankheit feststellen? Ich schlage hierzu folgende Schritte vor:

1) Fertigen Sie eine Liste aller Möglichkeiten an, welche Ihnen im Umgang mit dem Symptom in den Sinn kommen. Hierzu gehört immer die Heilung der Seele, aber daneben bestehen auch Möglichkeiten, welche den Körper betreffen, etwa ein Arztbesuch, Medikamente, eine Auszeit, eine Reise oder ein Wellness-Wochenende.

2) Entscheiden Sie mit dem Herzen, welche der Möglichkeiten Sie umsetzen. Meist kombinieren Sie dabei verschiedene Optionen; Sie werden also nicht nur auf der seelischen Ebene heilen, sondern zusätzlich zum Arzt gehen oder ein Wellness-Wochenende einplanen. Es kann aber durchaus auch sein, dass es zurzeit gar nichts zu tun gibt. Beachten Sie dabei, dass Herzentscheide nur in der Gegenwart gefällt werden können. Sie müssen deshalb Ihre Liste immer wieder durchgehen. Womöglich sagt Ihr Herz heute Nein zu etwas, stimmt aber morgen zu.

3) Gehen Sie die seelische Heilung an. Sagt Ihr Herz Ja zu den seelischen Themen, dann suchen Sie nach verwundeten Seelenchakren oder Seelensträngen und heilen Sie diese wie in den Kapiteln 3 und 4 dargestellt. Alle schamanischen Hilfsmittel sind hier von Nutzen, das heißt mit einer Beobachtung der Umgebung oder einer schamanischen Reise gelangen Sie oft schnell zu den richtigen Themen und erfahren, was es genau zu heilen gibt. Daneben kann auch die Krankheit selbst Hinweise geben, entweder direkt oder in der Art und Weise, wie sie sich äußert, worauf wir in späteren Abschnitten noch genauer eingehen werden.

Achtung: In Notfällen müssen Sie schnell entscheiden. Kontaktieren Sie in solchen Situationen ohne zu zögern die Notfalldienste und gehen Sie die seelischen Themen nachträglich an.

Und wann sind wir geheilt?

Ich habe es schon angesprochen: Wir messen unsere Heilung nicht daran, ob unser Symptom verschwunden ist oder nicht, sondern daran, ob es uns noch betroffen macht. Selbstverständlich darf das Symptom verschwinden, aber sollte es noch da sein, sind wir trotzdem geheilt, wenn es keine Wut, Sehnsucht oder Verzweiflung mehr auslöst.

Diese Erkenntnis ist deshalb wichtig, weil wir uns nicht an materiellen Dingen messen, sondern daran, ob wir Schritte des Herzens unternehmen. Jeder Mensch kann dies, ob er nun körperliche Einschränkungen hat oder nicht. Auch wenn wir schwach sind und uns in den letzten Minuten unseres Lebens befinden oder wenn wir von einer unheilbaren Krankheit befallen sind, können wir noch wichtige Schritte auf dem Weg des Herzens unternehmen. Egal in welcher Situation wir also sind, immer ist es möglich, einen Beitrag zur Gesamtliebe zu leisten.

Fallbeispiel der seelischen Heilung einer Krankheit

Als Fallbeispiel wähle ich eine Erkältung. Es ist sinnvoll, an einfacheren Krankheiten zu üben, zumal diese oft ebenfalls zu wertvollen Erkenntnissen führen und die betreffende seelische Heilung womöglich sogar gravierenderen Krankheiten vorbeugt. Im folgenden Beispiel bat ich einen Mann, das oben aufgeführte Vorgehen Schritt für Schritt durchzuspielen.

1) *Liste der Möglichkeiten:* Seine Liste umfasste die folgenden Punkte: Auf der seelischen Ebene heilen, ein heißes Bad nehmen, sich krank melden und ein Tag im Bett bleiben, Medikamente nehmen, Vitamin C schlucken, heißen Tee trinken, in die Sauna gehen, ins Fitnesscenter gehen, Yogaübungen machen. (Zur Erinnerung: Bei den Möglichkeiten kommt es nicht darauf an, ob diese üblich sind oder nicht. Alles ist erlaubt.)

2) *Herzentscheid:* Sein Herz sagte Ja zur Heilung auf der seelischen Ebene, zum heißen Bad und zum Teetrinken. Es sagte Nein zu den anderen Möglichkeiten.

3) *Heilung auf der Ebene der Seele:* Auf einer schamanischen Reise fragte er seinen spirituellen Helfer, ob er verwundete Seelenchakren habe und wie er sie heilen könne. Dieser zeigte auf das Seelenchakra des Scheitels seines Kopfes. Der Helfer fand, dieses drehe sich ungenügend, und um es zu heilen, müsse er sich bewusst entscheiden, es zu öffnen und dabei vor allem auf den Ausgang dieses Chakras achten. Als konkrete Handlung solle er sich in den nächsten Tagen immer wieder hinsetzen und bewusst jeden Gedanken, jede Erinnerung und jedes Gefühl durch dieses Chakra hinauslassen. Der Mann fragte seinen spirituellen Helfer anschließend, ob er zusätzliche Wunden in seinen Seelensträngen habe. Ja, fand der Helfer, es gebe in ihm widersprüchliche Bewusstseinselemente, welche in Zusammenhang mit seinen Bemühungen, Gewicht zu verlieren, stünden, z.B.: »Mit einem leichteren Körper fühle ich mich freier«, »Werden Reserven angezapft, muss gespart werden«, »Sparen kann man mit einer Absenkung der Körpertemperatur«, »Ein kalter Körper führt zu einer Erkältung«. Mit seinem Herzen entschied er, seine Aufmerksamkeit vor allem auf das Bewusstseinselement »Mit einem leichten Körper bin ich frei« zu richten. Heilen konnte er, indem er die Verzweiflung zuließ, welche durch den Widerspruch zu den anderen Bewusstseinselementen aufkam. Dabei spürte er jeweils auch eine diffuse

alte Verzweiflung, Anforderungen nicht zu genügen. Er konnte sie zwar nicht genau lokalisieren, aber auch diese ließ er zu. Gleichzeitig nahm er warme Bäder und trank viel Tee.

Die Erkältung verschwand zwar nicht sofort, doch ging sie schneller vorbei als sonst. Später berichtete er, dass die Heilung auf der Ebene der Seele ihm auch geholfen habe, sein Wunschgewicht zu erzielen, und zwar ohne weitere Erkältung. Und nun sind Sie an der Reihe:

ÜBUNG: Heilung von Krankheiten auf der seelischen Ebene

Wählen Sie für Übungszwecke zuerst eine eher harmlose Krankheit und wagen Sie sich erst, nachdem Sie etwas geübt haben, an Ihre gravierenderen Symptome. Gehen Sie schrittweise vor: 1) Schreiben Sie Möglichkeiten auf, wie Sie mit dem Symptom umgehen könnten. Eine dieser Möglichkeiten ist immer die seelische Heilung. 2) Bestimmen Sie mit dem Herzen, welche davon Sie umsetzen wollen. 3) Falls Ihr Herz zustimmt, suchen Sie nach seelischen Heilungsmöglichkeiten und führen Sie diese aus.

Kontakt mit der Seele einer Krankheit aufnehmen

Auch eine Krankheit ist beseelt und besteht deshalb aus einer Summe von Seelensträngen mit Bewusstseinselementen. Wie jede andere Seele beschreitet auch die Seele einer Krankheit einen Weg. Befällt uns eine Krankheit, so teilen wir Seelenstränge mit ihr. In diesem Sinne gehen wir eine Beziehung mit der Krankheit ein, in welcher sich die gleichen

Mechanismen in uns abspielen wie im vorangehenden Kapitel dargestellt. Obwohl die Beziehung problematisch ist – in der Regel verlieren wir seelische Energie an die Krankheit –, gehen wir im Wissen, dass sie beseelt ist, respektvoller mit ihr um und haben damit bereits einen ersten Schritt zur Heilung vorgenommen. Ich schlage deshalb vor, dass Sie den Kontakt mit der Seele einer Ihrer Krankheiten aufnehmen:

ÜBUNG: Mit der Seele der Krankheit Kontakt aufnehmen

Bitten Sie Ihren spirituellen Helfer darum, Ihnen den Kontakt mit der Seele Ihrer Krankheit zu vermitteln. Sprechen Sie mit der Krankheit und fragen Sie sie, ob sie Ihnen etwas mitteilen will. Üben Sie auch hier zuerst mit harmloseren Krankheiten, bevor Sie sich mit gravierenderen auseinandersetzen.

Hier ein Beispiel eines schamanisch geübten Mannes, welcher seinen spirituellen Helfer bat, ihm den Kontakt zur Seele seines Prostatakrebses zu vermitteln. Er sah den Krebs als Teufel, ganz in Schwarz, mit Gabel und Schwanz, welcher ihn von der Teufelsbrücke auf der Gotthardpassstraße bei Göschenen zu stoßen versuchte. Der Mann wich dem Teufel dauernd aus und erreichte deshalb nie die andere Seite. Der spirituelle Helfer schlug ihm vor, sich dem Teufel zuzuwenden. Als er dies tat, verwandelte sich dieser in eine hübsche Frau mit einem Blumenkranz um den Hals, welche ihn an der Hand nahm und über die Brücke führte. Als die beiden auf der anderen Seite angekommen waren, blickte der Mann auf die Brücke zurück und sah, dass der Teufel immer noch dort war. Beim genauen Hinschauen, so interpretierte er, würde er wohl Aspekte der Krankheit erkennen, die durchaus positiv sind und die es ihm

219

ermöglichen würden, die Schlucht beziehungsweise die gegenwärtigen Hindernisse zu überwinden und weitere Schritte auf seinem Weg vorzunehmen.

Bestimmen, wie die Krankheit uns Energie entzieht

Die seelische Beziehung zu einer Krankheit ist meist mit einem Energieverlust verbunden. Die Seele der Krankheit erhält also ihre Energie nicht von der Liebe, sondern von ihren Trägern, den kranken Menschen. Erkennen wir, welche Mechanismen verwendet werden, so gibt dies Hinweise auf Heilungsmöglichkeiten. In der Beziehung zur Krankheit können alle im Kapitel 5 dargestellten energieraubenden Möglichkeiten auftreten, also Seelenräuber, -parasiten, -viren oder Mechanismen wie Weiden oder Seelenlandwirtschaft.

Der seelische Energieverlust durch die Krankheit wird gebremst oder gestoppt, wenn wir uns auf der seelischen Ebene heilen. Das Energiedefizit, welches während der Krankheit entsteht, wird am besten mit Liebe gefüllt. Obwohl wir krank sind, versuchen wir uns deshalb möglichst über das Herz mit der Liebe zu verbinden. Tun wir dies nicht, besteht das Risiko, dass wir mitunter selbst zu Energieräubern werden. So helfen manche Symptome wie etwa Husten, die Aufmerksamkeit auf uns zu richten. Auch kann unsere Krankheit bei unseren Mitmenschen Mitleid und ein Pflegebedürfnis erwecken, was bei uns zu einem Energiegewinn führt. Es ist manchmal schwierig, die eigenen Wunden zu erkennen, welche uns in solchen Situationen zu Energieräubern machen, doch lohnt sich der Aufwand, denn jede Wunde, die wir an uns erkennen, unterstützt die seelische und damit auch die körperliche Heilung.

Bestimmen Sie nun anhand einer Krankheit die seelischen Energieflüsse:

ÜBUNG: Seelische Energieflüsse bei einer
Krankheit

Wählen Sie eine Krankheit und beobachten Sie mit einer Frage an die Umgebung oder mit einer schamanischen Reise die
Art und Weise der seelischen Energieflüsse. Beachten Sie dabei
nicht nur den Energieverlust an die Krankheit, sondern auch
den Gewinn, welchen Sie durch erhöhte Aufmerksamkeit anderer haben. Wie sieht Ihre seelische Energiebilanz aus?

Eine Frau erkannte die folgenden Energieflüsse bei einer Grippe: Während der Krankheit entzog diese ihr ständig parasitisch Energie. Sie verlor auch Energie im Wartzimmer der
Arztpraxis, gewann jedoch etwas hinzu während der Konsul-
tation. Auch erhielt sie Energie von ihren Mitmenschen, welche ihr Zuwendung und gute Wünsche überbrachten. Weil sie
ein paar Tage der Arbeit fernblieb, verlor sie dort etwas weniger Energie als sonst. Ein Teil dieser Energie büßte sie jedoch
wieder ein, als sie später die Arbeit nachholen musste.

Bewusstseinselemente von Krankheiten
bestimmen

Wir haben gesehen, dass eine Krankheit dann zustande
kommt, wenn wir gemeinsame Seelenstränge mit ihr
teilen. Es lohnt sich deshalb, nach diesen zu suchen, Widersprüche bei den Bewusstseinselementen zu erkennen und diese
zu heilen. Diese Seelenstränge finden wir, indem wir notieren,
was uns an der Krankheit auffällt, und die Bewusstseinselemente identifizieren, welche diese Beobachtung ermöglichen.
Es kommt dabei nicht darauf an, ob alle so gefundenen Be-

wusstseinselemente tatsächlich auch mit der Krankheit geteilt werden, wichtig ist lediglich, dass wir Widersprüche bei uns erkennen und diese heilen.

Die Bewusstseinselemente für eine konkrete Krankheit sind von Mensch zu Mensch verschieden. Die nachfolgenden Beispiele müssen also nicht auf Sie zutreffen, sondern sie dienen dazu zu zeigen, wie so etwas gemacht werden kann.

Infektionskrankheiten: Infektionskrankheiten wie eine Grippe ernähren sich parasitisch von uns, vermehren sich durch unsere Energie und zusätzlich geben wir sie weiter. Sind wir von einer solchen Krankheit befallen, suchen wir also nach Bewusstseinselementen, die nichts mit unserem Weg zu tun haben, die uns Energie rauben und die wir sogar aktiv vermehren und weitergeben. Bei einer Grippe stellte eine Frau zum Beispiel das Bewusstseinselement »Ich bekomme zu wenig Zuwendung« fest, welches ihr seelische Energie raubte, denn egal wie viel Zuwendung sie erhielt, nie war es genug. Sie vermehrte das Bewusstseinselement, indem sie immer wieder verkündete, man müsse Kranken viel Zuwendung schenken. Dieses Bewusstseinselement stand bei ihr im Widerspruch zu »Ich habe genügend eigene Energie für meinen Weg«.

Psychische Krankheiten: Obwohl ein psychisches Leiden meist keine unmittelbaren körperlichen Symptome zeigt, lenkt dieses dennoch vom normalen Leben ab. Manchmal greifen die betreffenden Bewusstseinselemente zudem direkt in den Weg eines Menschen ein. Bei einer Depression sind es Bewusstseinselemente wie »Ich habe keine Energie für meinen Weg«, »Es macht keinen Sinn, einen Weg zu gehen« oder bei einer Psychose »Ich höre auf fremde Stimmen«. Diese Bewusstseinselemente stehen im Gegensatz zu »Ich gehe meinen Weg«, »Ich habe genügend Energie, um alles zu bewältigen, was ich auf meinem Weg antreffe« oder »Ich entscheide mit meinem Herzen«.

Unfälle: Die Gedanken, die wir unmittelbar vor einem Unfall hatten, basieren oft auf Bewusstseinselementen, welche unsere Aufmerksamkeit von unseren nächsten Schritten ablenken. Achten Sie also darauf, an was Sie gerade gedacht haben, wenn ein Unfall geschieht. Dies lohnt sich auch bei kleineren Ereignissen, etwa wenn Sie stolpern oder ausrutschen.

Krebs: Krebs ist ein unkontrolliertes Wachstum von Zellen. Oft vermehren sich parallel dazu Bewusstseinselemente, welche dann real und symbolisch die Funktion des betreffenden Organs behindern. Die Seele der Prostata hat zum Beispiel das Bewusstseinselement »Ich helfe dabei, Potenziale zu erfüllen«, während die Prostatakrebszellen »Das Potenzial wird verhindert« aufweisen. Oder eine Brust hat z. B. das Bewusstseinselement »Ich nähre«, während der Brustkrebs unter anderem »Ich behindere das Nähren« beinhaltet. Um Prostata- oder Brustkrebs auf der Ebene der Seele zu heilen, suchen wir solche Bewusstseinselemente in unserer Seele, entscheiden mit dem Herzen, welchen wir Aufmerksamkeit schenken, und lassen die Verzweiflung zu, welche durch die Widersprüche in den Bewusstseinselementen verursacht wird. Vielleicht ist es auch nötig, neue Bewusstseinselemente zuzulassen, wie etwa »Ich nähre nur, wenn mein Herz Ja sagt«. Solche gesunden Bewusstseinselemente konnten vielleicht die verwundeten Seelenchakren bisher nicht passieren.

Die Themen einer Krankheit betreffen uns übrigens auch dann, wenn wir sie selbst nicht haben, sondern sie lediglich in anderen Menschen beobachten. Können wir eine Krankheit wahrnehmen, enthält unsere Seele die entsprechenden Seelenstränge ebenfalls. Gelingt es uns, die Themen auf der seelischen Ebene zu heilen, so nützt dies – wiederum über die gemeinsamen Seelenstränge – auch dem Kranken. Deshalb ist unsere eigene Heilung eines der schönsten Dinge, die wir für einen kranken Mitmenschen tun können.

ÜBUNG: Bewusstseinselemente von Krankheiten bestimmen

Wählen Sie eine Krankheit und beobachten Sie die Merkmale, die Sie betroffen machen. Suchen Sie nach Bewusstseinselementen, welche diese Beobachtungen ermöglichen. Widersprechen diese anderen Bewusstseinselementen, die auf Ihrem Weg des Herzens sind?

Medizinische Unterstützung aus seelischer Sicht

Gehen wir einen Schritt weiter: Nicht nur Krankheiten, sondern auch Behandlungsmethoden haben eigene Seelen. Dabei kommt es nicht darauf an, ob diese nun der Schul-, der Alternativ- oder der Komplementärmedizin entspringen. Die Seelen der Behandlungsmethoden, der Krankheiten und des Kranken gehen alle miteinander Beziehungen ein. Der »Erfolg« einer Behandlungsmethode hängt davon ab, wie die Seelenstränge dieser Seelen zusammenwirken. Die Seele der Behandlungsmethode besteht nicht nur aus der eigentlichen Behandlung (z. B. dem Medikament oder der Operation), sondern enthält auch Seelenstränge, die von der Entwicklung, der Herstellung, des Transports oder des Verkaufs eines Medikamentes stammen. Genauso wichtig sind Seelenstränge, welche mit dem medizinischen Personal oder dem Krankenhaus als Ganzes geteilt werden.

Da unzählige Seelenstränge zusammenkommen, ist es kaum prognostizierbar, was am Ende wirklich geschehen wird. Es ist etwa genauso komplex, wie wenn einem Meer eine zusätzliche Welle hinzugefügt würde, in der Hoffnung, man könnte eine bestimmte andere Welle eliminieren. Dies erklärt, wieso manche Menschen gut auf eine Behandlungsmethode reagieren und andere nicht.

Glücklicherweise müssen wir uns jedoch in der Praxis nicht im Detail um das Zusammenspiel der Seelenstränge kümmern, denn die Wahl einer Behandlungsmethode ist eine Entscheidung und wird – wollen wir den Weg der Liebe gehen – mit dem Herzen gefällt. Dadurch wird zwar nicht garantiert, dass die Symptome verschwinden, aber wir bewegen uns auf unserem Weg, und Letzteres ist immer die Absicht des Schamanen.

ÜBUNG: In der Medizin mit dem Herzen entscheiden

Sind Sie in einer medizinischen Behandlung, identifizieren Sie die anstehenden Entscheidungen und hören Sie bei diesen auf Ihr Herz. Beachten Sie auch hier, dass Herzentscheide nur im Jetzt gefällt werden können. Sie müssen diese Entscheide also immer wieder erneut fällen. Entscheiden Sie ebenfalls mit dem Herzen, auf welche Aspekte der medizinischen Behandlung Sie Ihre Aufmerksamkeit richten wollen.

Bewusstseinselemente von Behandlungsmethoden bestimmen

Die seelische Beziehung zu einer Behandlungsmethode muss nicht unbedingt positiv sein, und wir können darin durchaus auch seelische Energie verlieren. Es ist deshalb nützlich, Bewusstseinselemente von Behandlungsmethoden kennenzulernen, um daraus eigene Gelegenheiten zur Heilung zu bestimmen. Auch hier beobachten wir, was uns auffällt, und leiten daraus mögliche Bewusstseinselemente ab. Bemerken wir Widersprüche, so heilen wir uns auf der Ebene der Seele.

Ein Herzschrittmacher stellt beispielsweise symbolisch die Wirkungsweise einer Behandlung auf der Ebene der Seele dar. Das Herz schlägt in einem Rhythmus, genau wie dies Seelen und Seelenstränge auch tun. Ist dieser Rhythmus nicht mehr dem Körper angepasst, so wird mit einem Herzschrittmacher nachgeholfen, welcher dem Herzen einen neuen Rhythmus auferlegt. Die Behandlung hat also eine Schwingung, welche die Schwingung des erkrankten Organs beeinflusst. Es kommen hier widersprüchliche Bewusstseinselemente wie etwa »Ich bestimme meinen eigenen Rhythmus« und »Ich lasse meinen Rhythmus von anderen diktieren« vor.

Auf die gleiche Art kann jede Behandlungsmethode analysiert werden: Medikamente, Impfungen, Operationen, Homöopathie – alle haben ihre spezifischen Merkmale und bieten so Gelegenheiten für weitere Schritte auf unserem Weg.

Tipps für den Umgang mit medizinischen Behandlungen

Aus den Erkenntnissen über die seelischen Zusammenhänge bei medizinischen Behandlungen lassen sich zusammenfassend einige Tipps ableiten:

- Werden Sie sich bei jeder medizinischen Behandlung bewusst, dass auch Ihre Seele davon beeinflusst wird.
- Jedes Element der Behandlung ist wichtig. Entscheiden Sie überall dort, wo es möglich ist, mit dem Herzen, damit Sie im Fluss der Liebe bleiben.
- Entscheiden Sie auch mit dem Herzen, auf welche Elemente der Behandlung Sie Ihre Aufmerksamkeit richten wollen und auf welche nicht.

- Seien Sie offen für alle Behandlungsmöglichkeiten, auch für solche, die im ersten Moment nicht unmittelbar mit der Heilung ihrer Krankheit zusammenhängen. So verpassen Sie keine Möglichkeiten, die Teil Ihres Weges sein könnten.

Geborenwerden und Sterben in Zusammenhang mit unserer Gesundheit

Unser Leben ist begrenzt. Diese Beobachtung ist für den Schamanen sehr wichtig, denn unsere Vergänglichkeit macht das Leben auf Erden sehr wertvoll. Unser Leben wird dadurch übersichtlich und wir können uns so auf unseren Weg konzentrieren und ihn abgerundet abschließen. Bei einem sehr viel längeren Leben würden wir wohl die Übersicht verlieren und kaum motiviert sein, wirklich alle Heilungsgelegenheiten wahrzunehmen. Jede Krankheit, jedes Symptom, jede körperliche Einschränkung soll uns deshalb an unsere Vergänglichkeit erinnern. Wir haben keine Zeit zu verlieren und richten unsere volle Aufmerksamkeit auf den Weg des Herzens. Vergänglichkeit macht uns deshalb achtsamer und damit auch lebendiger.

Unsere Vergänglichkeit hilft uns zudem, das Sterben zu üben. Wieso würde man das machen wollen? Die Zeit vor dem Tod und während des Sterbens selbst ist auf unserem Weg nochmals eine sehr intensive Phase. Wollen wir in Würde und in Liebe sterben, ist es deshalb nützlich, wenn wir uns vorab mit dieser Phase befassen und schon bevor es so weit ist eine Idee haben, was dabei ablaufen könnte. Das Sterben kann geübt werden, indem wir uns aller Prozesse des Alltags, die durch ein Ende begrenzt werden, bewusst werden und diese auch natürlich zu Ende gehen lassen: Unsere Kinder, die größer werden und ausziehen, Ausbildungen, die beendet sind, Lebensphasen, die abgeschlossen werden, Familienangehörige, die sterben, Tage oder Jahre, die zu Ende gehen, und so weiter. Dabei lassen wir alle Gefühle der Trauer und Angst zu, welche diese Abläufe begleiten.

Dies heißt aber nicht, dass wir unseren Tod forcieren. Solange wir am Leben sind, bestehen weitere Schritte auf unserem Weg, auch dann, wenn die Schmerzen unerträglich sind und keine Hoffnung auf eine körperliche Heilung besteht. Der Freitod ist also keine Lösung: Sind wir auf einem Weg des Herzens, dann sterben wir natürlich und zur richtigen Zeit – nicht zu früh und nicht zu spät, sondern dann, wenn wir als unsere konkrete Seele alles gemacht haben, was wir können, um die Gesamtliebe zu vergrößern.

Gesundheit und Vertrauen

Oft machen wir uns Sorgen um unsere Gesundheit. Wir bemerken allerlei Symptome, sogar dann, wenn wir viel Gutes für unseren Körper tun, wir uns etwa genügend bewegen und uns gesund ernähren. Wir wissen dann nicht genau, ob diese Symptome jeweils ein Zeichen oder ein Vorbote einer schlimmeren Krankheit sind, und machen uns Sorgen über die Konsequenzen, die sie auf unser Leben haben könnte. Führt dies zu Verzweiflung, dann ist dies eine Gelegenheit zur Heilung auf der Ebene der Seele. Der Weg von Verzweiflung zu Vertrauen auf der Ebene des Körpers ist also Heilen auf der Ebene der Seele. Dabei ist ein langes Leben nicht das Ziel des Schamanen – er möchte lediglich möglichst viele Schritte Richtung Liebe gehen.

10. Kapitel

Wohin das alles führt: Mit der Erde träumen

In diesem Kapitel entdecken Sie

❖ *eine Vision einer Erde voller Liebe.*

❖ *wie wir mit der Erde und dem Universum verbunden sind.*

❖ *wie man Umweltthemen heilt.*

❖ *die philosophische Frage, weshalb Dinge und Dasein existieren.*

❖ *wie wir mit der Erde träumen.*

Was soll das alles? Wieso leben wir? Wieso existieren Dinge? Dies sind grundsätzliche Fragen, die sich ein Schamane immer wieder stellt. Nehmen wir den oft schwierigen Weg des Herzens auf uns, dann möchten wir die übergeordneten Zusammenhänge kennenlernen. Genügt es, dabei anzunehmen, dass die Liebe die natürliche Ausrichtung des menschlichen Lebens ist? Und dies wahrscheinlich ohne übergeordneten Plan oder umfassendere Absicht? Lohnt sich dann die Mühe, auf der Ebene der Seele zu heilen?

In diesem Kapitel stellen wir uns solchen übergeordneten Fragen. Gleich vorweg: Die Antworten auf viele dieser Fragen sind nicht endgültig bestimmbar, und sogar wenn wir sie erahnen, können wir sie nur schwer in Worte fassen. Wir kommen den Antworten aber etwas näher, wenn wir uns umfangreicheren Seelen öffnen. In diesem Kapitel werden wir deshalb zuerst eine Reise zur Seele der Erde unternehmen und uns dann zu den Sternen im Universum wagen, wo wir weitere Seelen kontaktieren werden. Aus diesen Erfahrungen werden wir dann einen sehr konkreten Umgang mit der Erde ableiten, zum Beispiel betreffend Umwelt- oder Naturschutz – denn wir dürfen den Boden unter den Füßen nie verlieren. Haben wir dies getan, sind wir bereit, uns eingangs aufgeführter philosophischer Fragen zu widmen. Beginnen wir aber mit einem Traum: Wie sähe eine Erde durchtränkt von Liebe wohl aus?

Eine Vision

Fragen wir uns einen Moment lang, wie wohl eine Welt aussehen würde, wenn alle Menschen ihr Handeln auf die Liebe ausrichten würden, wenn also alle Menschen einen Weg des Herzens gingen. Was wäre dann?
Ich bat meine spirituelle Helferin, mich eine solche Welt erleben zu lassen. Hier mein Bericht:

Ich spüre eine Begeisterung, einen Tanz, ein wahres Fest der Freude. Ich bin ein Delfin in einem riesigen Ozean und reite voller Freude auf den Wellen. Auch die anderen Delfine meines Schwarms spielen mit den Wellen. Wir haben Freude. Das Leben macht Freude. Ich habe keine Sorgen, muss nichts planen, nichts entwickeln, über nichts nachdenken. Es kommt einfach eine Welle nach der anderen, mal größere, mal kleinere, aber mit jeder können wir alle problemlos umgehen und wir haben Freude an deren Vielfalt.
»Und die Details? Wie sähe dies konkret für die Menschheit aus?«, frage ich weiter. Ich blicke zum Mond und spüre Energie; ich blicke zu meinen Mitmenschen und spüre Zuneigung; ich blicke in die Städte und spüre Freude; ich blicke in die Landschaft und spüre Verbundenheit. Aber – und dies ist fast nicht zu glauben – die Welt sieht auf den ersten Blick genauso aus, wie ich sie schon kenne. Kann das sein?
Meine Helferin zeigt auf mein Herz und sagt: »Die ganze Welt ist in dir. Wenn du eine Welt der Liebe willst, dann kannst du eine Welt der Liebe haben. Die Welt der Liebe gibt es schon. Schaue genau hin.« Es entsteht ein neues Gefühl zu meiner Umgebung. Die Städte, Dörfer und Landschaften wirken anders. Immer noch auf meiner schamanischen Reise sehe ich, wie die Menschen einen anderen Umgang miteinander pflegen und wie ich plötzlich in meiner Welt kleine liebevolle Details bemerke, zum Beispiel da ein harmonisches Gärtchen, dort ein

ausgewogenes Gebäude, hier ein angenehmer Klang, dort ein besonnener Entscheid eines Politikers und so weiter. Immer öfter beobachte ich ein Gefühl der Kooperation statt der Konkurrenz, und es macht Freude, mit anderen zusammen Projekte zu verwirklichen. Und dieses Zusammensein umfasst alle Lebewesen auf Erden und ist nicht auf die Familie, die Firma oder das Land beschränkt. Langsam, aber sicher verändert sich alles. Ich beobachte mit offenem Herzen und bin erstaunt, was ich alles wahrnehme. Ich erlebe dabei eine sanfte Revolution. Sie kommt weder von links noch von rechts, es geht weder um Kapitalismus noch Sozialismus, sondern es geht um mehr Liebe. Und je mehr Liebe es gibt, desto schneller wächst sie.

»Und wie gelangen wir dorthin? Wie können wir den Weg zur Liebe beschleunigen?« Dies sind meine weiteren Fragen an meine spirituelle Helferin. Sie antwortet: »Es liegt in deinen Händen! Es liegt an deinen Entscheidungen! Es liegt an deinem Weg!«

Was ist Ihre Vision von der Erde? Wie sieht bei Ihnen die Welt aus, wenn Sie von der Liebe durchtränkt wäre?

ÜBUNG: Was ist Ihre Vision der Erde?

Wie sähe die Erde aus, wenn alle Menschen der Liebe folgten? Richten Sie diese Frage an Ihren spirituellen Helfer und beobachten Sie, was er Ihnen zeigt. Sind Sie im schamanischen Reisen nicht geübt, dann öffnen Sie Ihre Seelenchakren soweit es geht. Verbinden Sie Ihr Herz-Seelenchakra anschließend mit der Liebe. Fragen Sie sich nun, wie eine Welt aussieht, in der die Menschen Wege des Herzens gehen. Was kommt Ihnen in den Sinn? Was beachten Sie im Außen? Bauen Sie während einer längeren Zeit an dieser Vision weiter. Sie dürfen dabei durchaus unterbrechen und an einem anderen Tag weitermachen.

Wir sind die Erde, wir sind das Universum

Wir haben immer wieder gesehen: Wir sind ein Teil von allem, wir sind mit allem verbunden, wir sind alles. Auch wenn wir eine separate Seele haben, so ist diese über die Seelenstränge mit allem anderen verbunden. Alles, was wir wahrnehmen, sind wir also auch. Diese Erkenntnis können wir auch auf die Erde oder sogar auf das ganze Universum anwenden. Alles, was ich also an der Erde wahrnehme, bin auch ich. Nehme ich etwa Schönheit, Tiefe, aber auch Zerstörung wahr, dann bin auch ich dies alles. Auch bin ich alles, was ich am ganzen Universum wahrnehme. Blicke ich in einer klaren Nacht zu den Sternen – dann sehe ich mich selbst. Oder ich nehme die unglaubliche Weite des Universums wahr – auch das bin ich.

Ich schlage Ihnen zwei Übungen vor, um »Ich bin alles« bewusst selber zu erleben:

ÜBUNG 1: Gemeinsame Seelenstränge mit der Erde spüren

Wählen Sie einen ruhigen Ort frei von störenden Einflüssen. Idealerweise befindet sich diese Stelle in der freien Natur. Wenn nicht, funktioniert diese Übung selbstverständlich auch bei Ihnen zu Hause. Konzentrieren Sie sich nun auf den Boden, auf dem Sie stehen oder sitzen, und richten Sie Ihre Aufmerksamkeit immer tiefer in die Erde. Versuchen Sie, bis in die Mitte der Erde zu gelangen. Sind Sie dort angekommen, richten Sie Ihre Aufmerksamkeit auf dieses Zentrum. Tun Sie nichts Weiteres und lassen Sie die Beziehung zur Erde einfach zu.

Bewusstsein außerhalb der Erde

Wir haben nun wahrgenommen, wie wir alles, was wir beobachten, auch sind. Wir gehen nun einen Schritt weiter und suchen den Kontakt zu Seelen im Universum, die wir nicht direkt beobachten können. Dies mag auf den ersten Blick als eine Spielerei erscheinen, doch solche Bewusstseinselemente können uns bereichern und uns Möglichkeiten, Ideen oder Perspektiven bieten, die wir sonst nicht hätten.

Da die Ebene der Seele unabhängig von Ort und Zeit ist, ist das Haupthindernis bei einem solchen Kontakt weder die Distanz noch ein etwaiger Zeitunterschied, sondern der Grad der Offenheit unserer Seelenchakren für gänzlich andere Bewusstseinselemente. Für diesen Kontakt müssen wir unsere Seelenchakren also so weit wie möglich öffnen. Eine wichtige Voraussetzung ist dabei immer, dass unser Herz zu allem Ja sagt, also dazu, dass wir diese Übung überhaupt machen, dass wir ein bestimmtes Bewusstseinselement empfangen und auch dazu, dass wir unsere Aufmerksamkeit darauf richten.

Da fremde Bewusstseinselemente überwältigend sein können, empfehle ich diesen Kontakt nur, wenn Sie das schamanische Reisen beherrschen. Der spirituelle Helfer stellt dann eine zusätzliche Sicherheit dar.

ÜBUNG: Kontakt mit Existenzformen
außerhalb der Erde

Bitten Sie Ihren spirituellen Helfer, Ihnen den Kontakt zu einer Seele außerhalb der Erde zu vermitteln. Bitten Sie dabei um eine Seele, welche für Ihren jetzigen Weg des Herzens von Bedeutung ist. Akzeptieren Sie es, sollte er diesen Kontakt ablehnen, und fragen Sie in diesem Fall, ob Sie ein späteres Mal erneut darum bitten dürfen.

Im folgenden Beispiel bat ich meine spirituelle Helferin darum, mir einen seelischen Kontakt mit einer Existenz außerhalb der Erde zu vermitteln, welcher für meine nächsten Schritte wichtig ist. Hier meine schamanische Reise: Ich gelange schnell zu einem unbekannten Planeten. Meine Seele dehnt sich wie eine dünne Haut um diesen Planeten. Meine Seele – als diese umhüllende Haut – beginnt zu atmen. Eine Zeit lang atme ich nur, doch langsam beginne ich, auf dem Planeten zahlreiche Wesen wahrzunehmen. Sie sind äußerst friedlich, aber sehr empfindlich – solch zarte und sensible Lebewesen habe ich noch nie wahrgenommen. Und sie brauchen Schutz. Sobald ich dies merke, bin ich von Gefühlen überwältigt und möchte sofort auf den Planeten hinunter und diese liebevollen Wesen direkt kennenlernen und schützen. Ich versuche, meine Seele in eine andere Form zu bringen, nicht mehr die umhüllende Haut zu sein, damit ich zu den Wesen kann. Dies gelingt mir jedoch nicht. Ich muss offenbar diese Haut sein und darf nicht zu den

Wesen, so sehr ich das auch möchte. Bis zum Ende der schamanischen Reise verbleibe ich in diesem Zustand.

Nach dieser Reise realisierte ich, dass ich immer dasjenige oder derjenige sein muss, der ich eben bin. So ist mein Beitrag am größten. Es hat keinen Sinn, etwas anderes sein zu wollen, auch wenn dies mitunter verlockend ist.

Wir helfen der Erde, indem wir uns heilen

Doch nun zurück zur Erde. Die Erkenntnis, dass wir alles sind, gibt uns auch eine gute Möglichkeit, mit den Wunden der Erde umzugehen: Wir suchen die Verletzungen der Erde in uns selbst und heilen diese. Wie gehen wir konkret vor? Es sind die gleichen Schritte wie immer: Wir bemerken ein Thema im Außen, wir suchen nach verwundeten Seelenchakren oder Seelensträngen und wir fällen immer alle Entscheidungen mit dem Herzen. Wichtig ist, dass wir dabei immer ehrlich zu uns selbst sind und diejenigen Aspekte der Themen anschauen, welche uns tatsächlich betroffen machen. Ob das diejenigen Aspekte sind, welche auch andere als problematisch betrachten oder solche, die die allgemeine Meinung zu diesen Themen darstellen, spielt dabei keine Rolle. Unser Beitrag ist am größten, wenn wir unsere Themen anschauen und wenn wir Schritte Richtung Liebe machen, und zwar von genau dem Standort aus, an dem wir uns befinden.

Selbstverständlich fällen wir zusätzlich alle alltäglichen Entscheidungen mit dem Herzen, zum Beispiel welche Verkehrsmittel, welches Essen oder welche Wohnform wir wählen oder wie wir uns bei Wahlen und Abstimmungen verhalten und welche Meinungen wir vertreten.

Hier ein Fallbeispiel zur Heilung der Klimaveränderung: Ich fragte mich, welchen Beitrag ich mit einer seelischen Heilung leisten kann. Es gibt viele Aspekte dieses Themas, die mich persönlich bewegen. Beachten Sie, dass die nachfolgende Auswahl an Punkten nicht den »Standardsorgen« entsprechen muss – es sind diejenigen Punkte, welche mich persönlich betroffen machen, denn ich suche ja nach Wunden in mir selbst: 1) Die unbesonnene Reaktion der Gesellschaft auf das Thema und die Maßnahmen, welche die Politik daraus ableiten, welche zwar im Namen des Kampfes gegen die Klimaerwärmung vorgeschlagen werden, in Tat und Wahrheit dazu dienen, die Politiker und deren Interessen zu fördern. 2) Dass die Maßnahmen nur Kosmetik sind und dass dabei nur viel Unruhe und Ablenkung entsteht, welche die Menschheit von der Heilung der eigentlichen Wunden abbringt. 3) Dass es in der Schweiz kälter und nicht wärmer wird, was mein Überleben gefährdet. 4) Dass, obwohl ich erneuerbare Energien unterstütze, bei deren Nutzung zu viele wertvolle Landschaften mit Windturbinen und Wasserkraftwerken zerstört werden.

Hier meine schamanische Reise zum ersten Punkt, zur unbesonnenen Reaktion der Gesellschaft. Ich fragte nach meinen seelischen Wunden und wie ich sie heilen könne. Meine Helferin antwortete mir in folgenden Worten: »Lass die Idee los, die Erde müsse gerettet werden oder ein langes Leben haben. Auch bei der Erde geht es nicht darum, bestimmte Symptome zu entfernen, sondern die Symptome dienen dazu, die nächsten Schritte Richtung Liebe zu erkennen. Dein Beitrag ist, dass du die Themen bei dir suchst. Jede Maßnahme eines Politikers, die dich betroffen macht, ist deshalb eine weitere Gelegenheit zur eigenen Heilung.« Ich wollte mehr wissen und fragte, wieso ich Mühe habe, dies so zu sehen. Sie fand das Bewusstseinselement »Um zu überleben, muss ich alles überwachen, denn nur so ist rechtzeitiges Handeln möglich« stehe im Widerspruch zu »Aus jedem Hindernis kann ich neue Schritte erkennen«. Nun geht es darum, die Verzweiflung in diesem Widerspruch zu spüren und meine Aufmerksamkeit auf das zweite Element zu richten.

Die anderen Punkte muss ich nun auf die gleiche Art und Weise angehen. Nochmals: Eine solche Heilung ist eine persönliche Angelegenheit und muss für andere nicht plausibel sein. Nun sind Sie an der Reihe:

ÜBUNG: Ein Umweltthema bei sich heilen

Wählen Sie ein Umweltthema und suchen Sie nach potenziellen eigenen Heilungsmöglichkeiten. Gehen Sie schrittweise vor: 1) Schreiben Sie Ihre Möglichkeiten auf (z. B. sich für den Umweltschutz einsetzen, weniger konsumieren oder auf der Ebene der Seele heilen). 2) Wählen Sie mit dem Herzen und setzen Sie diese Möglichkeiten um. 3) Falls Ihr Herz zustimmt, suchen Sie nach seelischen Heilungsmöglichkeiten und führen Sie diese aus.

Praktische Konsequenzen im Umgang mit der Erde

Aus unseren Erkenntnissen lassen sich nun einige praktische Tipps im Umgang mit der Erde und mit dem Umwelt- und Naturschutz ableiten:

- *Akzeptieren Sie vorerst Situationen der Erde so, wie sie sind.* Heilen Sie bei sich selbst alle Themen, welche Ihnen bei der Erde auffallen. Konkrete Handlungen folgen meist erst als zweiter Schritt.
- *Fällen Sie alle Entscheide mit dem Herzen.* Analysieren Sie bezüglich Ihres Verkehrs- und Essverhaltens, Ihrer Wohnform, Ihres Wahl- und Abstimmungsverhaltens oder Ihres Engagements im Naturschutz, welche Entscheidungen

Sie gerade fällen, und achten Sie darauf, dass alle mit dem Herzen gefällt werden. Lassen Sie sich dabei nicht von herkömmlichen Meinungen zu diesen Themen irritieren. Im Umweltschutz bestehen genauso verwundete und widersprüchliche Bewusstseinselemente wie in anderen Bereichen des Lebens. Auch hat der Schamane nicht das Bestreben, dass die Erde einen bestimmten Zustand einnimmt, genauso wie bei der Gesundheit nicht ein symptomfreier Körper das Ziel war. Es geht ihm immer darum, die Gesamtliebe zu vergrößern. Der konkrete Zustand der Erde, etwa welches Klima sie hat, lässt sich im Voraus nicht bestimmen.

- *Lassen Sie die Natur möglichst gewähren.* Menschen haben die Tendenz, möglichst alles kontrollieren und beeinflussen zu wollen. Die Natur benötigt aber keine Menschen und kommt sehr gut alleine zurecht. Der Schamane ist deshalb ein Beobachter und lässt die Entwicklung der Natur gewähren. Ihn stört es deshalb nicht, wenn neue Arten einwandern, Alpweiden verwildern oder Seen verlanden. So wie alles dynamisch ist und sich stetig verändert, gilt dies auch für Biotope und Ökosysteme. Naturschutzgebiete brauchen deshalb keine Pflege und Naturwälder keine Förster oder Jäger. Mit diesem eher demütigen Umgang mit der Natur erkennt der Schamane an, dass seine Überlegungen nicht das Höchste sind und dass er ein Teil eines größeren Geflechts ist. Lassen wir die Natur gewähren, so symbolisiert dies auch das Zulassen der Liebe. Natur und Liebe gehen beide meist andere Wege, als unsere Logik uns weismachen will.

Woher es kam, wohin es geht

Mit der eben durchgeführten Behandlung der Themen der Erde haben wir nun den Boden fest unter den Füßen und erkannt, dass alles, was wir wahrnehmen, auch wir selbst sind. Mit dieser Basis widmen wir uns nun einigen philosophischen Fragen: Wieso existiert etwas und nicht nichts? Woher kommt alles? Wohin geht es?

Beginnen wir von hinten: Wohin geht es? Schamanen beobachten, dass die natürliche Ausrichtung des Menschen die Liebe ist. Mit unseren Entscheidungen, mit unserem Weg des Herzens und mit unserem Heilen vergrößern wir den Raum der Liebe. Es ist zu erwarten, dass – haben wir einmal diesen Raum erschlossen – weitere Dimensionen oder Räume zugänglich werden. Stets kommen neue Qualitäten hinzu, und immer wieder entstehen neue, umfassendere Dimensionen.

Wie gelangen wir jeweils in die nächste Dimension? Wenn Dinge sich unterscheiden, wird es immer solche mit Merkmalen geben, welche es möglich machen, die neuen Räume zu erschließen. Wenn Menschen beispielsweise ihre Wege verschieden angehen, gibt es immer wieder solche, die mit gewissen Merkmalen in eine nächste Dimension ragen. Dies geschieht unerwartet und ohne Plan. Einmal dort, kann sich das Merkmal dann in der neuen Dimension ausbreiten. So wurde wohl durch die Variation im Raum der Seele die Liebe entdeckt, und seither können wir uns in ihr ausdehnen. Und durch Variation im Raum der Liebe wird wohl einmal eine neue Richtung entstehen, welche uns zugänglich werden wird. Welche Qualitäten diese neue Dimension aufweisen wird, kann ich jedoch nicht sagen.

Der Trend, immer umfassender und komplexer zu werden, besteht in den meisten Systemen. Wählen wir Beispiele aus der Evolution: Bevor das Land von Tieren bewohnt wurde, gelang es doch gewissen Tieren, immer mehr Zeit an Land zu verbringen. Waren diese Tiere einmal fähig, hauptsächlich außerhalb des Wassers zu leben, entstanden auf dem Land rasch viele weitere Arten, und dieser neue Lebensraum konnte schnell genutzt werden. Das Gleiche geschah dann etwas später mit der Erschließung der Luft. Die Variation der Tiere in einem Lebensraum ermöglichte also, dass jeweils ein weiterer erschlossen werden konnte. Dass Variation nötig ist, um umfassendere Räume zu erschließen, ist übrigens ein weiterer Grund, weshalb die Vielfalt an Lebenswegen zu begrüßen ist.

Zurück aber zu seelischen Dimensionen: Wird eine neue Dimension erschlossen, so geschieht dies immer in positiver und in negativer Richtung. Das Bewusstsein oder die Liebe dehnen sich also immer in zwei Richtungen aus. Diese Vorzeichen sind nicht wertend, sondern sie sollen zeigen, dass die Summe null ist. Eine Seele oder auch die Liebe besteht aus Wellen, welche immer Wellenberge und Wellentäler aufweisen, die zusammen null ergeben. Entscheiden wir mit dem Herzen, so vergrößern wir immer den Raum der Liebe in zwei Richtungen, wodurch die Amplitude der Liebeswelle größer wird. Menschen, welche hingegen nicht mit dem Herzen entscheiden, verkleinern den Raum der Liebe.

Das Erschließen einer nächsten Dimension benötigt Energie. Fällt diese aus, dann geht alles wieder zurück und wird zu null. Die höheren Dimensionen können also nur erhalten werden, wenn eine externe Energiequelle besteht. Diese externe Energie stammt in der Regel von einer jeweils höheren Dimension. Wir haben zum Beispiel gesehen, dass die Energie der Seele von der Liebe stammt. Es muss also eine gewisse Anzahl an Wesen vorhanden sein, die ihre Energie von der Liebe erhalten, sonst fällt der Raum der Seelen in sich zusammen.

Fassen wir kurz zusammen: Systeme werden zwar komplexer und erschließen neue Dimensionen oder Räume, dies geht aber nur, wenn Energie von außen das System anregt. Ohne diese äußere Energie löst sich alles wieder auf und wird zu null, zu nichts.

Und damit stehen wir vor dem größten Rätsel: Damit überhaupt etwas entstehen kann, benötigt es eine Kraft von außerhalb. Doch diese kann es nicht geben, denn außerhalb von nichts gibt es ja noch nichts. Gäbe es doch etwas, stellte sich sofort die Frage, woher dieses Etwas kommt, und wir sind damit nicht weitergekommen. Keine Erklärungen, egal ob Gott, Big Bang, Multiversum oder String-Theorie, lösen diese Frage, denn all diese Dinge benötigen etwas, um zu existieren.

Wieso überhaupt etwas existiert, lässt sich in meinen Augen also nicht klären, es ist ein Geheimnis, mit dem wir leben müssen. Als Konsequenz bleibt uns nichts anderes übrig, als die Umgebung zu beobachten und daraus zu schließen, wie wir uns verhalten sollen. Daraus entsteht die Philosophie des Schamanen: Er beobachtet den Drang zur Liebe und folgt ihm. Gleichzeitig weiß er, dass er nicht alles weiß.

Obwohl wir die Frage, wieso etwas existiert, wohl kaum beantworten können, fördert die Beschäftigung mit dieser und ähnlichen Fragenstellungen unsere Verbundenheit mit allem. Ich möchte Sie deshalb einladen, sich diese und andere philosophischen Fragen als Übung selbst zu stellen.

ÜBUNG: Wieso existiert etwas und nicht nichts?

Verwenden Sie Ihre schamanischen Hilfsmittel und stellen Sie Fragen wie: Wieso existiert etwas und nicht nichts? Geht die Entwicklung in Richtung komplizierterer Systeme immer weiter? Was ist noch umfassender als die Liebe?

An einem dunkeln und kalten Winterabend im Zug auf der Fahrt nach Hause stellte ich die Frage »Wieso existiert etwas und nicht nichts?« an die Umgebung. Ich stellte die Frage mit geschlossenen Augen, und als ich sie öffnete, bemerkte ich als Erstes die Spiegelung der anderen Passagiere im Fenster. Schaute ich nach draußen, sah ich also das Innere. Diese Antwort der Umgebung ließ eine ganze Reihe von weiteren Fragen aufkommen: Gibt es die Welt im Außen, die ich so real ansehe, gar nicht? Wie kann ich sicher sein, dass es überhaupt etwas gibt, vielleicht ist alles nichts? Ich wusste, dass ich, wenn ich das Licht im Inneren des Zugs abstellen würde, durchaus nach draußen sähe. Erkenne ich also erst dann die wirkliche Welt, wenn mein inneres Licht ausgelöscht ist, wenn ich also gestorben bin? Kann es sein, dass es immer entweder mich als Einzelwesen gibt oder alles andere, aber mich dann nicht mehr? Diese Frage an die Umgebung hat die ursprüngliche Frage zwar nicht gelöst – sie hat aber interessante Folgefragen aufgeworfen, welche meine Beschäftigung mit seelischen Zusammenhängen unterstützten.

Mit der Erde träumen

Kehren wir nun nochmals zur Erde zurück. Nach dem Philosophieren ist es immer gut, uns wieder etwas Konkreterem zu widmen. Wir haben nun schon eine Vision der Erde entwickelt und gesehen, wie sie aussehen könnte, wenn wir alle unseren Herzen nachgehen. Wir haben gemeinsame Seelenstränge mit ihr gespürt, und wir haben gelernt, ihr zu helfen, indem wir uns selbst heilen. Jetzt nähern wir uns der Erde noch auf eine weitere Art: Um unsere Verbundenheit mit ihr kundzutun, schlage ich vor, dass wir mit ihr zusammen träumen, gewissermaßen mit ihr zusammen eine Reise unternehmen. Wir suchen hierzu aktiv den Kontakt zur Seele der Erde und fragen sie, ob sie einverstanden ist, auf diese Reise mitzukommen.

Auf die Bitte meiner spirituellen Helferin hin willigte die Erde in eine gemeinsame Reise ein: Ich fühle mich sofort sehr wohl, geborgen und aufgehoben. Die Erde ist eine Mutter, und das Vertrauen, welches ich spüre, löst bei mir Tränen aus. Auf meiner schamanischen Reise befinde ich mich unvermittelt auf ei-

243

ÜBUNG: Mit der Erde träumen

Beherrschen Sie das schamanische Reisen, ist dies wohl der einfachste Weg, um mit der Erde zu träumen. Bitten Sie hierzu Ihren spirituellen Helfer, Ihnen den Kontakt mit der Seele der Erde zu vermitteln. Fragen Sie dann die Erde, ob sie einverstanden ist, mit Ihnen zusammen eine Reise zu unternehmen. Stimmt die Erde zu, gehen Sie mit ihr auf die Reise.

Ohne schamanisches Reisen lässt sich ein solcher Traum auch gut an von Menschenhand unberührten Orten durchführen. Besonders geeignet sind Stellen neben Bächen oder Wasserfällen, denn hier werden fremde und ablenkende Geräusche übertönt. Begrüßen Sie die Erde hörbar, genauso, als würden Sie einen anderen Menschen treffen. Bitten Sie die Erde, dass Sie mit ihr träumen dürfen. Beobachten Sie dann genau, was in der Natur geschieht, und erachten Sie diese Ereignisse als Zeichen, dass die Erde Ihnen antwortet. Beobachten Sie eine Zeit lang alles sehr genau, schließen Sie dann die Augen und spüren Sie die Verbindung zur Erde. Richten Sie Ihre Aufmerksamkeit auf diese Verbindung und lassen Sie alle Gefühle, Bilder und Gedanken zu.

Bedanken Sie sich anschließend bei der Erde für den gemeinsamen Traum.

nem Hügelzug am Rande der Bardenas Reales, einer Wüste in Navarra, Nordspanien, einem Gebiet, zu dem ich auch in der materiellen Welt eine tiefe Verbundenheit spüre. Es ist schön, mit der Erde zusammen an diesem Ort zu sein und wahrzunehmen, wie sie mir hier einen Teil von sich selbst zeigt. Die Natur berührt mich zuerst tief – doch dann wird mir die Veränderung der Landschaft durch den Menschen bewusst. Ich sehe die unzähligen Reihen von Windturbinen, die bewässerten Reisfelder, die unnatürlich grün in der Landschaft liegen, den korrigierten Flusslauf des Rio Ebro, unter mir eine Schnellstraße, etwas weiter hinten eine Autobahn, nicht weit von dieser entfernt eine zweite. Ich beobachte die Haferfelder hinter mir, auf welchen das Futter für die Rinder in den engen Tiergehegen neben den Reisfeldern wächst. Die Erde zeigt mir, dass eine Wüste eine besonders zarte und anfällige Landschaft ist und wie hier jeder menschliche Eingriff schnell zu einem Missbrauch wird. Diese Eingriffe schmerzen mich, und ich fühle mich schuldig und beteiligt an der Zerstörung. Ich sitze nun auf diesem Hügel und weine, nicht nur, weil ich den Schmerz der Erde spüre, sondern auch, weil ich mich als Mensch mitverantwortlich fühle. Die Erde schenkt mir Geborgenheit, doch ich danke es ihr mit Missbrauch. Doch dann fällt mir ein kleiner Stein auf, der vor mir auf dem Wüstenboden liegt. Es ist zwar nur ein unscheinbarer Stein, doch verbindet sich mein Herz sofort mit ihm. Und während ich dies tue, höre ich trotz des menschlichen Missbrauchs die Melodie der Landschaft. Trotz der Reisfelder, trotz der Flusskorrektur, trotz der Windturbinen, trotz der Autobahnen erkenne ich die Hügelzüge, den Flusslauf, die Landschaftsformen, welche sich wie ein Gedicht zusammenfügen. Ich erkenne das Wunder dieser zarten Wüste, tanze und danke der Erde.

Geburt und Tod führen zu Vertrauen

Wir, jedes Lebewesen, die Erde, das Universum, überhaupt alles ist vergänglich. Im Kleinen und im Großen ist alles einer ständigen Änderung unterworfen, Altes geht und Neues kommt. Ohne Vergänglichkeit ist keine Entwicklung möglich. Ohne Vergänglichkeit ist auch kein Leben im Jetzt möglich. Auch unsere Entscheidungen für mehr Liebe finden immer im Jetzt statt. Anders geht es nicht. Unser Weg zur Liebe findet also im Jetzt statt, folglich müssen wir die Vergänglichkeit willkommen heißen. Es ist diese Akzeptanz der Vergänglichkeit, welche zu Vertrauen führt.

Wir finden also Vertrauen, wenn wir Vergänglichkeit zulassen. Wir akzeptieren deshalb Veränderung. Im Außen lassen wir die Natur gewähren, wir lassen organisatorische, politische, persönliche Änderungen zu. Im Inneren lassen wir unsere Gefühle und Empfindungen zu. Und in diesen ständigen Änderungen entscheiden wir immer mit dem Herzen, unserem Wegweiser zur Liebe.

Wir akzeptieren deshalb auch unser eigenes Sterben wie auch dasjenige der anderen mit Würde. Wir kämpfen weder um unser Überleben noch um das der anderen Menschen. Wir freuen uns sehr über alle Geburten, im Wissen jedoch, dass auch jeder neue Mensch vergänglich ist. Wir freuen uns über alles Neue und üben gleichzeitig unser eigenes Sterben.

Der Schamane findet den richtigen Moment, um zu sterben. Damit meine ich nicht, dass er den Freitod wählt, sondern dass er mit dem Herzen spürt, wann der richtige Moment gekommen ist, um zu gehen. Das Sterben geht dann ganz natürlich vor sich.

Damit dies geschehen kann, muss der Weg des Herzens gegangen werden. Es ist nicht möglich, beim Sterben in die Liebe zu gelangen, wenn unsere Seele von parasitischen Seelensträngen befallen ist und sie lediglich Futter für andere Seelen ist. Leider ist dies bei den meisten Menschen der Fall. Die Bewusstseinselemente dieser Menschen haben aber nach deren Tod die Gelegenheit, als Teil von neuen Seelen den Gang zur Liebe nochmals zu versuchen. Es ist jedoch besser, gleich jetzt den Weg des Herzens zu gehen, damit wir uns auch beim Sterben nach der Liebe richten können.

11. Kapitel

Vertrauensvoll zur Liebe

In diesem Kapitel entdecken Sie

- ❖ wieso wir den Weg der Liebe gehen.
- ❖ eine Zusammenfassung.
- ❖ einen Versuch, die Liebe zu beschreiben.

Das Ende dieses Buches naht. Es ist Zeit für eine Besinnungspause. Einerseits möchte ich zurückblicken: Was ist die Seele? Wieso und wie heilt man auf dieser Ebene? Andererseits möchte ich auch in die Zukunft blicken und fragen, welches die nächsten Schritte auf dem eigenen Weg sind. Nachdem ich nun ein ganzes Buch lang über diesen eigenen Weg des Herzens gesprochen habe, werde ich Ihnen jedoch als Allererstes nochmals vor Augen führen, wieso wir überhaupt einen solchen Weg gehen, denn mit den Erfahrungen dieses Buches wird sich die Begründung nun etwas anders anfühlen als zu Beginn.

Wieso wir den Weg des Herzens gehen

Wir gehen dann den Weg des Herzens, wenn wir jede Entscheidung mit dem Herzen fällen und auf der Ebene der Seele heilen. Jeder Schritt auf diesem Weg erhöht unser Vertrauen, wonach es uns jeweils etwas leichter fällt, den nächsten Schritt in diese Richtung zu gehen. Damit vergrößern wir die Gesamtliebe.

Aber wieso sollten wir dies tun? Manchmal höre ich die folgenden Argumente gegen diesen Ansatz: 1) Wenn unsere konkrete Kombination von Seelensträngen nach unserem Tod nicht mehr besteht, sich also unsere Seele beim Sterben auflöst, dann lohnt sich die Mühe eines eigenen Weges nicht, denn wir werden als Einheit nie davon profitieren. Es wäre also besser, wenn wir uns dem Vergnügen widmen und unser Leben so optimieren, dass wir den Spaß maximieren. 2) Sollte Vergnügen nicht unser Hauptziel sein, dann müssten wir uns doch wenigstens etwas Übergeordnetem widmen, zum Beispiel unserem Land, unserer Firma, unserer Religion, unserem Ehepartner, unseren Kindern, unserem Verein, unserem Hab und Gut oder dergleichen. Nur so bekäme unser Leben einen Sinn. 3) Wenn die Seelenstränge sowieso von vielen anderen Menschen geteilt werden, dann ist es nicht gerecht, wenn wir die harte Heilungsarbeit leisten müssen und die anderen davon profitieren, ohne dass sie selber etwas dazu beigetragen haben.

Diesen Argumenten entgegne ich nicht eins zu eins, denn der Weg des Herzens betrachtet die Dinge aus einer anderen Perspektive: Wir sind zwar mitten im Leben und nehmen daran aktiv teil, wir verstehen aber alle Ereignisse des Alltags als Teil einer Landschaft, in der wir unseren Weg gehen, einen Weg, der zur Liebe führt. Natürlich sehen wir in unserer Umgebung den ständigen Kampf um seelische Energie in einer von der Natur entfremdeten Welt, in welcher alle nur ihren materiellen Vorteil sehen. Aber wir wissen, wie wir damit umgehen. Dieser Alltag dient uns als Lehrmeister, zeigt uns, wo wir heilen können und wo wir Schritte Richtung Liebe machen können. Unser Alltag wird so zu einer Geschichte, unserer Geschichte, einer magischen Geschichte bis hin zur Liebe. Wir müssen hierzu nirgends hin und können genau dort beginnen, wo wir sind.

Und dabei ist unser Weg manchmal ein Vergnügen, manchmal aber auch harte Arbeit. Mitunter setzen wir uns für übergeordnete Belange ein, mitunter aber auch nicht – je nachdem, wo uns unser Weg eben hinführt. Ob andere von unserer Heilungsarbeit profitieren, ist dabei kein Thema, denn wir wissen, dass sie sowieso seelisch gesehen ein Teil von uns selbst sind.

Zusammenfassung

Fassen wir kurz zusammen, worum es in diesem Buch geht: Mit einer gesunden Seele können wir unser Leben vertrauensvoll meistern. Wir lernten deshalb die Seele aus einer schamanischen Perspektive kennen: was sie ist, wie sie aufgebaut ist, wo sie sich befindet und wie sie verwundet und wieder gesund wird.

Zum Schamanismus gehören zwei Elemente. Erstens: Der Schamane geht konsequent einen Weg, welcher zu mehr und mehr Liebe führt. Er fällt deshalb alle Entscheidungen mit dem Herzen, welches ihm deshalb auf seinem Weg als Wegweiser dient. Zweitens kann er als Unterstützung für diesen Weg die materielle Welt des Alltags verlassen und vorübergehend neue Perspektiven aus einer spirituellen Welt erhalten. Dies wird mit einer schamanischen Reise oder Vision erzielt. Da aber die materielle und die spirituelle Welt eng zusammenhängen, können neue Blickwinkel auch mit anderen Methoden, etwa mit einer Frage an die Umgebung, gewonnen werden.

Die Seele ist Bewusstsein, welches in der Zeit ausgedehnt ist. Die Seele besteht im hier dargestellten Modell aus einer Vielzahl einzelner Bewusstseinselemente, welche sich auf Seelensträngen befinden und so auch Bestandteil von anderen Seelen sind. Bewusstseinselemente lassen sich meist mit kurzen Sätzen formulieren, wie zum Beispiel »Rauchen tötet«, »Vitamine sind gesund«, »Kluger Rat: Notvorrat«. Ob diese Bewusstseinselemente wahr oder sinnvoll sind, spielt dabei keine Rolle. Unsere Seele ist die Summe von Abermillionen solcher Bewusstseinselemente.

Die Welt der Seelen ist als Netzwerk aufgebaut: Die einzelnen Seelen sind die Knoten, bei denen die verbindenden Seelenstränge zusammenkommen. Veränderungen in einer Seele oder bei einem Seelenstrang haben deshalb immer Konsequenzen auf das ganze Netzwerk. Bewegt sich eine Seele Richtung Liebe, so werden andere Seelen mitgezogen.

Welche Seelenstränge eine konkrete Seele erreichen, wird durch die Seelenchakren bestimmt. Diese wirken als Pforten oder Filter der Seele und selektieren Bewusstseinselemente; manche Seelenstränge werden also durchgelassen, andere nicht. Nachdem die Seelenstränge die Seelenchakren passiert haben, wird mit unserer Aufmerksamkeit eine zusätzliche Wahl getroffen. Mit der Entscheidung, worauf unsere Seele ihre Aufmerksamkeit richtet, beeinflusst sie folglich ihre eigene Zusammensetzung. Geht eine Seele den Weg zur Liebe, dann wird diese Entscheidung mit dem Herzen gefällt. Idealerweise sind die Seelenchakren also so weit wie möglich geöffnet, sodass das Herz aus einer möglichst großen Vielfalt von Bewusstseinselementen auswählen kann.

Die Seelenchakren können wir zwar mit einer bewussten Entscheidung öffnen, sind diese jedoch verwundet, kehren sie rasch in den ursprünglichen Zustand zurück. Die Wunden in den Seelenchakren müssen also geheilt werden, um die Ein- und Ausgänge nachhaltig offen zu halten. Die hierzu notwendige Heilungsarbeit ist von Seelenchakra zu Seelenchakra und von Mensch zu Mensch verschieden und muss zusätzlich auch in jeder Lebensphase neu bestimmt werden.

Die Seelenstränge sind die Träger der Bewusstseinselemente. Sie bewegen sich wellenartig von Seele zu Seele, weshalb die Gesetze der Wellenlehre hier angewendet werden können. Nicht alle Bewusstseinselemente unterstützen den Weg des Herzens. Es ist deshalb nötig, widersprüchliche Bewusstseinselemente zu erkennen und diese zu heilen. Hierzu müssen wir mit dem Herzen entscheiden, auf welche wir unsere Aufmerksamkeit richten wollen, und die Verzweiflung zulassen, welche durch die Widersprüche entsteht.

Im Seelennetzwerk bestehen Seelen und Seelenstränge, welche ihre Energie direkt von der Liebe erhalten. Räuberische und parasitische Seelen ernähren sich von diesen und dienen wiederum anderen als Energiequellen. Alle Phänomene eines biologischen Ökosystems lassen sich also auch bei Seelennetzwerken erkennen: So gibt es Seelenviren, Seelenbakterien, Seelenlandwirtschaft und vieles mehr. Wir alle erhalten einen Teil unserer seelischen Energie direkt von der Liebe und einen anderen Teil räuberisch von anderen Seelen. Gehen wir den Weg des Herzens, so erhält unsere Seele jedoch einen immer größeren Anteil direkt von der Liebe. Wir können nur dann anderen als seelische Energiequellen dienen, wenn wir seelische Wunden haben. Je mehr wir also auf der Ebene der Seele heilen, desto weniger dienen wir anderen als Energiequelle.

Heilen wir unsere Seele und die beteiligten Seelenstränge, so trägt dies zur Heilung des gesamten Seelennetzwerkes bei. Ein gesundes Seelennetzwerk bewegt sich Richtung Liebe, erhält den größten Teil seiner Energie direkt von der Liebe, ist vielfältig, offen, dynamisch und gut organisiert. In einem kranken Seelennetzwerk wird die Gesamtliebe verringert, die Energie wird räuberisch oder parasitisch von anderen Seelen gewonnen, und es ist einseitig, geschlossen, statisch und chaotisch.

Die Auswirkungen der seelischen Zusammenhänge erkennen wir in jedem Bereich des Alltags: Beim Wohnen, Sport, Essen, Schlafen, Arbeiten, Verkehr oder in Zusammenhang mit Lärm und Geld – überall wird seelische Energie verschoben, und sehr oft werden parasitische und räuberische Methoden angewendet. Analysieren wir diese räuberischen Energieflüsse, gibt uns dies die Möglichkeit, Wunden in unserer Seele und in unseren Seelensträngen zu erkennen und zu heilen. So wird der normale Alltag sehr wertvoll für unseren Weg des Herzens.

Auf der Ebene der Seele entstehen zwischenmenschliche Beziehungen durch gemeinsame Seelenstränge der beiden Personen. Je mehr gemeinsame Seelenstränge wir haben und je stärker sie schwingen, desto intensiver wird die Beziehung. Wir heilen schlechte, energieraubende Beziehungen, indem wir unsere Seele und die beteiligten Seelenstränge heilen. Je mehr wir auf der Ebene der Seele heilen, desto positivere Beziehungen haben wir.

Die Gesundheit der Seele und die des Körpers sind eng aneinandergekoppelt. Heilen wir unsere Seele, so heilen wir auch unseren Körper. Der Maßstab für die Heilung auf der Ebene des Körpers ist jedoch nicht das Verschwinden eines Symptoms, sondern die Schritte, welche wir auf unserem Weg des Herzens vorgenommen haben.

Auch mit der Erde teilen wir Seelenstränge. Wir unterstützen deshalb die Lösung von Umweltthemen, indem wir diese in uns selbst suchen und heilen. Wir haben aber nicht nur mit der Erde gemeinsame Seelenstränge, sondern zusätzlich mit sämtlichen Elementen des Universums. In diesem Sinne sind wir seelisch gesehen alles, was wir wahrnehmen. Diese Erkenntnis fordert uns auf, mitunter grundsätzliche Fragen zu stellen, wie: Woher kommt das alles? Wohin soll es führen? Wieso existiert etwas und nicht nichts? Es ist zwar kaum möglich, diese Fragen restlos zu beantworten, doch fördert die Beschäftigung mit ihnen unser Bewusstsein, mit allem verbunden zu sein.

Vertrauen

Ich begann dieses Buch mit den Sorgen, die wir haben, mit der Beobachtung einer Gesellschaft, die alles andere macht, als unser Vertrauen zu fördern. Ungeachtet dessen können wir aber Vertrauen gewinnen, indem wir unsere Seele heilen. Mit unserem Weg des Herzens lernen wir dabei einen neuen Umgang mit der Gesellschaft, in der wir leben, und lernen uns im seelischen Gefüge zu bewegen, welches sie aufbaut. Als Nebeneffekt leisten wir dabei zudem einen Beitrag, die Welt liebevoller zu gestalten.

Wir gehen so unseren Weg des Herzens, einen Weg, der nicht nur uns, sondern auch alles andere zu mehr Liebe führt. Dieser Weg ist absolut nicht einfach. Er verlangt harte Arbeit von uns, doch erhalten wir stets die nötigen Ressourcen, um den nächsten Schritt zu bewältigen.

Und wohin führt dies? Zwischendurch werden wir immer öfter frei von Sorgen, wir akzeptieren, wir bejahen, wir spüren oft sehr direkt, dass wir ein Teil von allem sind. Wir sehen mit immer größerer Klarheit, wo unser Weg hindurchführt, wer wir sind und wozu wir da sind. Und wir werden mehr und mehr zu Liebe.

Und was ist nun Liebe wirklich?

Und damit bleibt noch eine Frage: Was ist Liebe wirklich? Wir gehen den Weg des Herzens. So wächst die Liebe, so wächst etwas, das umfassender ist als die Seele, umfassender als unser Bewusstsein, umfassender als unser Denken. Aber wissen wir deshalb, was Liebe ist? Wohin gelangen wir auf dem Weg des Herzens genau? Bei gewissen Übungen in diesem Buch haben wir erlebt, wie mit einem offenen Herz-Seelenchakra die Welt intensiver und farbiger wurde, wie die Dinge sich mehr wie sie selbst anfühlten, wie also die Essenz von allem besser zum Vorschein kam. Ist das schon die Liebe oder gibt es mehr?

Die Liebe ist wohl in Worten kaum vollständig zu beschreiben, dennoch müsste es einen Weg geben, hier als Abschluss einen Eindruck dieses Raumes zu geben. Und das in Worten, weil ein Buch nun einmal aus Worten besteht. Was würden Sie sagen, jetzt wo Sie die Seele und den Weg des Herzens besser kennen? Sie haben genau einen Abschnitt zur Verfügung. Hier ist meiner:

Die Liebe ist Wind und Regen zusammen mit Sonne: Ein Regenbogen! Zuerst ist sie winzig, klein, sanft und zart, dann wächst sie, wird größer, nimmt zu, gedeiht, blüht, wird bunt, offen und vielfältig. Und unvermittelt ist sie vollständig. Die Liebe lässt dann los, fliegt in die Freiheit, voller Vertrauen und Gelassenheit, Achtung und Wertschätzung. Die Liebe ist dann alles und vielleicht deshalb auch nichts. Die Liebe ist dann immer und deshalb vielleicht auch nie. Die Liebe ist Sein.

Ich wünsche Ihnen alles Gute auf Ihrem Weg des Herzens, auf dem Sie voller Vertrauen zu mehr und mehr Liebe gelangen.

Magischer Schutz für den Alltag

Luisa Francia: Schutzrituale

Spucke dreimal vor die Tür, keiner kommt zu dir: Luisa Francia zeigt, wie Schutzmagie im Alltag funktioniert. Ihre erdverbundenen und pragmatischen Anleitungen bieten konkrete Hilfestellungen, kräftigen das eigene Energiefeld, wecken Heiterkeit und stärken das Vertrauen.

Mit Fotos und Illustrationen · ISBN 978-3-485-02825-7

Monnica Hackl:
Magische Schilde für Schutz und Heilung

Wie sich Krieger in alten Zeiten Kampfschilde mit magischen Zeichen zum Schutz vor den Körper hielten, schützen magische Zeichen durch kraftvolle Strahlung im Unsichtbaren. Monnica Hackl erklärt die einfache Handhabung dieser magischen Schilde, die von Blockaden befreien und das Unmögliche möglich machen.

Mit Illustrationen · ISBN 978-3-485-01379-6

nymphenburger

www.nymphenburger-verlag.de